古代歷史文化研究輯刊

十五編

王明蓀 主編

第 12 冊

唐代道教地理分佈專題研究

周能俊 著

國家圖書館出版品預行編目資料

唐代道教地理分佈專題研究／周能俊 著 — 初版 — 新北市：
花木蘭文化出版社，2016〔民 105〕
目 2+206 面；19×26 公分
（古代歷史文化研究輯刊 十五編：第 12 冊）
ISBN 978-986-404-609-6（精裝）
1. 宗教地理學 2. 道教 3. 唐代
618   105002220

ISBN-978-986-404-609-6

古代歷史文化研究輯刊
十五編 第十二冊   ISBN：978-986-404-609-6

唐代道教地理分佈專題研究

作　　者　周能俊
主　　編　王明蓀
總 編 輯　杜潔祥
副總編輯　楊嘉樂
編　　輯　許郁翎
出　　版　花木蘭文化出版社
社　　長　高小娟
聯絡地址　235 新北市中和區中安街七二號十三樓
　　　　　電話：02-2923-1455／傳眞：02-2923-1452
網　　址　http://www.huamulan.tw 信箱 hml 810518@gmail.com
印　　刷　普羅文化出版廣告事業
初　　版　2016 年 3 月
全書字數　174925 字
定　　價　十五編 23 冊（精裝）台幣 45,000 元

唐代道教地理分佈專題研究

周能俊　著

作者簡介

周能俊，男，1980 年出生於浙江杭州。2010 年獲上海師範大學歷史學碩士學位，2013 年獲南京大學歷史學博士學位。現爲浙江機電職業技術學院人文社科學院講師。主要研究方向爲魏晉南北朝隋唐史、歷史地理。先後在《安徽大學學報（哲學社會科學版）》、《中南大學學報（社會科學版）》、《揚州大學學報（社會科學版）》、《中國道教》等核心刊物上發表多篇相關論述，部分論文曾分別被《中國社會科學文摘》、《新華文摘》轉載或摘編。作者作爲研究負責人先後承擔了浙江省哲社規劃重點課題（省部級）等多項科研項目的研究工作，取得了較高的學術成果與社會評價。

提　　要

　　唐代是道教發展的鼎盛時期。《宮府圖》與《名山記》所載內容分別反映了唐代前期與後期道教洞天福地的分佈特點。《名山記》是在繼承《宮府圖》的基礎上，結合唐後期道教的具體特點而成的。總體來說，唐代形成了以長安、洛陽兩京，巴蜀，江南，長江中游，嶺南五大核心，結合周圍地域形成若干洞天福地集群的分佈特點。唐五代投龍活動在唐前期是較爲繁盛的時期，安史亂後投龍活動漸趨稀少。根據記載，絕大部分投龍活動爲奉旨實行，或地方官府組織；個人或地方教團倡行的頗爲少見。投龍的目的也以祈雨或祈福爲主，間或爲了求仙及除罪。投龍的地域則集中在以泰山爲首的五嶽四瀆等名山大川之中，江南和巴蜀地區的山川投龍活動較多。隋唐五代時期，長安、洛陽、揚州、成都四個都市分佈著大量的道教宮觀。乃是繼承了南北朝隋代的基礎並發展而成的。唐前期是宮觀興建的頂峰，唐後期五代是以重建、修繕爲主。從唐後期開始，兩京的道教中心地位向江南、巴蜀傾斜。唐代基層社會道教信仰頗爲興盛。其中，造像活動盛行，乃是佛道競爭，及李唐政權與地方官僚士紳等共同推崇的結果。遊方道士則是道教深入基層社會的重要因素。造像與圖像也對基層民眾理解道法教義有極大的幫助。而自然條件、經濟情況、人口因素、交通狀況、政治局勢、歷史基礎六大要素的共同作用決定了唐代道教地理分佈的特點和現實狀況。

2015 年度浙江省哲學社會科學重點
研究基地・浙江歷史文化研究中心
重點課題「唐五代兩浙地域道教的時代變遷與空
間分佈」（15JDLS01Z）

2014 年度浙江省社科聯研究課題
「五代吳越國道教地理分佈專題研究」
（2014B106）

2015 年度浙江省教育廳一般科研項目
「唐代道教的時代變遷與空間分佈」
（Y201534582）

目次

緒　論

第一節　研究唐代道教地理的意義

　　宗教是一種特殊的文化現象，它與地理環境（包括自然環境和人文環境）
有著十分密切的聯繫。一方面，任何一種宗教的形成、傳播和發展都離不開
特定的空間範圍，受到地理環境的深刻影響；另一方面，宗教一經形成，就
會反作用於地理環境，並成爲地理環境的組成部分。宗教地理學乃是探索一
定文化地域中的宗教與地理環境之間相互關係的科學。宗教的傳播、發展不
僅具有地域性，同時又是一個歷史過程，具有明顯的時代差異。探求歷史時
期宗教發展的空間組合與地域特性，闡述宗教地域差異的歷史成因，是歷史
宗教地理學的任務。

　　道教是中國特有的宗教，形成於東漢後期，在中國特有的社會歷史條件
下，逐漸發展、壯大，成爲中國封建社會上層建築的組成部分。中國道教發
展到唐代進入了鼎盛時期，滲透到了社會的各個領域，產生了極爲廣泛的影
響。而道教的發展及其對社會的影響又具有強烈的區域差異，並隨著時間的
推移而發生變化。因此，從歷史地理的角度來研究唐代道教地理，就更加顯
得重要和意義非凡。

　　歷史文化地理是應該包括歷史道教地理的。目前學界對歷史文化地理的
研究還相對比較薄弱。歷史道教地理相對於歷史佛教地理來說，又是其中最
爲薄弱的分支之一。加強歷史道教地理的研究，對歷史文化地理，甚至歷史
地理的學科建設與發展都具有重要意義。就唐代而言，許多地理現象，特別

是人文地理現象區域特徵的形成、發展，都與道教有著千絲萬縷的聯繫。毫無疑問，唐代道教地理的研究，有助於唐代文化地理和唐代地理的研究，有助於唐代政治、經濟、文化和社會生活等各方面情況的研究。此外，當代的道教地理現象根植於歷史時期的道教地理情況。所以，開展歷史時期的道教地理，特別是道教極盛時期的唐代道教地理的研討，對於當代道教地理的研究來說也是極為重要的。

魯迅先生曾言：「中國的根柢全在道教」〔註1〕。研究中國歷史，尤其是中國文化史，就不能不研究道教，否則，就無法瞭解真正的中國文化史、中國哲學史乃至中國歷史。改革開放以來，特別是進入二十一世紀，道教史的研究愈見興盛，成果頗豐。這方面的著作中也涉及一些地域道教發展的情況，但受到種種的限制，往往只是泛泛而論，或者避而不談。然而，道教的發展歷史和不斷變化的地理環境之間有著難以割裂的聯繫，離開了特定的地理環境，許多道教歷史現象就難以理解。探討唐代道教傳佈、發展的時空差異及其成因，對於唐代道教史，甚至中國道教史的研究都極為有益。它可以為道教史的研究架構起一個較為清晰的空間情境，並使之更豐富、更深入。

道教地理的研究還有十分重要的現實意義。例如道教景觀（宮觀、石窟造像、石刻碑誌等）是當前各地十分重要的區域文化的重要組成部分和旅遊資源。充分利用和開發這些文化資源，成為各地政府發展經濟、提升本地文化品位的重要舉措。歷史道教地理在這方面顯然大有可為，也是在實踐方面的意義之一。

第二節　唐代道教地理的研究現狀

相對於佛教地理研究的興盛情況，道教地理研究則顯得頗為寂寥。無論是研究的深入程度，還是論著等成果皆遠不能和佛教地理研究同日而語。許多道教研究者對道教地理這一研究領域皆不涉及，即使是一些頗為權威的道教通史論著也避而不談。如許地山先生《道教史》〔註2〕涉及道教地理領域的研究較為簡略。傅勤家先生《中國道教史》〔註3〕一書則在論述道教地理有關

〔註 1〕魯迅：《致許壽裳》，見《魯迅全集》第十一卷《兩地書 書信（1904～1926）》北京：人民文學出版社，2005年，第35頁。
〔註 2〕上海：上海古籍出版社，1999年。
〔註 3〕北京：東方出版社，2008年。

的洞天福地時，僅羅列司馬承禎的《天地宮府圖》所載內容。湯一介先生《早期道教史》〔註4〕一書也未論及道教地理的有關內容。其餘如任繼愈主編《中國道教史》〔註5〕、卿希泰、唐大潮先生所著《道教史》〔註6〕，车鍾鑒、胡孚琛、王葆玹先生主編的《道教通論——兼論道家學說》〔註7〕，李養正著《道教概說》〔註8〕，潘雨廷《道教史叢論》〔註9〕等著作亦無道教地理的任何論述。卿希泰先生在《百年來道教研究的回顧與展望》〔註10〕一文中也沒有關於道教地理研究的專門敘述。法國索安所著《西方道教研究編年史》〔註11〕一書在第五部分「道教世界」中僅以不到 3 頁的篇幅來論述「宗教地理」的研究狀況，研究時限從 1910 年縱跨至 1990 年代。其餘無論是楊雲《道教研究現狀》〔註12〕一文所回顧的二十世紀五十年代至八十年代末的大陸道教研究，還是張澤洪《20 世紀以來日本的道教研究》〔註13〕、盧睿蓉《美國的中國道教研究之管窺》〔註14〕與張崇富《繼承漢學傳統：荷蘭道教道教研究的成就與最新進展》〔註15〕等介紹中外道教研究綜述性的文章較少關於道教地理研究方面的介紹。可見，道教地理在中外道教研究中處於相對薄弱的尷尬境地。

　　然自近代以來，還是有不少中外學者在這一研究領域有所著墨的。陳寅恪先生《天師道與濱海地域之關係》〔註16〕一文可說是中國道教地理研究里程碑式的論著。錢穆《蜀中道教先聲》、《張道陵與黃巾》〔註17〕二文討論了東漢末年至三國時期，道教在巴蜀地區和中原地區的流傳、分佈情況。陳國

〔註 4〕北京：崑崙出版社，2007 年。
〔註 5〕上海：上海人民出版社，1990 年。
〔註 6〕南京：江蘇人民出版社，2006 年。
〔註 7〕濟南：齊魯書社，1991 年。
〔註 8〕北京：中華書局，1989 年。
〔註 9〕上海：復旦大學出版社，2012 年。
〔註10〕卿希泰：《卿希泰論道教》，上海：上海科學技術文獻出版社，2008 年，第 175 ～208 頁。
〔註11〕呂鵬志、陳平等譯，北京：中華書局，2002 年。
〔註12〕《哲學動態》1988 年第 06 期，第 32～34 頁。
〔註13〕《四川大學學報（哲學社會科學版）》2003 年第 02 期，第 29～34 頁。
〔註14〕《宗教學研究》2011 年第 02 期，第 37～41 頁。
〔註15〕《宗教學研究》2010 年第 03 期，第 38～45 頁。
〔註16〕陳寅恪：《金明館叢稿初編》，北京：三聯書店，2009 年，第 1～46 頁。
〔註17〕《責善半月刊》1941，11。

符先生《南北朝天師道考長編》〔註 18〕中「設治第四」部分詳細考證了道教諸治所在。唐長孺先生《范長生與巴氏據蜀的關係》〔註 19〕一文涉及蜀漢至東晉十六國時期道教在巴蜀地區的流傳、分佈情況;《魏晉期間北方天師道的傳播》〔註 20〕一文則討論了魏晉時期天師道在黃河流域的流傳和分佈情況;《錢塘杜治與三吳天師道的演變》〔註 21〕一文則可視爲陳寅恪文的深入探討;而《太平道與天師道──札記十一篇》〔註 22〕一文涉及天師道初期傳播情況,宗教組織「治」,黃巾起義後太平道的傳播情況,魏晉南北朝時期巴蜀地區的天師道傳播情況,以及江南地區天師道的傳播情況等多個方面的研究。盧雲《漢晉文化地理》〔註 23〕一書中對三國西晉早期道教的傳播與區域研究有所論述。伍偉民《江西道教述略》〔註 24〕一文對江西的道教做了簡略的概述。游建西《道家道教史略論稿》〔註 25〕一書對道教洞天福地與中華山水文化做了一定的論述,頗具參考價值。還有賈發義〔註 26〕、王麗英〔註 27〕、趙益〔註 28〕、曾維加〔註 29〕、衛復華〔註 30〕、郭樹森〔註 31〕、盛愛萍〔註 32〕、張妙〔註 33〕、任林豪〔註 34〕、孔令宏〔註 35〕、吳國富〔註 36〕、林正秋〔註 37〕

〔註 18〕陳國符:《道源流考》,北京:中華書局,2012 年,第 306～367 頁。

〔註 19〕唐長孺:《魏晉南北朝史論續編》,北京:三聯書店,1959 年,第 155～162 頁。

〔註 20〕唐長孺:《魏晉南北朝史論拾遺》,北京:中華書局,1983 年,第 218～232 頁。

〔註 21〕唐長孺:《山居存稿續編》,北京:中華書局,2011 年,第 182～201 頁。

〔註 22〕唐長孺:《山居存稿續編》,第 256～288 頁。

〔註 23〕西安:陝西人民教育出版社,1991 年。

〔註 24〕伍偉民:《易山道海得涓埃:道教文化探索》,上海:上海古籍出版社,2007 年,第 133～138 頁。

〔註 25〕北京:光明日報出版社,2006 年。

〔註 26〕賈發義:《山西道教歷史發展特點析論》,《宗教學研究》2010 年第 1 期,第 1 ～10 頁。

〔註 27〕王麗英:《道教南傳及其影響》,華中師範大學歷史文獻學博士學位論文 2004 年。

〔註 28〕趙益:《句曲洞天:公元四世紀上清道教的度災之府》,《宗教學研究》2007 年第 3 期,第 57～63 頁。

〔註 29〕曾維加:《道教的社會傳播研究──以公元六世紀前巴蜀及中國北方爲中心》,四川大學宗教學博士學位論文 2004 年。

〔註 30〕衛復華:《中國道教(五斗米道)發源地鶴鳴山》,《宗教學研究》1989 年 Z1 期,第 6～11 頁。

〔註 31〕郭樹森:《江西道教概說》,《中國道教》1995 年第 3 期,第 31～33 頁。

〔註 32〕盛愛萍:《從溫州地名看浙南的道教文化》,《浙江社會科學》2003 年第 3 期,第 188～192 頁。

〔註 33〕張妙:《唐宋峨眉山研究》,四川大學碩士學位論文 2007 年。

等先生的論述也極具意義。

　　臺灣地區蕭登福先生長期致力於道教研究，出版和發表了一些關於道教的論文和專著。其《道教與民俗》〔註38〕一書從民俗的角度來闡發與道教的關係，爲道教地理研究提供了一個全新的視角。丁煌先生《漢末三國道教發展與江南地緣關係初探：以張道陵天師道出生說、江南巫俗及孫吳政權與道教關係爲中心之一般考察》〔註39〕一文則探討了漢末三國時期江南的道教情況。近年來臺灣新文豐出版公司主持出版了《中國傳統科儀本彙編》叢書，共分14個部分，分別以福建龍岩、建陽、壽寧，浙江磐安、上虞、永康，四川江津，廣西柳州，湖南會同、花垣，重慶接龍，江西高安、鉛山，上海南匯等地的道教地方材料爲依據，論述了各地道教教派的傳播、代表人物、信眾分佈等各個方面，爲進一步研究道教地理分佈提供了可靠的依據。

　　日本學術界對於道教地理方面也有許多值得借鑒的研究成果。如道端良秀《山東道教史蹟巡禮》〔註40〕一文記述了當年考察全眞教傳教路線的情況。蜂屋邦夫主編《中國的道教》〔註41〕之「活動及道觀現狀」部分頗有涉及道教地理分佈之內容。麥穀邦夫等著《江南道教的研究》〔註42〕涉及了江南道教的一些地理分佈情況。宮川尚志在其《六朝宗教史》〔註43〕第七章《民间の巫祝道と祠庙の信仰》（修訂增補本）中論述了六朝時期的基層道教信仰，並在其的論文 *"Legate Kao P'ien and a Taoist Magician Lü Yung-chih in the Time of Huang Chao's Rebellion"*（1974、《黃巢起義時期的節度使高駢和道教方士呂用之》）〔註44〕與 *"Local Cults around Mount Lu at the Time of Sun En's Rebellion"*（1979、《孫恩起義時廬山附近的地方崇拜》）〔註45〕中討論了六朝

〔註34〕任林豪、馬曙明：《台州道教考》，北京：中國社會科學出版社，2009年。

〔註35〕孔令宏、韓松濤：《江西道教史》，北京：中華書局，2011年。

〔註36〕吳國富：《廬山道教史》，南昌：江西人民出版社，2011年。

〔註37〕林正秋：《杭州道教史》，北京：中國社會科學出版社，2011年。

〔註38〕臺北：文津出版社，2002年。

〔註39〕《歷史學報（成大）》13（1987），第155～208頁。

〔註40〕《東方宗教》創刊號，日本道教學會，1951年。

〔註41〕東京大學東洋文化研究所，1995年。

〔註42〕平成十五年至平成十八年度（2004～2007）科學研究補助金基盤研究‧研究成果報告書。

〔註43〕東京：國書刊行會，1974年。

〔註44〕Acta Asiatica 27：5～99.

〔註45〕FT *(Factes of Taoism, H.Welch and A. seidel, eds. New Haven: Yale University*

隋唐時期淮南道與廬山及其周邊地域的道教信仰情況。秋月觀暎《中國近世道教的形成：淨明道的基礎研究》〔註46〕一書對西山、逍遙山、旌陽縣等地的地理位置、名稱來歷等做了考證。此外，酒井忠夫〔註47〕、上田正昭〔註48〕、吉岡義豐〔註49〕等先生的研究亦頗具參考價值。

歐美學界在這一領域也有一些研究成果問世，如 Edouard Chavannes *"Le T'ai-chan-Essai de monographie d'un culte chinois."*（《泰山——有關一種中國崇拜的專題論文》）〔註50〕和 *"Le jet des Dragons"*（《投龍》）〔註51〕、Paul Demiéville 的 *"Le T'ai-chan ou Montagne du suicide"*（1924、《泰山或捨身之山》）〔註52〕、Michel Soymié *"Le Lo-Feou chan, étude de géographie religieuse"*（1956、《羅浮山，宗教地理研究》）〔註53〕、Giuliano Bertuccioli *"Reminiscences of Maoshan"*（1974、《茅山回憶錄》）〔註54〕、Hou Ching-lang *"The China Belief in Baleful Stars"*（1979、《中國的災星信仰》）〔註55〕、Edward H. Schafer *"Mao Shan in T'ang Times"*（1980、《唐代的茅山》）〔註56〕、Paul W. Kroll *"Verses from on High: The Ascent of T'ai Shan"*（1983、《詠高詩——登泰山》）〔註57〕與 *"In the Halls of the Azure Lad"*（1985、《在青童府中》）〔註58〕、David Johnson *"The City-God Cults of T'ang and sung China"*（1985、《中國唐宋時期的城隍神崇拜》）〔註59〕、Kristofer

Press, 1979), pp.83～101.

〔註46〕丁培仁譯，中國社會科學出版社，2005 年。

〔註47〕酒井忠夫 *"Taoist Studies in Japan"*，FT，pp.269～87.

〔註48〕上田正昭：《古代信仰と道教》，見福永光司等編《道教と古代の天皇制》，東京：德間書店 1978 年，第 51～95 頁。

〔註49〕吉岡義豐 *"Taoist Monastic Life"*，FT，pp.223～52.

〔註50〕*Le T'ai-chan-Essai de monographie d'un culte chinois.* Paris: Annales de Musée Guimet 28, pp.415～24.

〔註51〕*"Le jet des Dragons", Mémoires concernant l'Asie Orientale 3. Translation of the T'ai-shang ling-pao yü-yi ming-chen ta-chai yen-kung yi.*

〔註52〕*"Le T'ai-chan ou Montagne du suicide", in L'Echo des Alpes. Reprinted in Choix d'études sinologiques. Leiden" E.J.Brill, 1973*, pp.1～7.

〔註53〕*BEFEO (Bulletin de l'Ecole Française d'Extrême-Orient)* 48：1～139.

〔註54〕*East and West, n.s.24.3～4：3～16.*

〔註55〕*FT*, pp.193～228.

〔註56〕*SSCR (Society for the Study of Chinese Religion)* Monograph No. 1. Revised edition, 1989.

〔註57〕*TP (T'oung-Pao)* 69：223～60.

〔註58〕*JAOS (Journal of the American Oriental Society)* 105.1：75～94.

〔註59〕*HJAS (Harvard Journal of Asiatic Studies)* 45.2：363～457.

M. Schipper *"Taoist Ritual and Local Cults of the T'ang Dynasty"*（1985、《唐朝的道教儀式和地方崇拜》）〔註60〕、Stephen R. Bokenkamp *"The Peach Flower Font and the Grotto Passage"*（1986、《桃花源和洞穴通道》）〔註61〕、Kenneth Dean *"Taoism and Popular Religion in Southeast China: History and Revival"*（1988、《中國東南的道教與民間宗教──歷史和復興》）〔註62〕、Thomas Hahn *"The Standard Taoist Mountain and Related Features of Religious Geography"*（1988、《標準的道教山嶽和相關的宗教地理特徵》）〔註63〕、Valerie Hansen *"The Popular Pantheon During the T'ang-sung Transition"*（1989、《唐宋過渡時期的民間諸神》）〔註64〕、Poul Anderson *"A Visit to Hua-shan"*（1990）〔註65〕和《祭祀與禮拜模式：福建南部的宗教復興》（1995）、Raoul Birnbaum *"Secret Halls of the Mountain Lords: The Caves of Wu-t'ai Shan"*（1990、《山神的密室──五臺山的洞窟》）〔註66〕、司馬虛（Michel Strickmann）*"Le taoïsme du Mao Chan-chronique d'une revelation"*（1981、《茅山的道教──降經編年史》）〔註67〕、韓明士《道與庶道：宋代以來的道教、民間信仰和神靈模式》〔註68〕、高延（Jan Jaob Maria de Groot）《中國的宗教系統及其古代形式、變遷、歷史及現狀》（The Religious System of China, its ancient forms, evolution, history and present aspect）〔註69〕等。

　　關於唐代道教地理，柯瑞思（Russell Kirkland）《唐代道教的多維度審視：20 世紀末該領域的研究現狀》〔註70〕一文中概括總結了二十世紀末唐代道教

〔註60〕 *TTS Ⅲ (Tantric and Taoist Studies in Honour of R. A.Stein,* vol. Ⅲ, M. Strickmann ed. MCB X Ⅻ, Bruxelles, 1985), pp.812～34.

〔註61〕 *JAOS* 106：65～77.

〔註62〕 Ph.D. diss., Stanford University 1988.

〔註63〕 CEA *(Cahiers d'Extrême-Asie)* 4：145～56.

〔註64〕 *Paper for the Symposium on Religion and Society in China 750～1300.* Hsi Lai Temple, Los Angeles.

〔註65〕 *CEA* 5：349～54.

〔註66〕 *CEA* 5：115～40.

〔註67〕 *Le taoïsme du Mao Chan-chronique d'une revelation*, Mémoires de l'IHEC (Institut des Hautes Etudes Chinoises, Collège de France) XⅧ. Presses Universitaires de France.

〔註68〕 皮慶生譯，南京：江蘇人民出版社，2007 年。

〔註69〕 Leiden. E.J・Brill, 1892.

〔註70〕 曾維加、劉玄文譯，見（英）巴瑞特著、曾維加譯《唐代道教──中國歷史上黃金時期的宗教與帝國》，濟南：齊魯書社，2012 年，第 118～156 頁。

研究的景況，卻對唐代道教地理研究總結的較少。《二十世紀唐研究》〔註71〕一書中亦少有關於唐代道教地理研究的總結與回顧。截止到目前，唐代道教地理的研究雖有一些，但只有一些小規模、局部性的研究成果。如嚴耕望〔註72〕、李廷先〔註73〕、朱越利〔註74〕、何海燕〔註75〕、王麗英〔註76〕、張澤洪〔註77〕、王永平〔註78〕、周奇〔註79〕、王承文〔註80〕、盛愛萍〔註81〕、孔令宏〔註82〕、徐雪凡〔註83〕、羅燚英〔註84〕、溫玉成〔註85〕、劉凱〔註86〕、劉屹〔註87〕、

〔註71〕 胡戟、張弓、李斌城、葛承雍主編，北京：中國社會科學出版社，2002年。
〔註72〕 嚴耕望：《唐五代時期之成都》，見氏著《嚴耕望史學論文選集》，北京：中華書局，2006年，第175～231頁。
〔註73〕 李廷先：《唐代揚州的道教》，《東南文化》1990年5月Z1期，第46～51頁。
〔註74〕 朱越利：《釋杭州〈重建葛仙庵碑記〉》，《浙江學刊》1990年第1期。
〔註75〕 何海燕：《唐代道教地理分佈特徵研究》，北京大學博士學位論文，1996年。
〔註76〕 王麗英：《道教南傳及其影響》，華中師範大學博士學位論文，2004年。
〔註77〕 張澤洪：《山林道教向都市道教轉型：以唐代長安道教為例》，《四川大學學報（哲學社會科學版）》2006年第1期，第46～52頁；張澤洪、景志明：《唐代長安道教》，《宗教學研究》1993年Z1期，第1～8頁；張澤洪：《唐代敦煌道教的傳播》，《中國文化研究》2001年第1期，第59～64頁。
〔註78〕 王永平：《隋末唐初的山西道教》，《滄桑》1999年第1期，第18～22頁。
〔註79〕 周奇：《邊緣到中心：唐宋江西道教研究》，廈門大學碩士學位論文 2002年。
〔註80〕 王承文：《唐代羅浮山區文化發展略論》，《中山大學學報（社會科學版）》1992年第3期，第74～82頁。
〔註81〕 盛愛萍：《從溫州地名看浙南的道教文化》，《浙江社會科學》2003年第3期，第188～192頁。
〔註82〕 孔令宏：《浙江道教史發凡》，《杭州師範學院學報（社會科學版）》2005年第6期，第31～36頁。
〔註83〕 徐雪凡：《從浙江道教碑刻看浙江道教發展史》，見連曉鳴主編《天台山暨浙江區域道教國際學術研討會論文集》，杭州：浙江古籍出版社，2008年。
〔註84〕 羅燚英：《東晉南北朝迄唐北嶽恒山道教探述》，《閩江學刊》2010年第5期，第72～79頁；《廣州五羊傳說與五仙觀考論——漢晉迄宋嶺南道教微觀考察》，《揚州大學學報（人文社會科學版）》2012年第2期，第104～110頁。
〔註85〕 溫玉成：《隋唐洛陽道教略述》，《中國道教》1990年第2期，第35～38頁。
〔註86〕 劉凱：《六朝到唐宋連州靜福山的道教發展——以唐蔣防〈連州靜福山廖先生碑銘〉為中心》，《嶺南文史》2011年第4期，第30～36頁。
〔註87〕 劉屹：《神格與地域——漢唐間道教信仰世界研究》，上海：上海人民出版社，2010年。

王靜〔註88〕、曾國富〔註89〕，臺灣的詹宗祐〔註90〕、廖幼華〔註91〕，日本的
吉川忠夫〔註92〕，歐美的 Edward H Schafer、Michel Soymie、王羅傑（Roger
Greatrex）〔註93〕等先生即著眼於唐代某一地域的道教傳佈、特徵等的研究。
這些研究爲進一步的深入討論打下了十分堅實的基礎。但是，這些研究在內容
上不夠全面，一些唐代道教地理的重要因素被忽略了；或者在地域上限於局部
地區。總體來說，唐代道教地理全面系統的研究工作還處於萌芽的狀態。這一
研究現狀是與唐代道教的盛景不相稱的。

第三節　概念界定與主要內容

　　爲了釐清本文的研究範圍和研究內容，首先需對本文所涉及的幾個主要
概念作出明確的界定。

　　1、唐代：本文按照一般傳統將唐代定義爲公元 618 年李淵建立的定都於
長安，至公元 907 年被朱全忠篡奪的李姓帝國。其中包括了公元 690 至 704
年武曌建立的武周政權。但由於行文及內容追述的需要，本文個別章節所涉
時限上推至楊隋帝國（581～618），下延至五代（907～960）。由於所論時限
範圍絕大部分處於唐代，故本文題目統以「唐代」名之。而具體章節時限涉
及隋、唐、五代等時代處，則明確注明所論之具體時限。

　　2、道教：本文以唐代道教爲主要研究對象，故所論之道教活動、稱謂、
科儀等均以唐代道教之敘述爲標準。文中所涉其餘有關道教的概念等亦一以
唐代道教爲準。若由於史闕其載等原因致使唐代道教有關材料難以爲據的，

〔註88〕 王靜：《終南山與唐代長安社會》，《唐研究》第九卷，北京：北京大學出版社，
　　　　2003 年，第 129～168 頁。
〔註89〕 曾國富《道教與五代吳越國歷史》，《宗教學研究》2008 年第 2 期，第 33～39
　　　　頁。
〔註90〕 詹宗祐：《隋唐時期終南山區研究》，文化大學史學研究所博士論文 2003 年：
　　　　詹宗祐：《試論隋唐時期終南山區的旅遊》，《白沙歷史地理學報》2006 年第 1
　　　　期，第 1～36 頁。
〔註91〕 廖幼華：《唐宋時期嶺南主要宗教信仰之分佈》，《東亞民俗與漢文化國際學術
　　　　研討會》2003 年，第 195～239 頁。
〔註92〕 （日）吉川忠夫著、曾維加、黃小玲譯《唐代巴蜀的佛教與道教》，見《唐代
　　　　道教——中國歷史上黃金時期的宗教與帝國》，第 96～117 頁。
〔註93〕 Roger Greatrex：《茅山道教與唐宋文人》，見陳鼓應主編《道家文化研究·第
　　　　十六輯》，北京：三聯書店，1999 年，第 367～387 頁。

則以史料可知的距離相關事件等時間最接近的有關材料為準。

　　3、唐代地理分佈：本文所涉及的唐代地理分佈情況，以譚其驤主編《中國歷史地圖集》第五冊《隋、唐、五代十國時期》所繪之唐代的各分道地圖作為依據。不同歷史時期，唐代地理分佈變化（如行政區劃、疆域等）不在本文討論的範圍之內。

　　本文主體內容共分為四章。第一章討論唐代洞天福地的分佈情況。以司馬承禎《天地宮府圖》與與杜光庭《洞天福地嶽瀆名山記》兩書所涉及的一百十八處唐代道教洞天福地為主要對象，考察唐代道教洞天福地地理分佈及變化情況，並分析其原因。第二章討論了唐五代時期的道教投龍活動。結合相關的文獻材料、出土文物以及碑刻，把梳唐五代道教投龍活動的時空分佈等情況和特徵，進而試圖分析造成該分佈情況與特徵的原因。第三章整理了唐五代長安、洛陽、揚州、成都四大都市的道教宮觀分佈情況。結合有關文獻、考古材料等，考察唐五代四大主要都市的道教宮觀分佈情況，並分析造成此種分佈特徵的地理因素。第四章則著眼於唐代基層社會的道教信仰。以造像記、題記等金石材料為主，結合有關文獻和其它考古材料，探討其時基層民眾的道教活動與儀式，以及道教在基層社會所發揮的功能。

　　為了補充說明唐代道教興盛的社會思想因素，故本文又在附錄中收錄了三篇論文，A 篇為《漢唐「天狗」考釋》，B 篇為《天象與世變：漢唐時期的「枉矢」天象》，C 篇為《天象與世變：漢唐時期的「蚩尤旗」星占》，分別從社會謠言和天文星占的角度分析了漢唐時期的社會思想，以及道教等宗教對民眾心理的影響。三文可為分析唐代道教信仰盛行的社會思想基礎研究提供一個側面的角度，故附錄於文末，以供讀者評介。

　　唐代道教地理分佈研究是一個十分龐大和繁雜的大課題，需要深入研究的問題很多，又無先例可循。以筆者的學力、能力等各種主客觀條件而言，實在難以在此短短十餘萬字中既窮盡所有的有關研究領域，又深入探討各個研究層次。故本文僅從洞天福地、投龍地域、都市宮觀、基層信仰等四個層面對唐代道教地理分佈的研究管中窺豹而已，實在難以稱得上是對唐代道教地理有什麼系統性的研究。即便本文所涉及的四個研究方面也僅僅是做了一些初步的研究，還有許多問題未能解決，有待於日後進一步的深入研究。

第一章　唐代道教洞天福地地理分佈[註1]
——以司馬承禎《天地宮府圖》與杜光庭《洞天福地嶽瀆名山記》爲中心

　　洞天福地是道教特有的現象，體現了道教意圖建立人間天國的宗教理想。而建立道教洞天福地的名山大川也有著獨特的標準與要求。唐代是道教發展的黃金時代，也是洞天福地思想最終成熟的時代。因此，唐代的洞天福地分佈深刻反映了唐代道教發展的歷程與特點。

　　目前，學界對道教洞天福地已有了一些研究。如三浦國雄先生詳細討論了洞天福地的形成與發展。[註2] 宮川尚志先生探討了道教宇宙觀中天、地、水三要素與洞天福地的關係。[註3] 許尙樞《天台山道教發展簡述》一文詳細回顧了整個天台山道教發展的歷史全貌。[註4] 游建西先生較爲粗略地分析了杜光庭、司馬承禎等人的山嶽思想，並將中國傳統的人文山水文化分爲神仙山水和堪輿山水。[註5] 張廣保先生則從生態學的視角，對唐以前道教洞天福地思想根據現存文獻、概念、理論形成等進行了系統的分析。[註6] 楊立志先

〔註1〕本章的部分內容以《唐代道教的洞天福地》爲題，發表於《中國道教》2013年第 6 期，第 50～52 頁。
〔註2〕三浦國雄：《洞天福地小論》，《東方宗教》第 61 期，1983 年，第 1～23 頁。
〔註3〕宮川尚志：《天地水三官と洞天》，《東方宗教》第 78 期，1991 年，第 1～22頁。
〔註4〕《宗教學研究》1998 年第 2 期，第 70～77 頁。
〔註5〕游建西：《道家道教史略論稿》，北京：光明日版出版社，2006 年。
〔註6〕張廣保：《唐以前道教洞天福地思想研究——從生態學視角》，見郭武主編：《道教教義與現代社會國際學術研討會論文集》上海：上海古籍出版社，2003 年，

生以長江流域的道教名山爲例，分析道教義理與名山宮觀分佈與建築格局等的關係。〔註7〕鮑吾剛先生指出道教的洞天是古代中國人們對於幸福天堂的最普通的表達，體現了把天堂置於人間的強烈願望。〔註8〕鄭以馨先生則對道教洞天福地說的形成進行了深入的討論。〔註9〕李遠國先生對洞天福地的形成、發展、內涵及科學價值進行了研究。〔註10〕陳珏先生則從《補江總白猿傳》探討道教洞天福地說的情況。〔註11〕Thomas Hahn 則探討了道教中關於「名山」的觀念。〔註12〕亦有對單個洞天福地進行各方面探討的研究，如日本的秋月觀暎先生對西山的研究。〔註13〕詹宗祐先生的博士論文《隋唐時期終南山區研究》〔註14〕與《試論隋唐時期終南山區的旅遊》〔註15〕二文也涉及了隋唐時期終南範圍內道教宮觀等的地理分佈。趙益《句曲洞天：公元四世紀上清道教的度災之府》〔註16〕一文則詳細討論了句曲洞天的有關情況。Stephen Bokenkamp 以林屋洞天爲例，討論了道教「洞天」觀念。〔註17〕宋娟《王屋山道教研究——以碑刻資料爲基礎的分析》一文從存世碑刻的角度考察王屋山的道教發展狀況。〔註18〕張炎興《陽明洞天考》一文詳細探討了陽明洞天的歷史發展情況。〔註19〕胡曉慧《天下第十二福地——陶公洞探

第 285～321 頁。

〔註7〕 楊立志：《名山宮觀的規劃佈局與道教義理——以長江流域的道教名山爲例》，見熊鐵基、劉固盛主編：《道教文化十二講》合肥：安徽教育出版社，2005 年，第 282～295 頁。

〔註8〕 （德）鮑吾剛：《中國人的幸福觀》，南京：江蘇人民出版社，2004 年，第 181～209 頁。

〔註9〕 鄭以馨：《道教洞天福地說形成之研究》，台灣成功大學碩士論文，1997 年。

〔註10〕 李遠國：《洞天福地：道教理想的人居環境極其科學價值》，《西南民族大學學報（人文社科版）》2006 年第 12 期，第 118～123 頁。

〔註11〕 陳珏：《初唐傳奇文鉤沉》第六章「《補江總白猿傳》文中所蘊道教色彩考」，上海：上海古籍出版社，2005 年，第 245～282 頁。

〔註12〕 Thomas Hahn, *"The Standard Toaist Mountain and Related Features of Religious Geography"*, Caheirs d'Extreme Asie 5 (1989～1990)：145～156.

〔註13〕 （日）秋月觀暎著，丁培仁譯《中國近世道教的形成——淨明道的基礎研究》，北京：中國社會科學出版社，2005 年。

〔註14〕 臺灣文化大學史學研究所博士學位論文，2003 年。

〔註15〕 台灣《白沙歷史地理學報》2006 年第 1 期，第 1～36 頁。

〔註16〕 《宗教學研究》2007 年第 3 期，第 57～63 頁。

〔註17〕 Stephen Bokenkamp, *"The Peach Flower Font and the Grotto Passage"*, Journal of the American Oriental Society 106.1（1986）：65～77.

〔註18〕 河南大學碩士學位論文 2013 年。

〔註19〕 《貴州大學學報（社會科學版）》2014 年第 6 期，第 65～71 頁。

源》一文詳細敘述了陶公洞的歷史發展狀況。〔註20〕其餘，如陳國符〔註
21〕、潘雨廷〔註22〕、李豐楙〔註23〕、李裴〔註24〕、王子超〔註25〕、付其
建〔註26〕、熊鐵基〔註27〕、瑞典的干羅傑〔註28〕等先生的研究，亦有極大
的參考價值。本文擬在此基礎之上，結合前人的研究成果，以唐代論述洞
天福地最爲詳盡的司馬承禎《天地宮府圖》〔註29〕（下文簡稱《宮府圖》）
與杜光庭《洞天福地嶽瀆名山記》〔註30〕（下文簡稱《名山記》）兩書所涉
及的相關內容爲主要對象，考察唐代道教洞天福地地理分佈及變化情況，
並分析其原因。

第一節　洞天福地考異

　　根據《宮府圖》與《名山記》所載十大洞天、三十六洞天與七十二福地，
合計一百十八處道教聖地的比較，發現其中有許多出入。有一些流傳中產生
的訛誤，試在此略加考證。

〔註20〕《中國道教》2007 年第 4 期，第 59～61 頁。
〔註21〕陳國符：《道藏源流考》，北京：中華書局，2012 年。
〔註22〕潘雨廷：《道教史叢論》，上海：復旦大學出版社，2012 年；以及氏著《道藏
　　　　書目提要》，上海：上海古籍出版社，2003 年。
〔註23〕李豐楙：《六朝道教洞天說與遊歷仙境小說》，見李豐楙：《仙境與遊歷：神仙
　　　　世界的想像》，北京：中華書局，2010 年，第 349～386 頁。
〔註24〕李裴：《隋唐五代道教美學思想研究》，成都：巴蜀書社，2005 年。
〔註25〕王子超、王克陵：《南朝至唐道教對名山風景的探索與構建——「洞天福地」
　　　　的自然生態模型理論》，《華中建築》2008 年第 9 期，第 207～210 頁。
〔註26〕付其建：《試論道教洞天福地理論的形成與發展》，山東大學中國古代史碩士
　　　　學位論文 2007 年。
〔註27〕熊鐵基：《洞天福地是神仙思想發展的產物》，《中國道教》2012 年第 5 期，第
　　　　22～24 頁。
〔註28〕（瑞典）王羅傑：《茅山道教與唐宋文人》，見陳鼓應主編：《道家文化研究·
　　　　第十六輯》上海：三聯書店，1999 年，第 367～387 頁。
〔註29〕宋·張君房編，李永晟點校：《雲笈七籤》卷二十七《洞天福地》，北京：中
　　　　華書局，2003 年，第 608～631 頁。
〔註30〕所用版本分別爲文物出版社、上海書店、天津古籍出版社：《道藏》，上海：
　　　　上海書店，1988 年，第 11 分冊，第 55～60 頁；以及張繼禹主編：《中華道
　　　　藏》，北京：華夏出版社，2004 年，第 48 分冊，第 80～85 頁；唐·杜光庭，
　　　　羅爭鳴輯校《杜光庭記傳十種輯校》，北京：中華書局，2013 唐，第 377～
　　　　400 頁。

一、洞天考異

1、委羽洞天，《宮府圖》載在「台州黃岩縣」，《名山記》則載在「武州」。據《太平廣記》載，許碏「復自襄汴，來抵江淮，茅山天台、四明仙都、委羽武夷、霍桐羅浮，無不遍歷」〔註31〕。可知，委羽山與許碏所至的茅山、天台、四明等諸山皆位於唐江淮以南的地域之內。而唐代先後出現過多個武州，但多數爲短期設置〔註32〕，長期存在的唯有隴右道的武州〔註33〕。這顯然與許碏的遊歷路線不符。又據宋代文獻記載，「委羽山在（黃岩）縣南五里，俗號俱依山。東北有洞，世傳仙人劉奉林於此控鶴輕舉，嘗墜翮焉，故以爲名。按《登眞隱訣》、《眞誥》皆云：委羽山，天下第二洞，號大有空明之天。又《十大洞記》：委羽山大有空明洞在黃岩縣南數里，即大有眞人之所治焉一云青童君主之」〔註34〕。《夷堅志》亦載，「又一日許，乃從黃岩縣委羽洞出焉」〔註35〕。綜上所述，大部分宋代文獻皆載委羽山位於台州黃岩縣境，與《宮府圖》記載相吻合。由此推測，唐代所論之委羽洞天在台州黃岩縣境。

2、西城洞天，據《太平寰宇記》載，「西城縣，……本漢舊縣，屬漢中郡。……按《水經注》云：『漢水經月川口，又東經西城故城南。』其故城即漢之西城，今州西北四里漢江之北，西城山之東，魏興郡故城是也。當谷口路南，與州城相對。其西城山在州西北五里」〔註36〕。可知，自唐後期以至宋初，西城洞天已被明確定位，不復《宮府圖》「未詳所在」的模糊說法了。

3、西玄山洞，據宋代文獻所載，「第四西玄山洞，高二千一百丈，周回

〔註31〕宋・李昉等：《太平廣記》卷四十《神仙四十・許碏》引《續神仙傳》，北京：中華書局，1961年，第255頁。

〔註32〕如《舊唐書》卷四十《地理志三》載，「江南東道……武康……武德四年，置武州。七年，州廢，縣屬湖州」。第1587頁。

〔註33〕後晉・劉昫等：《舊唐書》卷四十《地理志三》載，「隴右道……武州下　隋武都郡。武德元年，置武州，領將利、建威、覆津、盤堤四縣。……天寶元年，改爲武都郡。乾元元年，復爲武州」。北京：中華書局，1975年，第1635頁。

〔註34〕宋・陳耆卿：《（嘉定）赤城志》卷二十《山水門二》，見《宋元方志叢刊》，北京：中華書局，1990年，第七冊，第7432頁。

〔註35〕宋・洪邁：《夷堅志・夷堅支志庚》卷五，北京：中華書局，2006年。

〔註36〕宋・樂史，王文楚等點校：《太平寰宇記》卷一百四十一《山南西道九・金州》，北京：中華書局，2007年，第2729～2730頁。

三千里，名三玄極眞之天，即裴眞人所理，繫華州，不可到也」〔註37〕。「第四西玄山，高二千七百丈，洞周回一千里，名三玄極眞之天，即裴眞人所理，繫華州入西眷界」〔註38〕。可知，宋代將西玄山確定在華州界，即唐之華州與京兆府東部。未知唐之西玄山是否在該地域之內。

4、羅浮洞天，《宮府圖》載爲「循州博羅縣」，《名山記》載爲「修州博羅縣」。考諸史籍，「循州　隋龍川郡。武德五年，改爲循州總管府，管循、潮二州。循州領……博羅、……貞觀二年，廢都督府。天寶元年，改爲海豐郡。乾元元年，復爲循州。……博羅　漢舊縣，屬南海郡也」〔註39〕。博羅縣在唐代屬於嶺南道循州轄下。又據《太平寰宇記》所載，「博羅縣，……羅浮山……徐道覆《羅浮山記》云：『山在增城、博羅二縣之界，……』」〔註40〕可知，羅浮山位於循州博羅縣境內。疑「修」字乃因與「循」字形似而傳抄致誤。

5、林屋山洞，《眞誥》載，「在吳太湖中耳」〔註41〕。《太平寰宇記》則載，「長洲縣……洞庭山……又《郡國志》云：『包山下有石洞，名洞庭，即此林屋山也。』」〔註42〕《太平御覽》亦引《五符》曰，「林屋山周四百里，一名苞山，在太湖中」〔註43〕。由此可見，林屋山位於蘇州太湖之中，即今洞庭西山林屋洞。

6、括蒼洞天，《宮府圖》載爲「處州樂安縣」，《名山記》載爲「台州樂安縣」。有唐一代，曾出現有河南道青州樂安縣〔註44〕、淮南道光州樂安縣〔註45〕、

〔註37〕　宋・佚名：《錦繡萬花谷別集》卷二《十大洞天》，上海：上海古籍出版社，1995年。

〔註38〕　宋・潘自牧：《記纂淵海》卷八十六《十大洞天》，北京：中華書局，1988年。

〔註39〕　《舊唐書》卷四十一《地理志四》，第1715頁。宋・歐陽修、宋祁：《新唐書》卷四十三上《地理志七上》（北京：中華書局，1975年，第1096頁）所載略同。

〔註40〕　《太平寰宇記》卷一百六十《嶺南道四・惠州》，第3069～3071頁。

〔註41〕　日・吉川忠夫、麥谷邦夫編，朱越利譯：《眞誥校注》卷十三《稽神樞第三》，北京：中國社會科學出版社，2006年，第413頁。

〔註42〕　《太平寰宇記》卷九十一《江南東道三・蘇州》，第1827頁。

〔註43〕　宋・李昉等：《太平御覽》卷六百六十三《道部五・地仙》，北京：中華書局，1960年，第2959頁。

〔註44〕　《舊唐書》卷三十八《地理志一》載，「青州上　隋北海郡。武德四年，置青州總管府，……青州領……樂安、……等七縣。八年，……省樂安、……四縣。……樂安，隋縣。武德二年，屬乘州。州廢，屬青州」。第1452～1453頁。《新唐書》卷三十八《地理志二》載，「青州北海郡，望。……博昌、上。

江南道台州樂安縣〔註46〕等三個樂安縣，唯處州有唐一代下轄未有樂安之縣名。又據《太平寰宇記》載，「臨海縣，……括蒼山，在（台）州西四十里。高一萬六千丈」〔註47〕。樂安乃析臨海而置，故括蒼洞天似應在台州樂安縣境。

7、廬山洞，《宮府圖》載爲「江州德安縣」，《名山記》爲「江州潯陽縣」。徵諸史籍，唐代江州轄下曾有潯陽、彭澤、都昌、至德等縣，卻並無德安縣。〔註48〕又唐代行政區劃中，亦無德安縣之建置。且廬山位於潯陽境內，〔註49〕由此推測，廬山洞似應位於江州潯陽縣境。

8、四明山洞，《宮府圖》載在「越州上虞縣」，《名山記》則載在「越州餘姚縣」。據《元和郡縣圖志》載「四明山，在（餘姚）縣西一百五十里」〔註50〕。《新唐書》亦載，「越州會稽郡，中都督府。……餘姚、緊。……有風山、四明山」〔註51〕。故四明山洞似應位於越州餘姚縣爲是。

〔註45〕　武德八年省樂安、安平二縣入焉」。第 993～994 頁。
《舊唐書》卷四十《地理志三》載，「光州緊中　隋弋陽郡。武德三年，改爲光州，置總管府，……光州領……樂安、……三縣。……貞觀元年，……以宋安併入樂安。……仙居　漢軑縣，屬江夏郡，古城在縣北十里。宋分軑縣置樂安縣」。第 1577～1578 頁。《新唐書》卷四十一《地理志五》載，「光州弋陽郡，上。……仙居，上。本樂安」。第 1054 頁。

〔註46〕《舊唐書》卷四十《地理志三》載，「台州上　隋永嘉郡之臨海縣。武德四年，……置海州，領……樂安、……五縣。五年，改爲台州。……天寶元年，改爲臨海郡。乾元元年，復爲台州。……樂安　廢縣。上元二年，分臨海置，徙治孟溪」。第 1591 頁。《新唐書》卷四十一《地理志五》載，「台州臨海郡，上。……樂安，上。武德四年析臨海置，八年省，高宗上元二年復置」。第 1063 頁。

〔註47〕《太平寰宇記》卷九十八《江南東道十·台州》，第 1963 頁。

〔註48〕《舊唐書》卷四十《地理志三》載，「江州中　隋九江郡。武德四年，……置江州，領湓城、潯陽、彭澤三縣。五年，……又分湓城置楚城縣，分彭澤置都昌縣。八年，廢浩州及樂城縣入彭澤縣，又廢湓城入潯陽。……（貞觀）八年，廢楚城縣入潯陽。……潯陽……都昌……彭澤……至德……」。第 1608～1609 頁。《新唐書》卷四十一《地理志五》載，「江州潯陽郡，上。……縣三、……潯陽，緊。……有廬山。……彭澤，……都昌」。第 1068 頁。

〔註49〕唐·李吉甫，賀次君點校：《元和郡縣圖志》卷二十八《江南道四·江州》載，「廬山，在（潯陽）縣東三十二里。本名鄣山，昔匡俗字子孝，隱淪潛景，廬於此山，漢武帝拜爲大明公；俗號廬君，故山取號。周環五百餘里」。北京：中華書局，1983 年，第 676 頁。

〔註50〕《元和郡縣圖志》卷二十六《江南道二·越州》，第 619 頁。

〔註51〕《新唐書》卷四十一《地理志五》，第 1060～1061 頁。

9、會稽山洞，《宮府圖》載在「越州山陰縣鏡湖中」，《名山記》載在「越州會稽縣」。據《元和郡縣圖志》載，「會稽縣，望。郭下。山陰，越之前故靈文園也。秦立以爲會稽山陰。漢初爲都尉。隋平陳，改山陰爲會稽縣，皇朝因之。……山陰縣，秦舊地，隋改爲會稽。垂拱二年，又割會稽西界別置山陰，大曆二年刺史薛兼訓奏省山陰並會稽。七年，刺史劉少游又奏置，今復併入會稽。……會稽山，在州東南二十里」〔註52〕。《新唐書》亦載，「越州會稽郡，中都督府。……會稽、望。有南鎮會稽山，有祠。……山陰、緊。武德七年析會稽置，八年省。垂拱二年復置，大曆二年省，七年復置，元和七年省，十年復置」〔註53〕。可見，有唐一代，會稽、山陰二縣屢經分合，且山陰乃割會稽縣西界而設，故二縣大致可認爲是一地。若細究史籍，則將會稽山歸於會稽縣境內。

10、太白山洞，《宮府圖》載在「京兆府長安縣，連終南山」，《名山記》載在「京兆盩厔縣」。然據史籍所載，太白山位於郿縣境內。〔註54〕盩厔縣爲郿縣之鄰縣，與太白山距離頗近，可能亦在太白山洞五百里的洞天範圍之內。而終南山則位於郿縣境內，〔註55〕與長安縣距離頗遠。其間亦無名方白山者，因此太白山洞之具體位置應在岐州郿縣，京兆盩厔縣似亦有可說之理。

11、小潙山洞，《宮府圖》載爲「潭州澧陵縣」，《名山記》則爲「潭州醴陵縣」。《舊唐書》載，「潭州中都督府　隋長沙郡。……潭州領長沙、衡山、醴陵、湘鄉、益陽、新康六縣。……醴陵　漢臨湘縣，界有醴陵，後漢立爲縣，屬長沙郡，隋廢。武德四年，分長沙置」〔註56〕。《新唐書》亦載，「潭州長沙郡，中都督府。……縣六：……長沙，……湘潭，……湘鄉，……益陽，……醴陵、中。武德四年析長沙置。有王喬山。瀏陽，……」〔註57〕可知，潭州有醴陵，無澧陵。小潙山洞似應位於潭州醴陵縣。「澧」則似因與「醴」

〔註52〕《元和郡縣圖志》卷二十六《江南道二・越州》第618頁。

〔註53〕《新唐書》卷四十一《地理志五》，第1060～1061頁。

〔註54〕《新唐書》卷三十七《地理志一》載，「鳳翔府扶風郡，……郿、……有太白山，……盩厔。本畿，隸雍州……天復元年來屬」。第966～967頁。《元和郡縣圖志》卷二《關內道二・鳳翔府》載，「太白山，在（郿）縣東南五十里」。第44頁。

〔註55〕《元和郡縣圖志》卷二《關內道二・鳳翔府》載，「終南山，在（郿）縣南三十里」。第44頁。

〔註56〕《舊唐書》卷四十《地理志三》，第1612～1613頁。

〔註57〕《新唐書》卷四十一《地理志五》，第1071頁。

字形近而傳抄致誤。

12、灊山洞，《宮府圖》載在「舒州懷寧縣」，《名山記》載在「舒州桐城縣」。《新唐書》載，「舒州同安郡，上。至德二載更名盛唐郡，後復故名。……懷寧、上。……桐城。緊。本同安，至德二載更名」〔註58〕。可知，舒州下轄確有懷寧、桐城二縣，桐城爲至德二年改同安而來。據《通典》載，舒州同安郡所屬之「懷寧漢皖縣。有灊山，一名天柱山」〔註59〕。《太平寰宇記》亦載，「懷寧縣，……潛山，在縣西北二十里」〔註60〕。可知，灊山洞應位於舒州懷寧縣境。

13、玉笥山洞，《宮府圖》載在「吉州永新縣」，《名山記》載在「吉州新淦縣」。《新唐書》載，「吉州廬陵郡，上。……太和、……有王山。……新淦、上。永新、上。顯慶二年析太和置」〔註61〕。可知，唐吉州轄下確有永新、新淦二縣。據《福地記》載，「此山土地肥美，宜谷辟兵。又《天監起居注》云：廬陵太守王希聃於此山龍淵獲劍二口」〔註62〕。則玉笥山位於廬陵境內似可確定。《太平寰宇記》則將玉笥山繫於宋初吉州廬陵縣與新淦縣境。〔註63〕由此推測，似將玉笥山繫於唐之吉州新淦縣境爲宜。

14、都嶠山洞，《宮府圖》載在「容州普寧縣」，《名山記》則唯載「容州」。《舊唐書》載，「容州下都督府　隋合浦郡之北流縣。武德四年，……置銅州，領北流、豪石、宕昌、渭龍、南流、陵城、普寧、新安八縣。貞觀元年，改爲容州，以容山爲名。十二年，省新安縣。開元中，升爲都督府。天寶元年，改爲普寧郡。乾元元年，復爲容州都督府」〔註64〕。而今都嶠山位於容縣容

〔註58〕《新唐書》卷四十一《地理志五》。第1054頁。

〔註59〕唐·杜佑，王文錦等點校：《通典》卷一百八十一《州郡十一·古揚州上·同安郡舒州》，北京：中華書局，1988年，第4810頁。

〔註60〕《太平寰宇記》卷一百二十五《淮南道三·舒州》，第2474頁。

〔註61〕《新唐書》卷四十一《地理志五》，第1070頁。

〔註62〕《太平御覽》卷四十一《地部六·玉笥山》，第198頁。

〔註63〕《太平寰宇記》卷一百零九《江南西道七·吉州》載，「吉州，廬陵郡………廬陵縣，……玉笥山。……新淦縣，……玉笥山，在縣南六十里。《道書》云：『玉笥山，福地山也。』有水東流。山數十里，地宜稻穀，肥美。陶弘景《玉匱書》云：『山今屬巴山，在縣西四十里。有廢清居觀，即梁公社被流於南，迴而隱於此山，因置觀焉。梁司徒、左長史蕭子雲爲作銘也』」，第2205～2208頁。

〔註64〕《舊唐書》卷四十一《地理志四》，第1743頁。《新唐書》卷四十三上《地理志七上》亦載，「容州普寧郡，下都督府。本銅州，武德四年以合浦郡之北流、

州鎮、石寨鄉、楊梅鎮、六王鎮等四個鄉鎮的境內，方圓 37 平方公里。北面距容城南約 10 公里。似位於唐容州普寧縣境內。

15、白石山洞，《名山記》載在「容州北源」。據上文所引史籍所載，容州所領八縣中，唯有北流縣，無北源縣。又據《太平寰宇記》載，唐繡州常林郡阿林縣境有白石山，「山色潔白，四面懸絕，上有飛泉瀑布。下有勾芒木，可以爲布」〔註65〕。宋初開寶六年廢繡州，入容州。白石山疑此時入北流縣境，以至各記載間有所齟齬。

16、幕阜山洞，《宮府圖》載在「鄂州唐年縣」，《名山記》載在「鄂州唐軍縣」。據史籍所載，「鄂州上　隋江夏郡。……江夏……永興……蒲圻……唐年　天寶二年，開山洞置。漢陽……瀁川」〔註66〕可知，唐代鄂州唯有唐年縣，無唐軍縣。

17、紫蓋山洞，《宮府圖》載在「荊州常陽縣」，《名山記》載在「韶州曲江縣」。《舊唐書》載，「荊州江陵府　隋爲南郡。……領江陵、枝江、當陽、長林、安興、石首、松滋、公安等八縣」〔註67〕。荊州所屬八縣中，無常陽縣。又據《新唐書》載，「江陵府江陵郡，本荊州南郡，天寶元年更郡名。……縣八：……當陽、次畿。……有南紫蓋山、北紫蓋山」〔註68〕。《太平寰宇記》則載，「當陽縣，……南北紫蓋山，在縣南八十里。南者與覆船山相接。二山頂上方而四垂，若徹蓋之狀，常有林石皆紺色，故以紫爲稱。上有丹井」〔註69〕。可知，《宮府圖》所載之荊州常陽縣應爲荊州當陽縣之誤。又據《元和郡縣圖志》所載，韶州曲江縣境內有靈鷲山、玉山、銀山、韶石、牢石、大庾嶺等名山，獨無紫蓋山之名。〔註70〕由此，似可推知《名山記》所載之韶州曲江縣疑誤，當從《宮府圖》所載爲荊州當陽縣。

普寧置。貞觀八年更名。元和中徙治普寧。……縣六：……普寧、下」。第1109頁。

〔註65〕《太平寰宇記》卷一百六十七《嶺南道十一・容州》，第3192～3193頁。

〔註66〕《舊唐書》卷四十《地理志三》，第1610～1611頁。《新唐書》卷四十一《地理志五》載，「鄂州江夏郡，緊。……縣七。……江夏，……永興，……武昌，……蒲圻，……唐年，……漢陽，……汉川」第1068～1069頁。

〔註67〕《舊唐書》卷三十九《地理志二》，第1551～1552頁。

〔註68〕《新唐書》卷四十《地理志四》，第1027～1028頁。

〔註69〕《太平寰宇記》卷一百四十六《山南東道五・荊門軍》，第2847～2848頁。

〔註70〕《元和郡縣圖志》卷三十四《嶺南道・韶州》，第901～902頁。

二、福地考異

1、七十二福地之地肺山，《宮府圖》載在「江寧府句容縣界」，《名山記》載在「茅山」。據《元和郡縣圖志》所載，潤州「管縣六：……句容。……句容縣，緊。……縣有茅山，……茅山，在縣東南六十里」〔註71〕。《新唐書》則載，「昇州江寧郡，至德二載以潤州之江寧縣置，上元二年廢，光啓三年復以上元、句容、溧水、溧陽四縣置。……縣四：……句容，望。武德三年以句容、延陵二縣置茅州，七年州廢，隸蔣州，九年隸潤州。乾元元年來屬」〔註72〕。而該書又載，「潤州丹楊郡，望。武德三年以江都郡之延陵縣地置，取潤浦為州名。……縣四：……延陵。……有茅山」〔註73〕。可知，有唐一代，無江寧府之稱謂。而茅山則終唐一世皆隸屬於潤州延陵、句容二縣界。〔註74〕

2、七十二福地之仙磧山，《宮府圖》載，「在溫州梁城縣十五里，近白溪草市，真人張重華治之」。據《舊唐書》所載，「溫州上……武德五年，置東嘉州，領永嘉、永寧、安固、樂成、橫陽五縣。貞觀元年，廢東嘉州，以縣屬括州。上元二年，分括州之永嘉、安固二縣置溫州。……天寶領縣四」永嘉、安固、橫陽、樂成（城）〔註75〕。可知，唐代溫州並無設置梁城縣的記錄。疑梁城縣乃是樂成（城）縣之誤。

3、七十二福地之鬱木坑（《宮府圖》作「鬱木洞」）。據記載，「漢武時，邑民伐材於山為廨館，闕殿中梁一條，邑民相謂曰：欲精仙館，在其梁棟，未可以凡木為之。經數旬未獲，忽一夜震雷風烈，天降白玉梁一條，光彩瑩目。至今下有玉梁觀。……晉永嘉中，有人見在都木巖下。梁黃門侍郎蕭子雲建清虛館，兼撰立館碑，經五載，忽有一人來謂之曰：『館之東北有洞，曰

〔註71〕《元和郡縣圖志》卷二十五《江南道一‧潤州》，第590～598頁。

〔註72〕《新唐書》卷四十一《地理志五》，第1057頁。

〔註73〕《新唐書》卷四十一《地理志五》，第1056～1057頁。

〔註74〕《元和郡縣圖志》卷二十五《江南道一‧潤州》亦載，「延陵縣，緊。……茅山，在縣西南三十五里。三茅得道之所」。第593頁。

〔註75〕《舊唐書》卷四十《地理志三‧江南道》，第1597～1598頁。《新唐書》卷四十一《地理志五》（第1063頁）載「溫州永嘉郡，上。高宗上元元年析括州之永嘉、安固置。……縣四。永嘉，上。武德五年以縣置東嘉州，並析置永寧、安固、橫陽、樂成四縣。貞觀元年州廢，省橫陽、永寧，以永嘉、安固隸括州。安固，……橫陽，上。大足元年析安固復置。樂成。上。武德七年省入永嘉，載初元年復置」。

都木坑，水自東注，可以久居矣。』子雲遂徙家居之。後全家隱洞中，不知所之。……長慶初，（謝修通）入都木坑，偶見一宅，重扉。……須臾有一青衣童子，招修通入見。一人紫綬峨冠佩劍，立堂之左。一人碧綬素簡，立堂之右。童子曰：『左者蕭君，右者梅君。』」〔註76〕則鬱木坑或作都木坑。又據上文推測，蕭子雲宅似在都木坑內，而非玉梁觀內。

　　4、七十二福地之靈墟，《宮府圖》載在「台州唐興縣北」，《名山記》載在「台州天台山」。據《元和郡縣圖志》載，「唐興縣，上。……天台山，在縣北一十里」〔註77〕。《太平寰宇記》亦載天台山位於宋初之天台縣，即唐之唐興縣境。〔註78〕可知，兩書所指大致爲同一地域。

　　5、七十二福地之天姥嶺（《道藏》作「岑」，疑「嶺」形近而誤），《宮府圖》載在「剡縣南」，《名山記》載在「台州天台南」。據《元和郡縣圖志》載，「剡縣，……天姥山，在縣南八十里」〔註79〕。此天姥山或是天姥嶺之別稱，則天姥嶺似位於越州剡縣南。

　　6、七十二福地之陶山，《宮府圖》載在「溫州安國縣」，《名山記》載在「溫州安固縣」。據《元和郡縣圖志》載，「溫州，永嘉。上。……管縣四：永嘉，安固，橫陽，樂成」〔註80〕。可知溫州所管四縣中有安固縣，無安國縣。

　　7、七十二福地之靈山（《名山記》作「靈應山」），《宮府圖》載在「信州上饒縣北」，《名山記》載在「饒州北」。據《舊唐書》載，「信州上　乾元元年，割衢州之常山、饒州之弋陽、建州之三鄉、撫州之一鄉，置信州，又置上饒、永豐二縣。領縣四，戶四萬。……上饒　乾元元年置，州所理也。元和七年，省永豐縣入。弋陽　舊屬饒州，乾元元年，來屬。貴溪　永泰元年十一月，分弋陽西界置。玉山　證聖二年，分常山、須江置屬衢州。乾元元年，割屬信州。……饒州下　隋鄱陽郡。武德四年，……置饒州，領鄱陽、新平、廣晉、餘干、樂平、長城、玉亭、弋陽、上饒九縣。七年，省上饒入

〔註76〕《太平御覽》卷四十一《地部六·玉笥山》，第198頁。
〔註77〕《元和郡縣圖志》卷二十六《江南道二·台州》，第628頁。
〔註78〕《太平寰宇記》卷九十八《江南東道十·台州》，第1966頁。
〔註79〕《元和郡縣圖志》卷二十六《江南道二·越州》，第620頁。
〔註80〕《元和郡縣圖志》卷二十六《江南道二·溫州》，第625～626頁。《舊唐書》
　　　　卷四十《地理志三》（第1597～1598頁）與《新唐書》卷四十一《地理志五》
　　　　（第1063頁）所載略同。

弋陽」〔註81〕。上饒縣原屬饒州，乾元元年（758）改隸信州。故二文所指的區域大致重合。又據《太平寰宇記》載，「上饒縣，……靈山，在縣西北九十里。山有七十二峰，亦曰靈鷲山，……《道書》第三十三福地」〔註82〕。可知，靈應山似靈鷲山之誤，在上饒縣西北。

8、七十二福地之泉源（《名山記》作「白水源」），疑本為一致，傳抄致誤。未知是誤將「白水」二字為「泉」，或是將「泉」誤解為「白水」二字。《名山記》載，位於「龍州」。據史籍所載，唐政府統轄下曾有多個以龍州為名的地方政府。〔註83〕而其中存在時間較長的是在劍南道的龍州，「龍州應靈郡，中都督府。……貞觀元年曰龍門州。初為羈縻，屬茂州，垂拱中為正州。天寶元年曰江油郡，至德二載更郡名，乾元元年更州名」〔註84〕。《名山記》作於唐後期，此時以龍州為名者可能唯有此一劍南道之龍州。

9、七十二福地之東白源，《宮府圖》與《名山記》（《道藏》版）載在「洪州新吳縣」，《名山記》（《中華道藏》版）載在「洪州興吳縣」。據《元和郡縣圖志》載，「洪州，豫章。……管縣七：南昌，高安，新吳，豐城，建昌，武寧，分寧。……新吳縣，上。……隋開皇九年，省入建昌。武德五年又置，舊隸楚，今新屬吳，故曰新吳」〔註85〕。洪州所隸七縣中無興吳縣，唯有新吳縣，新吳之名由來亦可知矣。故以《宮府圖》及《名山記》（《道藏》版）所載為是。

10、七十二福地之毛公壇，《宮府圖》載在「蘇州長洲縣」，《名山記》載在「蘇州洞庭湖中」。據《元和郡縣圖志》載，「蘇州，……吳縣，望。郭下。

〔註81〕《舊唐書》卷四十《地理志三》，第1594～1604頁。《新唐書》卷四十一《地理志五》亦載，「信州，上。乾元元年析饒州之弋陽，衢州之常山、玉山及建、撫之地置。……縣四：上饒，緊。武德四年置，隸饒州，七年省入弋陽，乾元元年復置，並置永豐縣。元和七年省永豐入焉。……弋陽，上。……貴溪，中。永泰元年析弋陽置。玉山，上。證聖二年析常山、須江及弋陽置」。第1070頁。

〔註82〕《太平寰宇記》卷一百零七《江南西道五・信州》，第2149～2150頁。

〔註83〕如《新唐書》卷四十三上《地理志七上》載安南都護府之龍州，「龍編、中下。武德四年置龍州，並置武寧、平樂二縣。貞觀元年州廢，省武寧、平樂，以龍編隸仙州，州廢來屬」。第1111～1112頁。

〔註84〕《新唐書》卷四十二《地理志六》，第1090頁。

〔註85〕《元和郡縣圖志》卷二十八《江南道四・洪州》，第669～670頁。《舊唐書》卷四十《地理志三》（第1604～1606頁）與《新唐書》卷四十一《地理志五》（第1067～1068頁）所載略同。

太湖，……湖中有山，名洞庭山。……長洲縣，望。郭下。本萬歲通天元年
析吳縣置」〔註86〕。長洲縣與吳縣同爲蘇州之郭下縣，且長洲自吳縣析出。
故兩縣其實似可視爲一地，太湖也爲二縣所共有。因此，二文所指實爲同一
區域。

　　11、七十二福地之綠蘿山，《宮府圖》載在「朗州武陵縣，接桃源界」，《名
山記》載在「常德武陵北」。據《舊唐書》載，「朗州下　隋武陵郡。武德四
年，……置朗州。天寶元年，改爲武陵郡。乾元元年，復爲朗州。天寶初，
割屬山南東道。舊領縣二，……武陵　漢臨沅縣地，屬武陵郡。……煬帝爲
武陵郡。武德復爲朗州。皆治於武陵縣」〔註87〕。唐代，武陵縣屬朗州或武
陵郡，從未隸屬過常德。故《名山記》所載不確。又據《太平寰宇記》載，「綠
蘿山。亦灣也」，屬宋初邵州武岡縣，即唐邵州武岡縣境。〔註88〕則可能《宮
府圖》與《名山記》二者所載皆誤。

　　12、七十二福地之玉峰（《名山記》作「王峰」），《宮府圖》載在「西都
京兆縣」，《名山記》載在「藍田縣」。據《元和郡縣圖志》載，「京兆府，雍
州。……管縣十二，又十一：萬年，長安，昭應，三原，醴泉，奉天，奉先，
富平，雲陽，咸陽，渭南，藍田。……藍田縣，……藍田山，一名玉山，一
名覆車山，在縣東二十八里」〔註89〕。由此推測，玉峰疑既是玉山，王峰似
應作玉峰。唐代長安無京兆縣之名。故玉峰似隸藍田縣境。

　　13、七十二福地之商谷（《宮府圖》作「商谷山」），《宮府圖》載在「商
州」，《名山記》載在「商州上洛縣」。據《通典》所載，「商州……大唐爲商
州，或爲上洛郡。領縣五：上洛　漢舊縣。……有商山，亦名地肺山，亦名
楚山，四皓所隱」〔註90〕。可知，商山或亦名商谷、商谷山，位於商州上洛

〔註86〕《元和郡縣圖志》卷二十五《江南道一・蘇州》，第600～601頁。

〔註87〕《舊唐書》卷四十《地理志三》，第1615頁。《新唐書》卷四十《地理志四》
　　　　亦載，「朗州武陵郡，下。……縣二：武陵、上。……龍陽。中上」。第1029
　　　　頁。

〔註88〕《太平寰宇記》卷一百十五《江南西道十三・邵州》，第2333～2336頁。

〔註89〕《元和郡縣圖志》卷一《關內道一・京兆府》，第1～16頁。

〔註90〕《通典》卷一百七十五《州郡五・上洛郡商州》，第4579頁。《太平寰宇記》
　　　　卷一百四十一《山南西道九・商州》載，「上洛縣，……楚山。《帝王紀》：『南
　　　　山，曰商山，又名地肺山，亦稱楚山。』皇甫謐《高士傳》：『四皓皆河內軹
　　　　人，……始皇時，秦政方虐，四士避世於商山，……乃共入商嶺上雒，隱居
　　　　地肺山，以待天下安定。』」第2734～2735頁。

縣境。

14、七十二福地之張公洞，《宮府圖》載在「常州宜興縣」。據《元和郡縣圖志》載，「常州。　　管縣五：晉陵，武進，江陰，無錫，義興。……義興縣，緊。……本漢陽羨縣，故城在荆溪南。晉惠帝時，妖賊石冰亂揚土，縣人周玘創義討冰，割吳興之陽羨並長城縣之北鄉爲義興郡，以表玘功。隋開皇九年平陳，廢郡爲義興縣」〔註91〕。直到唐代爲止，常州有義興之名，而無宜興之縣。又據《太平寰宇記》載，「宜興縣，……（武德八年）以義興屬常州。皇朝改爲宜興縣。……張公山，在縣南三十五里。山巔空穴到底。郭璞注云：『陽羨有張公山，洞中有南北二堂，古老傳云張道陵居此求仙，因有張公之名。四面水入坼溪。』」〔註92〕可知，宋初爲避太宗之諱，改義興爲宜興。縣境內有張公山，內有山洞，疑即張公洞。

15、七十二福地之雲山，《宮府圖》載在「邵州武剛縣」。據史籍記載，「邵州，隋長沙郡之邵陽縣。武德四年，……置南梁州，領邵陵、建興、武岡三縣。七年，省建興入武岡，省邵陵並邵陽。貞觀十年，改名邵州。元寶元年，改爲邵陽郡。乾元元年，復爲邵州。舊領縣二，……武岡　漢都梁縣，屬零陵郡。晉分都梁置武岡縣。隋廢。武德四年，分邵陽復置」〔註93〕。可知，唐代邵州有武岡縣，無武剛之縣名。故《宮府圖》所載似應爲邵州武岡縣。

16、七十二福地中，《宮府圖》有一處名「長在山」，在「齊州長山縣」；《名山記》則稱之爲「長白山」，在「兗州」（《道藏》版所載，《中華道藏》版爲「袞州」）。長在山，史籍中無名山爲此名者，且與長白山形似，疑長白山之誤。「齊州濟南郡，上。本齊郡，天寶元年更名臨淄，五載又更名。……縣六：……章丘、上。……有大胡山、長白山」〔註94〕。可知長白山位於齊

〔註91〕《元和郡縣圖志》卷二十五《江南道一·常州》，第599～600頁。《舊唐書》卷四十《地理志三》（第1585～1586頁）與《新唐書》卷四十一《地理志五》（第1058頁）所載略同。

〔註92〕《太平寰宇記》卷九十二《江南東道四·常州》，第1845～1847頁。

〔註93〕《舊唐書》卷四十《地理志三》，第1619頁。宋·王溥《唐會要》卷七十一《州縣改置下·江南道》載，「邵州，武德六年，置梁州。貞觀十年，改爲邵州。……武岡縣，隋爲武攸，武德四年，改爲武岡」。上海古籍出版社2006年，第1508頁。《新唐書》卷四十一《地理志五》亦載，「邵州邵陽郡，下。本南梁州，武德四年析潭州之邵陽置，並置邵陵、建興二縣，貞觀十年更名。……縣二：……武岡、中。本武攸，武德四年更名，七年省建興縣入焉」。第1072頁。

〔註94〕《新唐書》卷三十八《地理志二》，第992頁。《太平寰宇記》卷十九《河南

州之章丘縣境內，《宮府圖》之兗州乃是齊州之訛。故該福地應爲長白山，位於齊州章丘縣境。

17、七十二福地之中條山，《宮府圖》載在「河中府虞鄉縣」，《名山記》載在「河中永樂縣」。據《元和郡縣圖志》載，「河中府，河東。……虞鄉縣，……本漢解縣地也，後魏孝文帝改置南解縣，……解縣，……本漢舊縣也，屬河東郡。隋大業二年省解縣，九年自綏化故城移虞鄉縣於廢解縣理，即今縣理是也。武德元年改虞鄉縣爲解縣，……仍於蒲州界別置虞鄉縣。……中條山，在縣南二十里。……永樂縣，……中條山，在縣北三十里」〔註95〕。又據《太平寰宇記》載，「中條山，……自河中府東至當州靈寶縣界，次入平陸縣，南望太華，北瞻壺口。此山薄狹而延袤，故謂之中條，亦曰薄山。東至王屋，又至太行入於海」〔註96〕。據譚其驤先生主編之《中國歷史地圖集·隋唐五代十國時期》（下文簡稱「譚圖」）中唐代河東道細圖〔註97〕所示，中條山橫貫唐蒲州河中府的解、虞鄉、永樂三縣。故《宮府圖》與《名山記》所載可視爲同一地域。

18、據《名山記》所載，七十二福地之抱犢山位於「滁州上黨」。據《舊唐書》載，「滁州下　隋江都之清流縣。武德三年，……置滁州，又以揚州之全椒來屬。天寶元年，改爲永陽郡。乾元元年，復爲滁州。舊領縣二，……天寶領縣三，……清流……全椒……永陽」〔註98〕。可知，滁州境內無上黨之地名，亦無名抱犢山之山嶽。故抱犢山似不在滁州境內。據《新唐書》載，「潞州上黨郡，大都督府。……縣十：……上黨、望。……開元十一年置，後又更名。有瑞閣。有五龍山、馬駒山」〔註99〕。則上黨縣位於河東道潞州境內。《太平寰宇記》則載，「壺關縣，……隋開皇十六年分壺關置上黨縣。大業三年省入上黨。唐武德四年又置。抱犢山，《道書·福地記》：『抱犢山，

道十九·齊州》亦載，「章丘縣，……長白山，在縣東南三十里，高十五里」。第389～390頁。

〔註95〕《元和郡縣圖志》卷十二《河東道一·河中府》第323、327～329頁。

〔註96〕《太平寰宇記》卷六《河南道六·陝州》，第97頁。

〔註97〕北京：中國地圖出版社，1982年，第46～47頁。

〔註98〕《舊唐書》卷四十《地理志三》，第1574頁。《新唐書》卷四十一《地理志五》亦載，「滁州永陽郡，上。武德三年析揚州置。……縣三：清流、上。全椒、緊。永陽。上。景龍三年析清流置」。第1053頁。

〔註99〕《新唐書》卷三十九《地理志三》，第1008頁。《舊唐書》卷三十九《地理志二》（第1476～1477頁）所載略同。

在上黨東南乙地，高七十丈。……』《玉匱》云：『抱犢山東北去恒山之南數百里，南有穴，行三百里，出美陽縣西七十里石洞口。』」〔註100〕明確說明抱犢山位於唐潞州上黨縣境。

19、七十二福地之逍遙山，《宮府圖》載在「洪州南昌縣」，《名山記》載在「洪州連西山」。據《太平寰宇記》載，「南昌縣，……唐寶應元年改爲鍾陵縣，因山爲名。貞元中又改爲南昌。……逍遙山，在城西南八十里。道家第四十福地。山有許旌陽玉隆宮。……天寶洞，在城西八十里。西山最勝處」〔註101〕。可知，逍遙山位於洪州南昌縣城西南八十里。而西山最好的景致天寶洞則在縣城西八十里，與逍遙山毗鄰。故《名山記》所載似亦無誤。而其供奉的可能是許眞人旌陽，而非《雲笈七籤》版《宮府圖》所錄之徐眞人。

20、七十二福地之馬蹟山（《宮府圖》作「馬蹄山」），《宮府圖》載在「饒州鄱陽縣」，《名山記》載在「舒州」。據《太平寰宇記》載，「鄱陽縣，……馬蹟山，在縣東北二十里。山有蹟如馬蹄，故名。《道書》第五十二福地。晉王遙煉丹之處」〔註102〕。可知，馬蹟山位於唐饒州鄱陽縣境，爲王遙修煉之處。

21、《名山記》載七十二福地之翠微山，位於「西安府終南太一觀」。據《元和郡縣圖志》載，終南山位於長安萬年縣南五十里。〔註103〕長安在唐代前後被稱爲雍州（武德元年～開元元年）、京兆府（開元元年～天寶元年）、西京（天寶元年～唐亡），〔註104〕從無西安府的稱呼。故《名山記》所載之翠微山地理位置似無可能作「西安府」。

22、《名山記》載七十二福地之崆峒山，位於「夏州」。據《太平寰宇記》載，「福祿縣，……崆峒山，在縣東南六十里。《史記・五帝本紀》云：『黃帝披山通道，未嘗寧居。東至於海，登丸山，及岱宗，西至於崆峒山』是也。按《九州要記》云：『涼州，古武威郡有天山，黃帝授金液神丹於此。山近崆峒山，……』」〔註105〕唐肅州福祿縣境有崆峒山。但據《太平寰宇記》所載，唐宋時期人們已然對崆峒山位於何處有所爭執了。當時以崆峒爲名的山主要

〔註100〕《太平寰宇記》卷四十五《河東道・潞州》，第942頁。
〔註101〕《太平寰宇記》卷一百零六《江南西道四・洪州》，第2101～2102頁。
〔註102〕《太平寰宇記》卷一百零七《江南西道五・饒州》，第2135～2136頁。
〔註103〕《元和郡縣圖志》卷一《關內道一・京兆府》，第3頁。
〔註104〕《太平寰宇記》卷二十五《關西道一・雍州一》，第516～517頁。
〔註105〕《太平寰宇記》卷一百五十二《隴右道・肅州》，第2947頁。

有三座：一在臨洮，一在安定，一在汝州梁縣，〔註106〕皆非隸屬唐夏州境。故疑「夏州」之記載似誤。

23、七十二福地之包山，《名山記》不載其地理方位。據《太平寰宇記》載，「吳縣，……包山，在縣西一百三十里。中有洞庭，深遠世莫能測。吳王使靈威丈人入洞穴，十七日不能盡，因得玉葉，上刻《靈寶經》三卷。使問孔子，云：『禹之書也。』……」〔註107〕可知，包山位於唐江南東道蘇州吳縣境。

24、七十二福地之金城山，《宮府圖》載在「古限戍，又云石戍」，《名山記》載在「雲中郡」。據史籍所載，「雲州雲中郡，下都督府。貞觀十四年自朔州北定襄城徙治定襄縣。永淳元年爲默啜所破，徙其民於朔州。開元十八年復置。……縣一：有雲中、樓煩二守捉。城東有牛皮關。雲中。中」〔註108〕。可知雲中郡爲唐河東道之雲州。檢諸現存之唐代史籍，皆無雲州有金城山之記載。又據《太平寰宇記》所載，有兩處名金城之山嶽。一在唐江南西道鄂州江夏縣東南二百零三里，〔註109〕一在唐山南西道蓬州儀隴縣北，〔註110〕皆與雲州雲中郡無關。未知是否記載有誤。

25、七十二福地之四明山，《名山記》載在「梨州」。據史籍所載，「梨州、本西寧州，武德七年析南寧州二縣置，貞觀八年更名。北接昆州。縣二：梁水、絳」〔註111〕。可知，梨州爲唐劍南道轄下的羈縻州之一。又據《元和郡縣圖志》載，越州餘姚縣有「四明山，在縣西一百五十里」〔註112〕。該書又載，「開元二十六年，採訪使齊澣奏分越州之鄮縣置明州，以境內四明山爲名」〔註113〕。可知，四明山位於唐江南東道之越州餘姚縣與明州境內。由此推測，

〔註106〕《太平寰宇記》卷八《河南道八·汝州》，第145～146頁。

〔註107〕《太平寰宇記》卷九十一《江南東道三·蘇州》，第1819～1821頁。

〔註108〕《新唐書》卷三十九《地理志三》，第1006～1007頁。《舊唐書》卷三十九《地理志二》（第1487～1488頁）所載略同。

〔註109〕《太平寰宇記》卷一百十二《江南西道十·鄂州》，第2277頁。

〔註110〕《太平寰宇記》卷一百三十九《山南西道七·蓬州》，第2711頁。

〔註111〕《新唐書》卷四十三下《地理志七下》，第1140頁。《舊唐書》卷四十一《地理志四》載，「梨州下 雅州之漢源縣。大足元年，割漢源、飛越二縣及巂州之陽山置梨州。天寶元年，改爲洪源郡。乾元元年，復爲梨州。……統制五十四州，皆徼外生獠。無州，羈縻而已」。第1684頁。

〔註112〕《元和郡縣圖志》卷二十六《江南道二·越州》，第619頁。《太平寰宇記》卷九十六《江南東道八·越州》亦載，「餘姚縣，……四明山，在縣西南一百里」。第1934頁。

〔註113〕《元和郡縣圖志》卷二十六《江南道二·明州》，第629頁。《太平寰宇記》

梨州可能為明州或越州之誤。

　　根據以上的考證，基本可將《宮府圖》及《名山記》中的有關地理位置錯誤做　個大致的梳理和糾正。在此基礎上列表 1 如下（由於表 1 過大，故列於文末），以便繼續進行相關的討論。

第二節　洞天福地分佈情況與特點

　　在上文考訂以及表 1 的基礎上，以譚圖中所繪唐代諸道細圖為基準，歸納、分析《宮府圖》及《名山記》兩書所涉洞天福地的地理分佈情況。今列表 2 至表 4 如下：

表 1-2：《宮府圖》所載洞天福地分佈情況表

《宮府圖》所列洞天福地分佈				
道	數量	州府	數量	洞天福地名稱
京畿道	6	長安	5	西城山洞、太白山洞、高溪藍水山、藍水、玉峰
		華州	1	西嶽華山洞
都畿道	3	洛陽	3	王屋山洞、中嶽嵩山洞、北邙山
關內道	0			
江南東道	40	台州	8	委羽山洞、赤城山洞、括蒼山洞、蓋竹山洞、東仙源、西仙源、靈墟、司馬悔山
		潤州	5	句曲山洞、鍾山洞、良常山洞、地肺山、論山
		福州	2	霍桐山洞、廬山
		越州	6	四明山洞、會稽山洞、金庭山洞、沃州、天姥岑、若耶溪
		建州	4	武夷山洞、焦源、洞宮山、勒溪
		溫州	5	華蓋山洞、仙磕山、大若岩、陶山、三皇井
		處州	2	仙都山洞、青田山洞

卷九十八《江南東道十·明州》亦載，「四明山，在（明）州西八十里」。第1960 頁。

		杭州	2	天目山洞、天柱山
		婺州	1	金華山洞
		衢州	2	蓋竹山、爛柯山
		蘇州	2	林屋山洞、毛公壇
		常州	1	張公洞
江南西道	35	岳州	1	君山
		衡州	4	南嶽衡山洞、青玉壇、光天壇、洞靈源
		江州	3	廬山洞、虎溪山、元晨山
		洪州	4	西山洞、始豐山、逍遙山、東白源
		潭州	5	小潙山洞、洞陽山洞、鵝羊山、洞眞墟、彰龍山
		信州（饒州）	4	鬼谷山洞、龍虎山、靈山、馬蹄山
		吉州	3	玉笥山洞、鬱木洞、閤皂山
		道州	1	九疑山洞
		鄂州	1	幕阜山洞
		撫州	2	麻姑山洞、丹霞洞
		朗州	3	桃源山洞、綠蘿山、德山
		郴州	1	馬嶺山
		虔州	1	金精山
		連州	1	抱福山
		邵州	1	雲山
劍南道	5	蜀州	1	青城山洞
		嘉州	1	峨嵋山洞
		益州	1	大面山
		漢州	2	綿竹山、琨山
嶺南道	6	循州	2	羅浮山洞、泉源
		容州	2	都嶠山洞、峋嶁山洞
		廣州	1	清遠山
		交州	1	安山
河南道	2	兗州	1	東嶽太山洞
		齊（兗）州	1	長白山
河東道	1	河中府	1	中條山

河北道	1	恒州	1	北嶽常山洞
淮南道	4	舒州	1	灊山洞
		廬州	1	金庭山
		楚州	1	缽池山
		和州	1	鷄籠山
山南東道	2	荊州	1	紫蓋山洞
		唐州	1	桐栢山
山南西道	2	忠州	1	平都山
		商州	1	商谷山
隴右道	0			
黔中道	2	辰州	1	大酉山洞
		黔南地區	1	甘山
東海之上	4			南田山、玉溜山、清嶼山、東海山
多種說法	1			白石山洞（嶺南道鬱林州，或淮南道和州）
難考所在	4			西玄山洞
		西古姚州		荽湖魚澄洞
		西梁州		瀘水
		古限戍，又云石戍		金城山

表 1-3：《名山記》所載洞天福地分佈情況表

《名山記》所列洞天福地分佈				
道	數量	州府	數量	洞天福地名稱
京畿道	4	華州	1	華山洞天
		長安	3	太白山洞天、翠微山、玉峰
都畿道	4	洛州	4	王屋洞天、嵩山洞天、少室山、緱氏山
關內道	1	夏州（疑誤）	1	崆峒山
江南東道	42	台州	6	委羽洞天、赤城洞天、括蒼洞天、蓋竹山洞天、石磕源、靈墟
		潤州（含昇州）	6	句曲洞天、鍾山洞天、良常山洞天、地肺山、天印山、論山

		蘇州	3	林屋洞天、毛公壇、包山
		福州	1	霍桐山洞、
		越州	8	四明山洞天、會稽山洞天、金庭山洞天、西白山、沃州、天姥嶺、若耶溪、四明山
		建州	2	武夷山洞天、勒溪
		溫州	5	華蓋山洞天、東仙源、大若岩、陶山、三皇井
		處州	3	仙都山洞天、青田山洞天、南田
		杭州	2	天柱山洞天、白鹿山
		婺州	2	金華山洞天、清遠山
		明州	1	大隱山
		衢州	1	爛柯山
		湖州	1	虎溪
		常州	1	陽羨山
江南西道	34	衡州	2	衡山洞天、洞靈源
		江州	2	廬山洞天、元晨山
		洪州	4	西山洞天、始豐山、逍遙山、東白源
		潭州	6	大圍山洞天、洞陽山洞天、鵝羊山、洞眞壇、玉清壇、洞宮
		信州（饒州）	4	鬼谷山洞天、龍虎山、靈鷲山、馬蹟山
		吉州	3	玉笥山洞天、鬱木坑、閤皀山
		道州	1	九疑山洞天
		鄂州	1	幕阜山洞天
		撫州	1	麻姑山洞天
		朗州	4	桃源山洞天、綠蘿山、德山、雲山
		岳州	1	君山
		郴州	1	馬嶺
		虔州	1	金精山
		灃州	1	章觀山
		連州	1	桂源
		池州	1	九華山

劍南道	6	蜀州	3	西城洞天、青城洞天、大面山
		嘉州	1	峨嵋山洞天
		龍州	1	白水源
		邛州	1	臨邛山
嶺南道	5	循州	1	羅浮洞天
		容州	3	都嶠山洞天、白石山洞天、句漏山洞天
		交州	1	安山
河南道	4	兗州	1	太山洞天
		海州	1	沃壤
		齊州	1	長白山
		萊州	1	嶗山
河東道	3	潞州	1	抱犢山
		河中府	1	中條山
		雲州（雲中郡，疑誤）	1	金城山
河北道	1	恒州	1	常山洞天
淮南道	4	舒州	1	潛山洞天
		壽州	1	霍山
		楚州	1	缽池
		和州	1	雞籠山
山南東道	5	金州	1	西玄洞天
		荊州	1	紫蓋山洞天
		均州	1	武當山
		唐州	1	桐栢山
		夔州	1	巫山
山南西道	2	忠州	1	平都山
		商州	1	商谷
隴右道	0			
黔中道	1	辰州	1	大酉山洞天
大海之中	2			玉瑠山（溫州外海）、青嶼山（東海口）

表 1-4：《宮府圖》與《名山記》所載洞天福地各道分佈情況對比表

道名	《宮府圖》		《名山記》	
	洞大福地數量	所佔比例	洞天福地數量	所佔比例
京畿道	6	5.08%	4	3.4%
都畿道	3	2.54%	4	3.4%
關內道	0	0	1	0.85%
江南東道	39	33%	42	35.6%
江南西道	36	30.5%	34	28.8%
劍南道	5	4.24%	6	5.08%
嶺南道	6	5.08%	5	4.24%
河南道	2	1.7%	4	3.4%
河東道	1	0.85%	3	2.54%
河北道	1	0.85%	1	0.85%
淮南道	4	3.4%	4	3.4%
山南東道	2	1.7%	5	4.24%
山南西道	2	1.7%	2	1.7%
隴右道	0	0	0	0
黔中道	2	1.7%	1	0.85%
海上	4	3.4%	2	1.7%
多種說法	1	0.85%		
難考	4	3.4%		

　　比較《宮府圖》與《名山記》兩書各自所載的 118 處洞天福地中，記載完全不同、兩者之間並無聯繫、且似亦無傳抄訛誤的共計 18 處，約占所載洞天福地總數的 15.25%。這 18 處記載迥異的洞天福地全部出自兩書七十二福地的記載中，並無一例出自十大洞天和三十六洞天記載中。分別是《宮府圖》所載的江南東道衢州蓋竹山，溫州仙磕山，台州西仙源、司馬悔山，建州焦源，福州盧山；江南西道撫州丹霞洞，衡州光天壇；淮南道盧州金庭山；京畿道長安高溪藍水山、藍水；不知所在的西古姚州菱湖魚澄洞，西梁州瀘水；劍南道漢州綿竹山、琨山；黔中道黔南甘山；都畿道洛陽北邙山；河南道海州東海山。《名山記》中所載則是江南東道台州石磕源，越州西白山，明州大隱山、四明山，昇州（潤州）天印山，蘇州包山；山南東道均州武當山，夔州

巫山；河東道潞州抱犢山；淮南道壽州霍山；京畿道長安翠微山；都畿道洛陽少室山、緱氏山；河南道海州沃壤；江南西道池州九華山；劍南道邛州臨邛山；關內道夏州崆峒山；河南道萊州嵫山。再結合表 4 所列的情況可知，《名山記》修正了《宮府圖》中四處難以考證所在與一處多種說法的洞天福地，將之落實地域，或以其它洞天福地替代。同時，減少處於江南西、京畿、黔中、嶺南諸道及海上的洞天福地數量，而增加江南東、都畿、河南、河東、山南東諸道的洞天福地數量。而其餘一百處洞天福地，兩書所載或者完全一致，或者記載之間雖有出入，但有著十分明顯而緊密的聯繫。由此可見，兩書之間有著繼承關係。《名山記》是在《宮府圖》的基礎上，結合唐後期的情況修撰而成的。

根據上述各表統計，可以發現唐代道教洞天福地分佈的若干特點。其一，江南兩道是唐代洞天福地分佈數量最多的地域。唐前期與後期，雖然兩道各自的洞天福地數量有所變化，但兩道境內的洞天福地總數基本一致，分別為75 個和 76 個，占唐代洞天福地總數的 63% 以上。其中，又以江南東道的洞天福地數量居冠，自唐前期的 39 個，增長到後期的 42 個，約占總數的 33.9% 以上。主要集中在台、越、溫、潤、建等州。江南西道則數量略有下降，自唐前期的 36 個，減少到唐後期的 34 個，約占總數的 28.8% 左右。主要集中在潭、衡、信（饒）、洪、江、吉、朗諸州。

其二，北部地區，長安、洛陽是洞天福地的主要分佈區域。據兩書所載，長安從唐前期的 6 個洞天福地，減少到唐後期的 4 個。洛陽則大致穩定擁有 3～4 個洞天福地。有唐一代，兩京所有的洞天福地數量大致穩定在 8～9 個。與之相對的，關內道除了《名山記》記載了一個似有疑誤的夏州崆峒山，便再無一個洞天福地分佈轄境之內。都畿道除了洛陽外，亦別無州縣有洞天福地分佈。其餘北部諸道洞天福地分佈均較少。隴右道無洞天福地分佈。河南、河北、河東三道在《宮府圖》中僅有 4 處洞天福地，在《名山記》中增加至 8 處。河北道兩書所載皆僅有北嶽常山洞天一處。而河南、河東二道，《名山記》各新增兩處洞天福地。河南道新增的洞天福地分別位於海州與萊州，皆為濱海區域。河東道新增的洞天福地中位於雲州的金城山似誤，無法詳究。另一處位於潞州，處於河東道之南部。

其三，西部地區的洞天福地分佈，主要集中在劍南道，大約有 5～6 個洞天福地分佈。基本位於蜀州、嘉州之峨嵋山、青城山一帶。

其四，中部的山南東、西二道及淮南道，《宮府圖》載有 8 處洞天福地，《名山記》增至 11 處。淮南道、山南西道兩書所載均大致略同。唯山南東道，兩書所載有較大之變化。《名山記》所載的洞天福地數量較《宮府圖》所載增加了一倍有餘，達到了 5 處。新增了西玄、武當、巫山等三處名山。三地中武當、巫山二處所在州縣位於山南東道南部，與江南西道朗、澧等州的洞天福地主要分佈地域相連。淮南道四處洞天福地分佈的地域較爲靠近長江，亦與江南東、西二道洞天福地分佈的主要地域相連。

其五，嶺南和黔中地區的嶺南道與黔中道，《宮府圖》共記有 8 處洞天福地，《名山記》則減至 6 處。大部分分佈在嶺南道羅浮、句漏、都嶠幾大名山所在地域。黔中道則唯有 1～2 處洞天福地，即辰州的大酉山與似位於黔南地區的甘山。

綜上所述，唐代道教洞天福地的分佈大致有幾個中心。黃河流域以長安、洛陽這兩京爲核心，輻射河東道南部、山南東、西二道北部等區域。巴蜀地區以青城、峨嵋等名山爲中心，影響蜀中劍南道大部分地域。長江中游，以江南西道的潭、衡、信（饒）、洪、吉等州所轄的衡山、廬山、玉笥山、鬼谷山等名山爲中心，輻射至山南東道南部、嶺南道北部、黔中道東部的廣大地域。長江下游，以台、越、潤、溫諸州境內的委羽、括蒼、四明、武夷、茅山諸名山爲中心，影響著江南道全境各州、淮南道南部、江南西道東部、嶺南道東北部的廣大地域。且長江下游的分佈中心亦是唐代全國道教洞天福地分佈最密集的核心地域。嶺南地區則形成了羅浮、句漏、都嶠幾大名山爲核心，波及嶺南全境與黔中道大部分的影響範圍。

總體來說，唐代道教洞天福地的分佈呈現出南方多於北部，東方超過西方，東南地區集中大部分洞天福地的分佈特點。形成了兩京、巴蜀、長江中游、江南、嶺南五大分佈核心，五大核心各自向周圍輻射其影響的局面。

第三節　分佈原因探析

《宮府圖》與《名山記》兩書所反映的唐代前期與後期道教洞天福地分佈的特點，顯然不是偶然形成了。這是多種因素共同作用而形成的必然結果。這些構成唐代洞天福地分佈特點的因素就存在於唐代現實生活之中。只是，他們似乎都被加上了密碼，讓人難以解讀。但是，通過對洞天福地分佈這一

表象的分析，還是可以探析到是哪些因素在起作用。

第一，繼承魏晉南北朝道教發展的影響。唐代道教的空前繁榮是建立在魏晉南北朝時期道教的大發展上的。〔註114〕魏晉南北朝是道教發展的關鍵時期。東漢後期至東晉末是道教的開教時代，南北朝是道教的教會組織時代。〔註115〕大部分的道教科儀、教義、宮觀、洞天福地觀念等皆在這個時期產生並逐步完善。唐代洞天福地的分佈自然也是在魏晉南北朝相關道教思想、傳教區等的基礎上發展而來的。而在這個特殊的時代，東部的濱海地域與當時會稽郡、巴蜀地區的許多地方乃是道教頗為繁盛之地。陳寅恪先生曾論及：凡信仰天師道者，其人家世或本身十分之九與濱海地域有關。蓋邊海之際本其教之發源地。青徐數州，吳會諸郡，實為天師道之傳教區。〔註116〕孫恩、盧循起義更是將道教的流傳遍及起義軍所經之吳會各處。會稽郡錢塘杜治更是成為東晉傳播天師道、吸引信徒的重要所在。〔註117〕巴蜀地區自東漢後期張陵於今四川鶴鳴山創立了五斗米道，標誌著道教的正式建立。〔註118〕此後，張魯在漢中建立政教合一之地方政權，成漢依仗道教徒范長生立國，〔註119〕皆使得道教盛行於巴蜀地區，歷魏晉南北朝隋唐而不衰。〔註120〕這些地域內的各個名山大川多為高道名士隱居修道之處，如潘洪隱居四明山，〔註121〕范長生即曾隱居青城山〔註122〕等。使得吳會、巴蜀地域的諸多名山大川皆成為

〔註114〕參見周能俊《唐代道教地理分佈》，南京大學博士學位論文 2013 年。

〔註115〕日本常盤大定之觀點，轉引自傅勤家《中國道教史》，北京：東方出版社，2008年，第 8 頁。

〔註116〕陳寅恪：《天師道與濱海地域之關係》，陳寅恪：《金明館叢稿初編》，北京：三聯書店，2001 年，第 1～46 頁。

〔註117〕唐長孺：《錢塘杜治與三吳天師道的演變》，唐長孺：《山居存稿續編》，北京：中華書局，2011 年，第 182～201 頁。

〔註118〕卿希泰：《道教在巴蜀初探》，卿希泰：《卿希泰論道教》，上海：上海科學技術文獻出版社，2008 年，第 35～84 頁。

〔註119〕唐長孺：《范長生與巴氏據蜀的關係》，唐長孺：《魏晉南北朝史論叢續編·魏晉南北朝史論拾遺》北京：中華書局，2011 年，第 176～184 頁。

〔註120〕詳見（日）吉川忠夫：《唐代巴蜀的佛教與道教》，見英·巴瑞特，曾維加譯：《唐代道教——中國歷史上黃金時期的宗教與帝國》，濟南：齊魯書社，2012年，第 96～117 頁。

〔註121〕清·嚴可均輯：《全上古三代秦漢三國六朝文·全梁文》卷十四《簡文帝·招真館碑》，上海：上海古籍出版社，2009 年，第五分冊，第 198～199 頁。

〔註122〕唐·房玄齡等：《晉書》卷一百二十《李流載紀》，北京：中華書局，1974 年，第 3030 頁。

道教聖地，進而作爲洞天福地之所在。

第二，國家中央政治力影響的結果。唐代是道教發展最爲黃金的時期，這離不開唐國家中央政權的強力支持。〔註123〕長安、洛陽作爲隋唐兩朝的兩京，是隋唐中央政府的所在地，也是國家政治、文化、思想的中心。大量的道教高道、名士聚集兩京地區。加上唐代各位帝王對道教的推崇備至，使得兩京道教極爲興盛。兩京周圍的名山多爲高道、名士所居，遂令這些名山在道教中佔據頗爲顯要的地位，從而躍升爲洞天福地之一。終南山位於長安南部，地理位置十分優越，是長安士庶旅遊的後花園，更是長安道教活動的一個重要場所。頗多道教宮觀建築錯落山中，如盩厔境內的樓觀、長安縣境的太乙觀等。〔註124〕而最爲重要的是唐中央對於各道派的大力扶植。其中，對樓觀道等駐蹕在終南山道派的支持，使得樓觀道在道教中被抬高到了一個其它道派無法企及的地位。大業十三年，岐暉助李淵進軍關中。此後，樓觀道就與現實政治緊密的聯繫在一起。李淵授予岐暉等人官職，並遣使詣樓觀設醮祈福。武德二年，唐高祖李淵下令修樓觀老君殿、天尊堂等建築，賜土田十頃。武德三年，改樓觀爲宗聖觀，賜白米二百石，帛千匹。李淵親謁老子廟，問岐暉定天下事。〔註125〕樓觀道自此成爲唐代道教顯派，樓觀山也成爲道教名山。終南山也多了一處道教活動的場所，亦因此而在道教中更爲重要。唐代帝王一般採取賞賜田地財物、封爵、修建宮觀、立碑設傳等方式來提高某一教派的地位，也因此提高了該道派所在名山大川的地位。

第三，道派的崛起和發展以及高道名士的大量湧現，帶動了所在名山大川地位的提高。唐初，高道與著名醫家孫思邈隱居終南山。太宗、高宗先後請其出山並授官，名動一時。也讓孫隱居的終南山聲名大振。司馬承禎隱居於天台山，爲武后、睿宗、玄宗徵辟入朝，爲這一時期非常有名的高道。其所隱居的天台山，及設壇室的王屋山亦隨之顯耀。除此之外，還有茅山的王遠知、嵩山的潘師正、曾隱居於嵩山少室山的李筌等皆爲當時高道，名動一時，其修道隱居之名山大川亦爲世人所知。而產生於北朝的樓觀道、重又興盛的靈寶派等道

〔註123〕詳見英‧巴瑞特：《唐代道教——中國歷史上黃金時期的宗教與帝國》。
〔註124〕詳見詹宗祐：《試論隋唐時期終南山區的旅遊》；王靜：《終南山與唐代長安社會》，見榮新江主編：《唐研究（第九卷）》，北京：北京大學出版社2003年，第129～168頁。
〔註125〕以上史實詳見宋‧謝守灝編：《混元聖紀》卷八，《道藏》第17分冊，第853～857頁。

派的大發展都使其所在的名山大川成爲道教聖地，進而成爲洞天福地之一。

第四，邊遠地區的開發。隨著結束自漢末以來四百餘年的分裂，重建統一的隋唐帝國，國家政治、軍事力強有力的向周邊輻射開來。嶺南、黔中、巴蜀等邊遠地帶迎來了開發的浪潮。隨著邊遠地區不斷被納入唐帝國的統治範圍，士人的足跡、道教的流佈也逐漸滲诱向這些原來的蠻荒之地。那些原來邊遠地帶不太爲道教所重視的名山大川，開始日益成爲傳播道教的新基地。例如嶺南的羅浮山、句漏山，黔中的大酉山等。如羅浮山在東晉南朝時期即因葛洪隱居修道而知名，但歷隋而至唐初，卻不甚爲人所知。因其僻處嶺南瘴癘之地，士人、高道少至之故。唐後期，隨著國家對於嶺南、黔中等地開發越來越深入，大批高道、士人活動於羅浮山。他們推動了嶺南的文化和宗教的發展，羅浮的道教文化也隨之大爲繁盛。羅浮山的道教人士甚至直接參與了「會昌滅佛」。羅浮也一躍成爲唐後期道教十分重要的名山之一，影響甚至波及長安。〔註 126〕黔南地區的甘山似也因黔中的開發而受道教的重視，成爲《名山記》中的洞天福地之一。

第五，國家控制地域的變遷。國家對地域控制時間的長短和力度的大小也深刻影響著該地域道教的流佈以及洞天福地的分佈。國家只有對一個地域實現長時間的深入控制，才能大致保持該地域的安定和繁榮。在這種情況下，作爲宗教的道教才能在該地域迅速地流傳和發展起來。高道和名士才會在該地域的名山大川隱居、修道、傳教、交流。這樣方能使得各地的信眾歸之如雲，進而提高高道名士所在名山大川在道教徒心目中的地位，從而被提升到洞天福地的程度。而如隴右道、河北道、河東道北部等地之所以沒有或少有洞天福地，可能與唐中央政府對該地域的控制力度頗有關係。這些地域長期受到突厥、回鶻、吐蕃的侵擾，唐政府的控制力受到了很大的影響。隴右道的大部分更是長期陷於吐蕃之手。河北道、河東道大部在安史亂後藩鎮跋扈，亦脫離了唐中央的實際控制。在這樣的情況下，戰亂頻仍、社會動蕩，自然極少高道名士會駐蹕於這些地域的名山大川中隱居、傳道、講授，並開設道場。山不在高，有仙則名。缺少了高道名士的駐蹕，讓這些地域中的名山大川缺少了道教名山所需要的宗教人文內涵，自然就甚少可以成爲道教的洞天福地了。與此相對的，在唐中央地方控制力收縮之後，其對仍處於中央控制

〔註 126〕王承文：《唐代羅浮山地區文化發展略論》，《中山大學（社會科學版）》1992年第 3 期，第 74〜82 頁。

之下的地域的統治得到了加強，並竭力維持這些地域的安定。因此，大量的高道名士、文人、官僚等集中到這些地域，使得如江南東、山南東、洛陽等地域的道教更爲興盛，洞天福地也較唐前期有所增加。

綜上所述，唐代道教洞天福地的分佈情況與特點是多方面的因素造成的。它是繼承了魏晉南北朝道教流佈的特點，在唐中央政權的大力扶植下，大量道教教派崛起、高道名士湧現的現實中，隨著邊遠地域的開發使得偏僻地域的名山大川也融入道教洞天福地體系，而國家對地方強有力的控制也深刻影響著道教洞天福地的分佈。

結　論

根據《宮府圖》與《名山記》兩書所載的 118 處道教洞天福地情況分析，兩書記載的洞天福地雖略有差異，但有著十分明顯的傳承關係。體現了唐代逐步形成以長安、洛陽兩京，江南東、西兩道，劍南道巴蜀地域，嶺南道容、廣諸州幾大地域爲核心，並影響周圍地域，形成若干洞天福地集群的道教洞天福地分佈體系。

而唐代道教洞天福地分佈體系的形成，以及《宮府圖》與《名山記》兩書記載洞天福地的出入，是與當時的種種政治、社會、宗教因素密不可分的。它們繼承了魏晉南北朝以來道教傳播、教區分佈、洞天福地思想的發展等一系列道教自身發展的基礎上，結合唐代的實際發展而來的。唐朝歷代帝王對道教的大力支持，通過賞賜、冊封、修建宮觀、立碑設傳等方式褒獎樓觀、茅山等道派，也抬高這些道派所在名山大川的地位。而大量高道名士的湧現與道派的崛起，也讓他們所在的名山大川成爲新的道教聖地，進而名列洞天福地之中。而國家政治力，特別是對邊遠地域的開發，以及對地方控制力的變化，也對道教的傳播有著深刻的影響，進而左右著道教洞天福地的分佈變化。

《宮府圖》與《名山記》二書所載的道教洞天福地情況，從一個側面反映了唐代前期與後期的道教流傳、信眾分佈、教區等方面的情況。爲我們研究唐代道教提供了一個全新的角度。生動反映了整個唐代道教的各方面變遷。也曲折地反映了唐代前期與後期不同的政治、文化、宗教、社會等方面的特點。爲我們更好地理解唐代道教的歷史，進而充分地認識唐代的歷史、社會心理、宗教等各方面的實際情況提供了可能性。也是研究唐代道教不可或缺的重要一環。

表 1-1：《宮府圖》與《名山記》所載洞天福地對比表

類型	司馬承禎 《天地宮府圖》			杜光庭《洞天福地嶽瀆名山記》		
	名稱	範圍與神迹	地點	名稱	範圍與神迹	地點
十大洞天	1. 王屋山洞（小有清虛之天）	周回萬里，屬西城王君治之	洛陽河陽兩界，去王屋縣六十里	王屋洞小有清虛天	周回萬里，王褒所理	洛州王屋縣
	2. 委羽山洞（大有空明之天）	周回萬里，青童君治之	台州黃岩縣	委羽洞大有虛明天	周回萬里，司馬季主所理	台州黃岩縣（《中華道藏》、《道藏》版皆作「武州」，似誤）
	3. 西城山洞（太玄惣眞之天）	周回三千里，屬上宰王君治之	未詳所在，《登眞隱訣》云：「疑終南太一山是」。	西城洞太玄總眞天	周回三千里，王方平所理	蜀州
	4. 西玄山洞（三元極眞洞天）	周回三千里	恐非人跡所及，莫知其所在。	西玄洞三玄極眞天	廣二千里，裴君所理	金州
	5. 青城山洞（寶仙九室之洞天）	周回二千里，屬青城丈人治之	蜀州青城縣	青城洞寶仙九室天	廣二千里，寧眞君所理	蜀州青城縣
	6. 赤城山洞（上清玉平之洞天）	周回三百里，屬玄洲仙伯治之	台州唐興縣	赤城洞上玉清平天	廣八百里，王君所理	台州唐興縣
	7. 羅浮山洞（朱明輝眞之洞天）	周回五百里，屬青精先生治之	循州博羅縣	羅浮洞朱明曜眞天	廣一千里，葛洪所理	循州（《中華道藏》、《道藏》版皆作「修州」，誤）博羅縣
	8. 句曲山洞（金壇華陽之洞天）	周回一百五十里，屬紫陽眞人治之	潤州句容縣	句曲洞金壇華陽天	廣百五十里，茅君所理	潤州句容縣

	9. 林屋山洞（左神幽虛之洞天）	周回四百里，屬北嶽眞人治之	蘇州吳縣太湖西小島（《雲笈七籤》版作「洞庭湖口」，誤）	林屋洞左神幽虛天	廣四百里，龍威丈人所理	蘇州吳縣
	10. 括蒼山洞（成德玄隱之洞天）	周回三百里，屬北海公涓子治之	台州（《雲笈七籤》版作「處州」，誤）樂安縣	括蒼洞成德隱眞天	廣三百里，平仲節所理	台州樂安縣
三十六洞天	1. 霍童山洞（霍林洞天）	周回三千里，屬仙人王緯玄治之	福州長溪縣	1. 霍童山霍林洞天	三千里	福州長溪縣
	2. 東嶽太山洞（蓬玄洞天）	周回一千里，屬山圖公子治之	袞州乾封縣	2. 太山蓬玄洞天	一千里	袞州乾封縣
	3. 南嶽衡山洞（朱陵洞天）	周回七百里，仙人石長生志治之	衡州衡山縣	3. 衡山朱陵洞天	七百里	衡州衡山縣
	4. 西嶽華山洞（惣仙洞天）	周回三百里，眞人惠車子主之	華州華陰縣	4. 華山總眞洞天	三百里	西嶽
	5. 北嶽常山洞（惣玄洞天）	周回三千里，眞人鄭子眞治之	恒州常山曲陽縣	5. 常山總玄洞天	一百里	北嶽
	6. 中嶽嵩山洞（司馬洞天）	周回三千里，仙人鄧雲山治之	東都登封縣	6. 嵩山司眞洞天	三千里	中嶽
	7. 峨嵋山洞（虛陵洞天）	周回三百里，眞人唐覽治之	嘉州峨嵋縣	7. 峨眉山虛陵太妙洞天	三百里	嘉州峨嵋縣
	8. 廬山洞（洞靈眞天）	周回一百八十里，眞人周正時治之	江州潯陽縣（《雲笈七籤》版作「德安縣」，誤）	8. 廬山洞虛詠眞洞天	三百里，九天使者	江州潯陽縣

三十六洞天	9. 四明山洞（丹山赤水天）	周回一百八十里，真人刁道林治之	越州餘姚縣（《雲笈七籤》版作「上虞縣」，誤）	9. 四明山丹山赤水洞天	一百八十里，劉樊得道	越州餘姚縣
	10. 會稽山洞（極玄大元天）	周回三百五十里，仙人郭華治之	越州山陰縣鏡湖中	10. 會稽山極玄陽明洞天	三百里，夏禹探書	越州會稽縣
	11. 太白山洞（玄德洞天）	周回五百里，仙人張季連治之	京兆府長安縣，連終南山	11. 太（《中華道藏》、《道藏》版作「方」，誤）白山德玄洞天	五百里，太上所現壇	京兆盩厔縣
	12. 西山洞（天柱寶極玄天）	周回三百里，真人唐公成治之	洪州南昌縣	12. 西山天寶極玄洞天	三百里，洪崖所居	洪州南昌縣
	13. 小溈山洞（好生玄上天）	周回三百里，仙人花丘林治之	潭州醴陵縣（《雲笈七籤》版作「澧陵縣」，誤）	13. 大圍山好生上元洞天	三百里，傅天君所居石室仙壇	潭州醴陵縣
	14. 潛山洞（天柱司玄天）	周回八十里，仙人稷丘子治之	舒州懷寧縣	14. 潛山天柱司玄洞天	一千三百里，九天司命	舒州懷寧縣（《中華道藏》、《道藏》版皆作「桐城縣」，誤）
	15. 鬼谷山洞（貴玄司真天）	周回七十里，真人崔文子治之	信州貴溪縣	16. 鬼谷山貴玄思真洞天	七十里	信州貴溪縣
	16. 武夷山洞（真昇化玄天）	周回一百二十里，真人劉少公治之	建州建陽縣	15. 武夷山昇真化玄洞天	百二十里，毛竹武夷君	建州建陽縣
	17. 玉笥山洞（太玄法樂天）	周回一百二十里，真人梁伯鸞主之	吉州新淦縣（《雲笈七籤》版作「永新縣」似誤）	18. 玉笥山太秀法樂洞天	百二十里	吉州新淦縣

	18. 華蓋山洞（容成大玉天）	周回四十里，仙人羊公修治之	溫州永嘉縣	17. 華蓋山容城太玉洞天	四千里	溫州永嘉縣
	19. 蓋竹山洞（長耀寶光天）	周回八十里，屬仙人商丘子治之	台州黃岩縣	19. 蓋竹山長耀寶光洞天	八十里，葛仙公所居	台州黃岩縣
	20. 都嶠山洞（寶玄洞天）	周回一百八十里，仙人劉根治之	容州普寧縣	20. 都嶠山太上寶玄洞天	八十里	容州
	21. 白石山洞（秀樂長眞天）	周回七十里，是白眞人治之	鬱林州，南海之南，又雲和州含山縣	21. 白石山秀樂長眞洞天	七十里	容州北源（疑「北流縣」之誤）
	22. 峋（山扁）山洞（玉闕寶圭天）	周回四十里，屬仙人錢眞人治之	容州北流縣	22. 句漏山玉闕寶圭洞天	三十里，有石室丹井	容州
三十六洞天	23. 九疑山洞（朝眞太虛天）	周回三千里，仙人嚴眞青治之	道州延唐縣	23. 九疑山湘眞太虛洞天	三十里	道州延唐縣
	24. 洞陽山洞（洞陽隱觀天）	周回一百五十里，劉眞人治之	潭州長沙縣	24. 洞陽山洞陽隱觀洞天	百五十里	潭州長沙縣
	25. 幕阜山洞（玄眞太元天）	周回一百八十里，屬陳眞人治之	鄂州唐年縣	25. 幕阜山玄眞太元洞天	二百里，吳猛上陞處	鄂州唐年縣（《中華道藏》、《道藏》版皆作「唐軍縣」，誤）
	26. 大酉山洞（大酉華妙天）	周回一百里，尹眞人治之	去辰州七十里	26. 大酉山大酉華妙洞天	一百里	辰州
	27. 金庭山洞（金庭崇妙天）	周回三百里，屬趙仙伯治之	越州剡縣	27. 金庭山金庭崇妙洞天	三百里，褚伯玉沈休文居之	越州剡縣
	28. 麻姑山洞（丹霞天）	周回一百五十里，屬王眞人治之	撫州南城縣	28. 麻姑山丹霞洞天	一百五十里，麻姑上陞	撫州南城縣
	29. 仙都山洞（仙都祈仙天）	周回三百里，屬趙眞人治之	處州縉雲縣	29. 仙都山仙都祈仙洞天	三百里，黃帝上陞	處州縉雲縣

三十六洞天	30. 青田山洞（青田大鶴天）	周回四十五里，屬傳眞人治之	處州青田縣	30. 青田山青田大鶴洞天	四十里，葉天師居之	處州青田縣
	31. 鍾山洞（朱日太生天）	周回一百里，屬龔眞人治之	潤州上元縣	32. 鍾山朱湖太生洞天	一百里	潤州上元縣
	32. 良常山洞（良常放命洞天）	周回三十里，屬李眞人治之	潤州句容縣	33. 良常山良常方會洞天	三十里，中茅君所居	茅山東北
	33. 紫蓋山洞（紫玄洞照天）	周回八十里，屬公羽眞人治之	荊州當陽縣（《雲笈七籤》版作「常陽縣」，誤）	36. 紫蓋山紫玄洞盟洞天	八十里	荊州當陽縣（《中華道藏》、《道藏》版皆作「韶州曲江縣」，似誤）
	34. 天目山洞（天蓋滌玄天）	周回一百里，屬姜眞人治之	杭州餘杭縣	31. 天柱山大滌玄蓋洞天	一百里	杭州餘杭縣天柱觀
	35. 桃源山洞（白馬玄光天）	周回七十里，屬謝眞人治之	朗州武陵縣	34. 桃源山白馬玄光洞天	七十里	朗州武陵縣
	36. 金華山洞（金華洞元天）	周回五十里，屬戴眞人治之	婺州金華縣	35. 金華山金華洞元洞天	五十里，有皇初平赤松觀	婺州金華縣
七十二福地	1. 地肺山	昔陶隱居幽棲之處，眞人謝允治之	江寧府句容縣界（似應爲「潤州延陵縣」）	地肺山	有紫陽觀，乃許長史宅	茅山
	2. 蓋竹山	眞人施存治之	衢州仙都縣	石磕源		台州黃巖縣嶠嶺
	3. 仙磕山	眞人張重華治之	溫州樂（《宮府圖》作「梁」，誤）城縣十五里，近白溪草市	武當山	七十一洞	均州

	4. 東仙源	屬地仙劉奉林治之	台州黃岩縣	東仙源		溫州白溪
	5. 西仙源	屬地仙張兆期治之	台州黃岩縣嶠嶺一百二十里	西白山	趙廣信上陞處	越州剡縣
	6. 南田山	屬劉眞人治之	東海東，舟船往來可到	南田		處州青田
	7. 玉溜山	上多眞仙居之，屬地仙許邁治之	東海，近蓬萊島	玉瑠山		溫州海中
	8. 清嶼山	眞人劉子光治之	東海之西，與扶桑相接	青嶼山		東海口
七十二福地	9. 鬱木洞（或作「都木坑」）	是蕭子雲侍郎隱處，至今陰雨，猶聞絲竹之音，往往樵人遇之，屬地仙赤魯班主之	玉笥山南	鬱木坑（或作「都木坑」）	蕭子雲宅	吉州玉笥山玉梁觀
	10. 丹霞洞	是蔡眞人得道之處，至今雨夜，多聞鍾磬之聲，屬蔡眞人治之	麻姑山	大隱山		明州慈谿縣天寶觀
	11. 君山	屬地仙侯生所治	洞庭青草湖中	君山		岳州青草湖中
	12. 大若岩	屬地仙李方回治之	溫州永嘉縣東一百二十里	大若岩	貞白先生修眞誥處	溫州永嘉縣
	13. 焦源	尹眞人隱處	建州建陽縣北	天印山	仙公行化處	昇州上元縣洞玄觀
	14. 靈墟	白雲先生隱處	台州唐興縣北	靈墟	司馬天師居處	台州天台山
	15. 沃州	屬眞人方明所治之	越州剡縣南	沃州		越州剡縣

七十二福地	16. 天姥嶺（《雲笈七籤》作「岑」，似誤）	屬眞人魏顯仁治之	剡縣南	天姥嶺（《道藏》、《中華道藏》皆作「岑」，似誤）	劉阮迷路處	越州剡縣南（《道藏》、《中華道藏》皆作「台州天台南」，似誤）
	17. 若耶溪	屬眞人山世遠所治之	越州會稽縣南	若耶溪		越州南樵風徑
	18. 金庭山	別名紫微山，屬馬傿人治之	廬州巢縣	抱犢山	莊周所居	潞（《道藏》、《中華道藏》皆作「滁」）州上黨
	19. 清遠山	屬陰眞人治之	廣州清遠縣	清遠山		婺州浦陽縣東白山
	20. 安山	安期先生隱處，屬先生治之	交州北	安山	安期先生居處	交州
	21. 馬嶺山	蘇耽隱處，屬眞人力牧主之	郴州郭內水東	馬嶺	蘇耽上陞處	郴州
	22. 鵝羊山	婁駕先生所隱處	潭州長沙縣	鵝羊山	許君斬蜃處	長沙縣
	23. 洞眞墟	西嶽眞人韓終所治之處	潭州長沙縣	洞眞壇		長沙
	24. 青玉壇	青鳥公治之	南嶽祝融峰	玉清壇		長沙北
	25. 光天壇	鳳眞人所治之所	衡嶽西源頭	霍山		壽州
	26. 洞靈源	鄧先生所隱地	南嶽招仙觀觀西	洞靈源		衡州南嶽招仙觀上峰
	27. 洞宮山	黃山公主之	建州關隸鎮五嶺裏	洞宮		長沙北
	28. 陶山	陶先生曾隱居此處	溫州安固縣（《雲笈七籤》版作「安國縣」，誤）	陶山	貞白先生修藥處	溫州安固縣

<table>
<tr><td rowspan="14">七十二福地</td><td>29. 三皇井</td><td>眞人鮑察所治處</td><td>溫州橫陽縣</td><td>三皇井</td><td></td><td>溫州仙岩山</td></tr>
<tr><td>30. 爛柯山</td><td>王質先生隱處</td><td>衢州信安縣</td><td>爛柯山</td><td></td><td>衢州信安縣</td></tr>
<tr><td>31. 勒溪</td><td>孔子遺硯之所</td><td>建州建陽縣東</td><td>勒溪</td><td></td><td>建州建陽縣</td></tr>
<tr><td>32. 龍虎山</td><td>仙人張巨君主之</td><td>信州貴溪縣</td><td>龍虎山</td><td>天師宅</td><td>信州貴溪縣</td></tr>
<tr><td>33. 靈山</td><td>墨眞人治之</td><td>信州上饒縣北</td><td>靈鷲（《中華道藏》、《道藏》版皆作「應」，似誤）山</td><td>施眞人宅</td><td>饒州北</td></tr>
<tr><td>34. 泉源</td><td>仙人華子期治之</td><td>羅浮山中</td><td>白水源</td><td></td><td>龍州</td></tr>
<tr><td>35. 金精山</td><td>仇季子治之</td><td>虔州虔化縣</td><td>金精山</td><td>張女眞修道處</td><td>虔州虔化縣</td></tr>
<tr><td>36. 閣皂山</td><td>郭眞人所治處</td><td>吉州新淦縣</td><td>閣皂山</td><td>天師行化</td><td>吉州新淦縣</td></tr>
<tr><td>37. 始豐山</td><td>尹眞人所治之地</td><td>洪州豐城縣</td><td>始豐山</td><td></td><td>洪州豐城縣</td></tr>
<tr><td>38. 逍遙山</td><td>許眞人（《雲笈七籤》作「徐眞人」，似誤）治之地</td><td>洪州南昌縣</td><td>逍遙山</td><td>許眞君修道處</td><td>洪州連西山</td></tr>
<tr><td>39. 東白源</td><td>劉仙人所治之地</td><td>洪州新吳縣東</td><td>東白源</td><td>鍾眞人宅</td><td>洪州新吳縣（《中華道藏》版作「興吳縣」，誤）</td></tr>
<tr><td>40. 缽池山</td><td>王喬得道之處</td><td>楚州</td><td>缽池</td><td>王眞人修道處</td><td>楚州北</td></tr>
<tr><td>41. 論山</td><td>終眞人治之</td><td>潤州丹徒縣</td><td>論山</td><td></td><td>丹徒縣</td></tr>
<tr><td>42. 毛公壇</td><td>屬莊眞人修道之所</td><td>蘇州長洲縣</td><td>毛公壇</td><td></td><td>蘇州洞庭湖（疑「太湖」之誤）中</td></tr>
</table>

43. 雞籠山	屬郭眞人治之	和州歷陽縣	雞籠山		和州歷陽縣
44. 桐栢山	屬李仙君所治之處	唐州桐栢縣	桐栢山		唐州桐栢縣淮水上源
45. 平都山	陰眞君上陞之處	忠州	平都山	陰君上陞處	忠州酆都縣
46. 綠蘿山		朗州武陵縣，接桃源界	綠蘿山		朗州(《中華道藏》、《道藏》版作「常德」，誤)武陵北
47. 虎溪山	五柳先生隱處	江州南彭澤縣	虎溪	方眞人修道處	湖州安吉縣
48. 彰龍山	臧先生治之	潭州澧陵縣北	章觀山		澧州澧陽縣
49. 抱福山	范眞人所治處	連州連山縣	桂源	廖先生宅	連州抱福山
50. 大面山	仙人栢成子治之	益州成都縣	大面山	羅眞人所居	蜀州青城山
51. 元晨山	孫眞人、安期生治之	江州都昌縣	元晨山		江州都昌縣
52. 馬蹟(《雲笈七籤》版作「蹄」，似誤)山	王先生修洞淵法處(《雲笈七籤》版作「眞人子州所治之所」，似誤)	饒州鄱陽縣	馬蹟山	王先生修洞淵法處	饒州鄱陽縣(《中華道藏》、《道藏》版皆作「舒州」，似誤)
53. 德山	仙人張巨君治之	朗州武陵縣	德山	善卷先生居，古名枉山	朗州武陵縣
54. 高溪藍水山	並太上所遊處	雍州藍田縣	翠微山		長安(《道藏》、《中華道藏》皆作「西安府」，誤)終南太一觀
55. 藍水	地仙張兆期所治之所	西都藍田縣	少室山		河南府連中嶽

七十二福地

56. 玉峰	仙人栢戶治之	西都藍田縣（《雲笈七籤》版作「京兆縣」，似誤）	玉（《中華道藏》、《道藏》版皆作「王」，似誤）峰		長安藍田縣
57. 天柱山	地仙王伯元治之	杭州於潛縣	白鹿山	吳天師所隱	杭州天柱山
58. 商谷山	四皓仙人隱處	商州	商谷	四皓所隱處	商州上洛（《中華道藏》、《道藏》版皆作「（彡多）」，誤）縣
59. 張公洞	眞人康桑治之	常州義興縣（《雲笈七籤》版避宋太宗諱作「宜興縣」）	陽羨山		常州義興縣張公洞
60. 司馬悔山	李明仙人所治處	台州天台山北	沃壤	二疏修道處	海州東海縣
61. 長白（《雲笈七籤》版作「在」，誤）山	毛眞人治之	齊州章丘縣（《雲笈七籤》版作「長山縣」，似誤）	長白山		齊州（《中華道藏》版作「袞州」，《道藏》版作「兗州」，皆誤）
62. 中條山	趙仙人治處	河中府虞鄉縣	中條山	侯眞人上陞	河中永樂縣
63. 菱湖魚澄洞	始皇先生曾隱此處	西古姚州	九華山	寶眞人上陞處	池州青陽縣
64. 綿竹山	瓊華夫人治之	漢州綿竹縣	臨邛山	相如所居	邛州臨邛縣白鶴山
65. 瀘水	仙人安公治之	西梁州	崆峒山	黃帝所到	夏州（疑誤）
66. 甘山	寧眞人治處	黔南	巫山		夔州大仙壇

七十二福地

七十二福地	67. 琨山	赤鬚先生治之	漢州	包山	七十二壇，劉根先生修道處	蘇州吳縣（《中華道藏》、《道藏》版皆無載）
	68. 金城山	石真人所治之處	古限戌，又雲石戌	金城山		雲中郡
	69. 雲山	仙人盧生治之	邵州武岡（《雲笈七籤》版作「剛」，似誤）縣	雲山		朗州武陵縣
	70. 北邙山	魏真人治之	東都洛陽縣	緱氏山	子晉上陞處	洛州緱氏縣
	71. 盧山	謝真人治之	福建連江縣	四明山	魏道微上陞處	明州或越州（《中華道藏》、《道藏》版皆作「梨州」，疑誤）
	72. 東海山	王真人治之	海州東二十五里	（山桑）山	仙公會真處	萊州嶗（山桑）山

第二章　唐五代道教投龍時空分佈

　　道教投龍活動是道教眾多活動中的重要組成之一，有著源遠流長的歷史。到了唐、五代時期得到了官方的認可，大規模的出現，並形成了一整套完備的科儀，成為道教介入國家政治生活乃至帝王個人生活的一個重要的方式。因此，不論是文獻、碑刻、還是出土遺跡中，都有大量關於唐五代的道教投龍活動的材料遺存。這為我們還原和研究唐五代的道教投龍活動提供了可能性。

　　學術界也對這一課題進行了卓有成效的討論和研究。其中，法國的沙畹先生最早對道教投龍簡進行了較為細緻的研究。〔註 1〕張澤洪先生《唐代道教的投龍儀式》〔註 2〕一文對唐五代的投龍簡以及投龍儀式均有較為詳盡的討論。周西波先生《敦煌寫卷 P.2354 與唐代道教投龍活動》〔註 3〕一文詳述了唐代的投龍儀式與投龍活動。趙幼強先生《唐五代吳越國帝王投簡制度考》〔註 4〕一文指出帝王投簡的本質是以道教科儀為名祈福禳災，其制度、內容、方式都有明顯的變化。雷聞先生《唐代道教與國家禮儀──以高宗封禪活動為中心》〔註 5〕一文介紹了高宗、武則天時代的道教投龍活動，以及與現實政治的聯繫。雷先生的另一篇《道教徒馬元貞與武周革命》〔註 6〕討論了馬

〔註 1〕 Edouard Chavannes *"Le jet des dragons"*（《投龍　關於東亞的回憶》），*Memoires concernant l'Asie Orientale* 1919。
〔註 2〕 《陝西師範大學學報（哲學社會科學版）》2007 年第 1 期，第 27～32 頁。
〔註 3〕 《敦煌學》第二十二輯，臺灣，1999 年 12 月，第 91～109 頁。
〔註 4〕 《東南文化》2002 年第 1 期，第 31～36 頁。
〔註 5〕 《中華文史論叢》2001 年第 4 輯，第 62～79 頁。
〔註 6〕 《中國史研究》2004 年第 1 期，第 73～80 頁。

元貞在武周革命前後主持的投龍活動，以及對武周革命的影響。白如祥《從岱嶽觀碑看泰山道教與唐代政治》〔註7〕一文論述了唐代在泰山的投龍情況，以及對現實政治的影響。王永平《從泰山道教石刻看武則天的宗教信仰》〔註8〕一文則詳細討論了武后時期歷次泰山投龍活動。尤李《論唐廷對幽州宗教事務的介入》〔註9〕一文介紹了唐代在幽州的投龍情況，以及作爲控制幽州的宗教手段之一的現實效果。溫玉成《隋唐洛陽道教略述》〔註10〕一文介紹了唐代洛陽及其附近如嵩山的投龍情況。臺靜農《唐明皇青城山敕與南嶽告文》〔註11〕一文探討了唐玄宗在青城山與南嶽的投龍活動。神冢淑子《道教の礼仪と龙——六朝・唐代の投龙简をめぐつて》〔註12〕一文則論述了六朝至唐代的投龍科儀與部分投龍簡。近年來，隨著大量唐五代道教投龍文物的發現，也極大的豐富了相關的研究。如王育成《考古所見道教簡牘考述》〔註13〕一文詳述了大量唐五代的投龍金、銀、玉、銅簡。程義等《蘇州林屋洞出土道教遺物》〔註14〕一文則詳細介紹了林屋洞出土的唐五代金龍、金鈕、玉簡等投龍文物。梁志明《「水府告文」考釋》〔註15〕一文詳細考釋了道教投龍簡中的「水府告文」內容。王士倫《五代吳越國王投簡》〔註16〕一文則詳細介紹了吳越國的道教投龍活動與考古發現的投龍簡情況。對早期道教投龍儀式及活動的研究亦十分有益於對唐代投龍地域分佈情況的討論。如王承文《敦煌古靈寶經與晉唐道教》〔註17〕一書詳細討論了唐代投龍簡儀與古靈寶經之間的關係。劉昭瑞《考古發現與早期道教研究》〔註18〕一書則討論了早期道教的投龍儀及其起源。黎毓馨主編《吳越勝覽——唐宋之間的東

〔註7〕 《經濟與社會發展》2008年第4期，第181～183頁。
〔註8〕 《東嶽論叢》2007年第3期，第92～97頁。
〔註9〕 《社會科學研究》2011年第3期，第154～159頁。
〔註10〕 《中國道教》1990年第2期，第35～38頁。
〔註11〕 臺靜農：《靜農論文集》，臺北：聯經出版事業公司，1989年。
〔註12〕 《日中文化研究》三，東京：勉誠社，1992年。
〔註13〕 《考古學報》2003年第4期，第483～510頁。
〔註14〕 《東南文化》2010年第1期，第41～44頁。參見程義《宋眞宗天禧二年林屋洞道教投龍遺物簡介》，《中國道教》2010年第1期，第37～39頁。
〔註15〕 《東南文化》1993年第3期。
〔註16〕 見浙江省文物考古所編：《浙江省文物考古研究所學刊》，北京：科學出版社，1993年。
〔註17〕 北京：中華書局，2002年。
〔註18〕 北京：文物出版社，2007年。

南樂國》〔註19〕一書則以實物照片的形式提供了吳越國道教投龍簡的詳細形態與文字內容。其它，如陳國符〔註20〕、巴瑞特〔註21〕、陶奇夫〔註22〕、潘雨廷〔註23〕、張澤洪〔註24〕、譚敏〔註25〕等各位先生的研究也對探討唐代投龍地域分佈有極大的幫助。本文擬在此研究基礎上，結合相關的文獻材料、出土文物以及碑刻，耙梳唐五代道教投龍活動的時空分佈等情況和特徵，進而試圖分析造成該分佈情況與特徵的原因。

第一節　唐五代投龍地域分佈情況

一、京畿道

（一）長安

興慶池。據《冊府元龜》載，開元十九年「五月壬申，京師旱，帝親禱興慶池。是夜，大雨。乙亥，侍中裴光庭等曰：『昨，二十五日，伏見高力士奉宣敕旨，親於興慶池投龍祈雨。……』」〔註26〕

曲江池。據《冊府元龜》載，「乾元元年五月己亥，亢旱，陰陽人李奉先自大明宮出金龍及紙錢，太常音樂迎之，送於曲江池，投龍祈雨。宰相及禮官並於池所行祭。禮畢，奉先投龍於池」〔註27〕。

昆明池。據《大唐故東明觀孫法師墓誌銘並序》載，「景龍三年二月，奉敕於太白山及昆明池等投放金龍玉璧」。〔註28〕

盩厔縣仙遊潭。據《長安志》載，「在縣南三十里。闊二丈，其水黑色，

〔註19〕北京：中國書店，2011 年。

〔註20〕陳國符：《道藏源流考》，北京：中華書局，2012 年。

〔註21〕（英）巴瑞特，曾維加譯：《唐代道教——中國歷史上黃金時期的宗教與帝國》，濟南：齊魯書社，2012 年。

〔註22〕（俄）陶奇夫，邱鳳俠譯：《道教——歷史宗教的試述》，濟南：齊魯書社，2011 年。

〔註23〕潘雨廷：《道教史叢論》，上海：復旦大學出版社，2012 年。

〔註24〕張澤洪：《道教齋醮科儀研究》，成都：巴蜀書社，1999 年。

〔註25〕譚敏：《唐末五代道教神話述要》，《北京化工大學學報》2010 年第 4 期，第 31～35 頁。

〔註26〕宋・王欽若等：《冊府元龜》卷二十六《帝王部・感應》，北京：中華書局，1960 年，第 280 頁。

〔註27〕《冊府元龜》卷一百四十四《帝王部・弭災第二》，第 1752 頁。

〔註28〕賈梅：《唐〈東明觀孫思墓誌〉考釋》，《碑林集刊》十，2004 年。

相傳號『五龍潭』。每歲降中使投金龍」〔註29〕。

二、關內道

（一）華州

華山。天授二年，武則天令馬元貞等人往五嶽四瀆投龍作功德。〔註30〕

天授三年，武則天命馬元貞往五嶽四瀆投龍。〔註31〕

唐玄宗時期，「值葉法善投龍西嶽，（劉）平旋見二青衣童子，乘虛而至」〔註32〕。又據《逸史》載，「縣宰曰：『葉仙師善符術，奉詔投龍回，……』」〔註33〕可知，葉法善曾在唐玄宗時期赴華山投龍。

西嶽五老山，「旁有龍井，旱，禱雨輒應。唐玄宗敕玉眞公主投金龍其中，號玉眞洞」〔註34〕。

（二）同州

朝邑縣河瀆祠〔註35〕。天授二年，武則天令馬元貞等人往五嶽四瀆投龍作功德。〔註36〕

天授三年，武則天命馬元貞往五嶽四瀆投龍。〔註37〕

（三）岐州

太白山。據《大唐故東明觀孫法師墓誌銘並序》所載，可知景龍三年二月，孫思曾奉敕於太白山投放金龍玉璧。

終南山。岑參的《冬夜宿仙遊寺南涼堂，呈謙道人》詩中寫到，「太乙連

〔註29〕 宋·宋敏求：《長安志》卷十八《縣八·盩厔》，《宋元方志叢刊》，北京：中華書局，1990年，第1冊，第188頁。

〔註30〕 詳見陳垣編纂，陳智超、曾慶瑛校補：《道家金石錄·岱嶽觀碑》，北京：文物出版社，1988年，第78頁。

〔註31〕 詳見《道家金石略·馬元貞投龍記》，第80頁。

〔註32〕 宋·李昉等：《太平廣記》卷三百三十二《劉平》引《劇談錄》，北京：中華書局，1961年，第2641頁。

〔註33〕 《太平廣記》卷三百七十八《李主簿妻》引《逸史》，第3012頁。

〔註34〕 明·章潢：《圖書編》卷六十二，揚州：廣陵書社，2011年。

〔註35〕 據《新唐書》卷三十七《地理志一》（宋·歐陽修、宋祁，北京：中華書局，1975年，第965頁）載，同州朝邑縣有河瀆祠。又據該書卷三十九《地理志三》（第1000頁）載，開元十五年，遷河瀆祠於河中府河西縣之蒲津關。

〔註36〕 詳見《道家金石略·岱嶽觀碑》第78頁。

〔註37〕 詳見《道家金石略·馬元貞投龍記》，第80頁。

太白，兩山知幾重。……石潭積黛色，每歲投金龍」〔註38〕。

三、都畿道

（一）洛陽

嵩山。天授二年，武則天令馬元貞等人往五嶽四瀆投龍作功德。〔註39〕

《中嶽嵩高靈嶽碑》則載，「天授三年歲次壬辰，臘月丁丑朔五日辛丑，大周聖神皇帝遣金臺觀主馬元貞作功德，□□□於中嶽」〔註40〕。

亦有投龍簡文載，久視元年，「上言：大周國主武曌，好樂眞道，長生神仙，謹詣中嶽嵩高山門投金簡一通，乞三官九府除武曌罪名。太歲庚子七月甲申朔七日甲寅小使臣胡昭稽首再拜謹奏」〔註41〕。

五代後晉天福八年六月，石重貴「遣供奉官衛延韜詣嵩山投龍祈雨」〔註42〕。

濟源縣濟瀆。天授二年，武則天令馬元貞等人往五嶽四瀆投龍作功德。〔註43〕

又據《馬元貞投龍記》載，「天授三年歲次壬辰，正月戊辰朔，廿四日辛卯，大周聖神皇帝緣大周革命，奉敕遣金臺觀主馬元貞往五嶽四瀆投龍功德。十六日至奉仙觀，……□□□至廿四日，章醮訖投龍，……同見官人朝散大夫行濟源縣丞薛同士　同見官人宣義郎行主簿王智純……」〔註44〕。《馬元貞造元始天尊像記》亦載，「使□畢中孚，副主簿王智□，維大周天授三年，歲次壬辰，聖神皇帝之革命三載也。……乃敕道士馬元貞肅將明命，欽若大道，投龍醮於濟瀆。……如意元年七月十五日」〔註45〕。

〔註38〕清・彭定求編：《全唐詩》卷一百九十八《岑參一》，北京：中華書局，1960年，第 2025 頁。

〔註39〕詳見《道家金石略・岱嶽觀碑》第 78 頁。

〔註40〕清・黃叔璥輯：《中州金石考》卷七《中嶽嵩高靈嶽碑》，見《石刻史料新編（第一輯）》，臺北：新文豐出版公司，1979 年，第 13722 頁。有關考證詳見雷聞《道教徒馬元貞與武周革命》。

〔註41〕《道家金石略・中嶽投金簡文》，第 93 頁。

〔註42〕宋・薛居正等：《舊五代史》卷八十一《晉書七・少帝紀》，北京：中華書局，1976 年，第 1078 頁。

〔註43〕詳見《道家金石略・岱嶽觀碑》第 78 頁。

〔註44〕《道家金石略・馬元貞投龍記》，第 80 頁。

〔註45〕《道家金石略・馬元貞造元始天尊像記》，第 80 頁。

四、河南道

（一）兗州

泰山仰天洞，唐高宗時期，即有「判官兼□□羽儀作宮府寺丞王知慎……（上闕）乾封元年二月十□日，奉敕投龍璧於介丘記」〔註46〕的記錄。

此後，泰山時刻中留存了大量的投龍記載。「大周天授二年，歲次辛卯，二月癸卯朔十日壬子，金臺觀主中嶽先生馬元貞將弟子楊景初、郭希元，內品官楊君尚、歐陽智琮，奉聖神皇帝敕，緣大周革命，令元貞往五嶽四瀆投龍作功德。元貞於此東嶽行道章醮投龍，作功德一十二日夜」〔註47〕。

天授三年，武則天命馬元貞往五嶽四瀆投龍。〔註48〕

「大周聖曆元年，歲次戊戌，臘月癸巳朔貳日甲午，大宏道觀主桓道彥、弟子晃自揣奉敕於此嶽設金籙寶齋河圖大醮。漆日行道，兩度投龍」〔註49〕。

「久視二年，太歲辛丑，正月乙卯朔二日丙辰，神都青元觀主麻慈力親承聖旨，內賚龍璧、御詞、繪帛及香等物，詣此觀中齋醮」〔註50〕。

「長安元年，歲次辛丑，十二月乙亥朔廿三日辛酉，道士金臺觀主趙敬同侍者道士劉守眞、王懷亮等奉十一月七日敕，於此泰山岱嶽觀靈壇修金籙寶齋三日三夜。又於觀側靈場之所設五嶽一百廿槃醮禮，金龍玉璧，並投山訖」〔註51〕。

「大周長安肆年，歲次甲辰，玖月甲申朔，捌日辛卯，敕使內供奉襄州神武縣雲表觀主元都大洞叁景弟子中嶽先生周元度，並將弟子貳人、金州西城縣元宮觀道士梁悟先奉叁月貳拾玖日敕令，自於名山大川投龍璧，修無上高元金元玉清九轉金房度命齋。叁日叁夜行道，陳設醮禮」〔註52〕。

〔註46〕清‧阮元編：《山左金石錄》卷十一《王知慎等題名》，《石刻史料新編（第一輯）》，第 19 分冊，第 14502 頁。

〔註47〕《道家金石略‧岱嶽觀碑（三）》第 79 頁；參見米運昌《泰山唐代雙束碑與武則天》，《故宮博物院院刊》1986 年第 3 期，第 93～96 頁

〔註48〕詳見《道教金石略‧馬元貞投龍記》，第 80 頁。

〔註49〕《道家金石略‧岱嶽觀碑（五）》，第 82～83 頁；參見米運昌《泰山唐代雙束碑與武則天》。

〔註50〕《道家金石略‧岱嶽觀碑（六）》，第 93 頁；參見米運昌《泰山唐代雙束碑與武則天》。

〔註51〕《道家金石略‧岱嶽觀碑（七）》，第 94 頁；參見米運昌《泰山唐代雙束碑與武則天》。

〔註52〕《道家金石略‧岱嶽觀碑（八）》，第 94～95 頁；參見米運昌《泰山唐代雙束

「大周長安四年，歲次甲辰，十一月癸未朔十五日丁酉，大宏道觀威儀師邢虛應、法師阮孝波、承議郎行宮□丞劉懷恝、邵□□等奉敕於東嶽岱嶽觀中建金籙大齋，卅九日行道。設醮降龍薦璧」〔註53〕。

「大唐神龍元年，歲次乙巳，三月庚辰朔，廿八日丁未，大弘道觀法師阮孝波、道士劉思禮、品官楊嘉福、李立本等，奉敕於岱嶽觀建金籙寶齋，卅九人九日九夜行道，並設醮投龍」〔註54〕。

「大唐景龍二年，歲在戊申，二月甲子朔，十二日乙亥，大龍興觀□□□□敕往東嶽醮薦龍璧。以其月廿七日辛卯，於岱嶽□並□□□□□設金籙行道，九日九夜燒香然燈□□並設五嶽名山河圖等醮□三□功德事畢奉用。本命紋繪及餘鎮採敬造鎮國□□□□皇猷永固，與靈嶽而恆安。國祚長隆，等廟都而自久」〔註55〕。

「大唐景雲二年，歲次辛亥，八月癸卯朔，十四日景辰，蒲州丹崖觀上左呂皓仙，奉今年閏六月十九日敕，往東嶽及萊州東海投龍，並道次靈跡修功德。將弟子二人，蒲州靈仙觀道士杜含光，丹岩觀道士王元慶、道士孫藏暉，於此三日三夜，卅九人金籙行道，設齋醮並投龍」〔註56〕。

「歲六月，我皇有意於神仙，敕使正議大夫、內給事梁思陀，寺伯俱玄明等，與道士任無名於東嶽太山投龍合練，……予時開元八年歲次庚申七月壬子朔廿日辛未，畢此功也」〔註57〕。

開元廿三年，董靈寶於泰安投龍。〔註58〕

「大唐大曆七年太歲壬子正月癸未朔廿三日乙巳，奉敕於岱嶽觀修金籙齋醮，及於瑤池投告」〔註59〕。

以及「大曆八年歲次癸丑，九月癸酉朔，廿八日，修功德中使、正議大

碑與武則天》。
〔註53〕《道家金石略·岱嶽觀碑（九）》，第95頁；參見米運昌《泰山唐代雙束碑與武則天》。
〔註54〕《道家金石略·岱嶽觀碑（十）》，第95～96頁。
〔註55〕《道家金石略·岱嶽觀碑（十一）》，第99頁。
〔註56〕《道家金石略·岱嶽觀碑（十四）》，第101頁。
〔註57〕《道家金石略·岱嶽觀碑（十五）》，第108～109頁。
〔註58〕詳見清·葉昌熾：《語石 語石異同評》卷五，北京：中華書局，1994年，第363頁。
〔註59〕《道家金石略·岱嶽觀碑（十八）》，第156～157頁。

夫、守內侍省內侍、員外同正員、上柱國魏成信，判官、文林郎、守內府丞劉元載，……奉今年六月□日敕，於東嶽觀金籙行道七日七夜，及□瑤池投告□□高宗□□宗□□□□□□□……」〔註60〕。

（二）青州

雲門山。趙居貞有《雲門山投龍詩》一首，內有「披展送龍儀，寧安服狐白。沛恩惟聖主，祈福在方伯」〔註61〕等句。該詩序記曰：「有唐天寶玄默歲□月己巳，中散大夫、使持節北海郡諸軍事、北海郡太守、柱國天水趙居貞登雲門山，投金龍玉璧，奉爲開元天地大寶聖文神武皇帝祈福也。先是投禮，太守不行，以掾吏代之。余是年病目戾止，以爲聖上祈祐，宜牧守躬親，吏輒代，非禮也。余撰良日，爰及中元、下元，並躬行爲聖上祈壽。祝拜焚香，投龍禮畢，有瑞雲從洞門而出。五色紛鬱迴翔。空中聲曰：『皇帝一萬一千一百歲。』預禮者悉聞之。余乃手舞足蹈，賦詩以歌其事，遂於岩前刻石壁以紀之」。而該詩石刻則記曰：「……歲辛月己巳，中散大夫、使持節北海郡諸軍事、守北海太守、柱國、天水趙居貞登雲□□□□璧，奉爲天寶聖文神武皇帝祈福也。先是投禮，太守不行，以掾吏代之。余是年病目戾止以爲□□□□牧守躬觀，俾吏輒代，固時禮也。當是時，上元投禮猶未備，余責龍□觀之皆不肖，……」〔註62〕儘管詩序與石刻所記不盡相同，但當地官員爲了給玄宗皇帝祈福，曾先後兩次投龍雲門山則無疑義。

（三）萊州

東海。景雲二年，蒲州丹崖觀呂晧仙奉敕往東嶽及萊州東海投龍。〔註63〕

（四）亳州

眞源縣。「唐開元及天寶間題字數十行，乃眞源縣令邵昕記祠醮投龍等事，眞源屬亳州，……」〔註64〕。

〔註60〕 《道家金石略‧岱嶽觀碑（十九）》，第159頁。

〔註61〕 《全唐詩》卷二百五十八《趙居貞》，第2880頁。

〔註62〕 《道家金石略‧雲門山投龍詩》，第145頁。

〔註63〕 《道家金石略‧岱嶽觀碑（十四）》，第101頁。

〔註64〕 南宋‧洪適：《隸續》卷四《魏下豫州刺史修老子廟詔》，北京：中華書局，1985年，第312頁。

五、河東道

（一）太原

清水池。「太原屬邑有清水池，本府祈禱雨澤及投龍之所也」〔註65〕。

晉山。據《宣室志》載，「唐故尙書李公諗鎮北門時，有道士尹君者，隱晉山。……往往獨遊城市。……後二日，葬尹君於汾水西二十里。明年秋，有照聖觀道士朱太虛，因投龍至晉山。忽遇尹君在山中」〔註66〕。可知，朱太虛投龍之所似在晉山。雖無法確知晉山在何處，然據記載內容推測，似位於唐河東道境內。

（二）虢州

中條山雷洞，據貞元十四年，虢州刺史王顏所撰「先是，北上貳十里有古泰明觀之遺跡，前即雷洞，道日陰而國家投龍，道門投簡，觀之奉此，其可廢乎！大曆末，故相韓公滉任地官也，見辟爲悴，知解縣鹽池，遂以他俸創復之，令以虢俸成就之」〔註67〕。

（三）蒲州（河中府）

虞鄉縣壇道山。「一名百梯山，在縣西南十二里。山高萬仞，躋攀者百梯方可陞降，故曰百梯山。南有穴，莫測深淺，每有敕使投金龍於此，並醮焉」〔註68〕。

六、河北道

（一）莫州

泛龍觀。「開元二十三年七月一日，爲國投龍設醮。莫州泛龍觀三洞道士董靈寶」〔註69〕。

（二）幽州

大房山。「維開元廿七年歲在乙卯，春三月，府城西南有大房山，孔水其水也。……去開廿三年，內供奉□□呂愼盈奉敕於此水投龍璧，暨廿四載，

〔註65〕《太平廣記》卷四百五十九《水清池》引《北夢瑣言》，第3757頁。
〔註66〕《太平廣記》卷二十一《尹君》引《宣室志》，第144～145頁。
〔註67〕《道家金石略・中條山靖院道堂銘並序》，第169頁。
〔註68〕唐・李吉甫：《元和郡縣圖志》卷十二《河東道一・河中府》，北京：中華書局，1983年，第327頁。
〔註69〕《道家金石略・莫州泛龍觀投龍設醮記》，第120頁。

□□□□□又奉敕於此投龍璧，今又奉敕於此投龍璧焉」〔註70〕。

孔水洞。「在大房山東北，懸崖千尺，石竇如門，深不可測。……唐開元歲，每旱，必遣使投金龍玉璧，禱之立應」〔註71〕。

（三）瀛州

開元廿一年，董靈寶投龍。〔註72〕

（四）定州

恒山。天授二年，武則天令馬元貞等人往五嶽四瀆投龍作功德。〔註73〕天授三年，武則天命馬元貞往五嶽四瀆投龍。〔註74〕

七、山南東道

（一）唐州

桐柏縣淮瀆。「天授二年，歲次辛卯，四月壬寅朔，一日壬寅，金臺觀主馬元貞奉敕，大周革命為聖神皇帝五嶽四瀆投龍，作功德於此淮瀆，為國章醮。……承議郎行桐柏縣令薛□、唐州錄事安智滿、承議郎行桐柏縣主簿韓元嗣……桐柏縣錄事趙德本、里正樊客安……」〔註75〕

天授三年，武則天命馬元貞往五嶽四瀆投龍。〔註76〕

八、江南東道

（一）台州

天台山。劉禹錫有《和令狐相公送趙常盈煉師與中貴人同拜嶽及天台投龍畢卻赴京》詩，詩中寫到「銀璫謁者引蜺旌，霞帔仙官到赤城。白鶴迎來天樂動，金龍擲下海神驚。元君伏奏歸中禁，武帝親齋禮上清。何事夷門請詩送，梁王文字上聲名」〔註77〕。可知，當時有奉旨投龍天台山之事。

〔註70〕《道家金石略·大房山投龍璧記》，第123頁：參見尤李《論唐廷對幽州宗教事務的介入》一文的有關論述。

〔註71〕清·孫承澤：《春明夢餘錄》卷六十九，北京：北京古籍出版社，1992年。

〔註72〕葉昌熾：《語石 語石異同評》卷五，第363頁。

〔註73〕詳見《道家金石錄·岱嶽觀碑》，第78頁。

〔註74〕詳見《道家金石略·馬元貞投龍記》，第80頁。

〔註75〕《道家金石略·金臺觀主馬元貞投龍記》，第79～80頁。

〔註76〕詳見《道家金石略·馬元貞投龍記》，第80頁。

〔註77〕唐·劉禹錫：《劉禹錫集》卷三十三《詩》，上海：上海人民出版社，1975年，

三井。天寶元年的碑刻即說「三井投龍之所」〔註 78〕。《嘉定赤城志》亦載，「在縣北二十里昭慶院東。唐時，嘗遣使投金龍白璧。舊傳爲尼所觸，一井自塞，其二深不可測。每春夏時，雨則衆流灌注，激湧雷吼。或云通海，又云海眼。李郢詩所謂：三井應潮通海眼是也。咸平中，醮祭投龍」〔註 79〕。

（二）蘇州

太湖投龍潭，皮日休《太湖詩・投龍潭在龜山》詩中有「時有慕道者，作彼投龍術。端嚴持碧簡，齋戒揮紫筆。兼以金蜿蜒，投之光焕律。琴高坐赤鯉，何許縱仙逸。我願與之遊，茲焉託靈質」〔註 80〕等句。陸龜蒙《奉和襲美太湖詩二十首・投龍潭》詩中亦有「君將接神物，聊用申祀事。……亦既奉眞官，因之徇前志。持來展明誥，敬以投嘉瑞。……吾皇病秦漢，豈獨探幽異。所貴風雨時，民皆受其賜。……何必費黃金，年年授星使」〔註 81〕等句。似可推知，唐中後期有太湖投龍活動。

吳越投龍太湖的金簡則載，「大道弟子、天下都元帥、尚父、守中書令吳越國王錢鏐年七十七歲，二月十六日生。自統制山河主吳越，民安俗阜，道泰時康，市物平和，邇爾清宴。仰自蒼昊降祐，大道垂恩。今則特謁詣洞府名山，遍投龍簡，恭陳醮謝，上答玄恩。伏願合具告祈，兼乞錢鏐申行年，四時履歷，壽齡遐遠，眼目光明，家國興隆，子孫繁盛。志祈玄祝，允協投誠，謹詣太湖水府金龍驛傳於吳越國蘇州府吳縣洞庭鄉東皋里太湖水府告文。寶正三年歲在戊子三月丁未朔二十六日壬申投」〔註 82〕。今人還於太湖

第 314 頁。
〔註 78〕《道家金石略・天台山桐柏觀碑》，第 133～134 頁。
〔註 79〕 宋・陳耆卿：《嘉定赤城志》卷二十四《山水門六・水》，見《宋元方志叢刊》，北京：中華書局，1990 年，第 7465 頁。
〔註 80〕《全唐詩》卷六百一十《皮日休三・太湖詩》，第 7039 頁。
〔註 81〕《全唐詩》卷六百十八《陸龜蒙二》，第 7122 頁。
〔註 82〕《道家金石略・太湖投龍記》，第 198～199 頁。據黎毓馨觀點，順治元年（1644）所發現錢鏐 77 歲時投入太湖的玉簡和銀簡各 1 枚。但存世的多處玉簡拓本有諸多可疑之處，（北京圖書館金石組編《北京圖書館藏中國歷代石刻拓本彙編》，第 36 冊，隋唐五代十國二十八，鄭州：中州古籍出版社，1989 年，第 176 頁）如龍的造型與時代明顯不符，二面刻文的方式與傳統有異，簡文書體與現存銀簡差異極大，與紹興望仙橋出土的錢鏐寶正三年 77 歲銀簡逐字對照，玉簡上的個別文字和官職刻寫有誤。種種跡象表明，存世的多種玉簡拓本，簡文錄自清代初年蘇州太湖出水後即被鎔鑄的錢鏐 77 歲銀簡，係僞刻作品。（《吳越勝覽——唐宋之間的東南樂國》，第 7 頁）

中發現寶正三年（928）錢鏐所投的另一投龍玉簡。〔註83〕

　　林屋洞。據最新考古發掘在太湖西山島林屋洞發現距今九百六十五年之玉簡三：皆白石爲之，鐫有陰文，長約二尺，寬不逾四寸。金龍四：淨重九十二克，最大者長二十四點三釐米，高八釐米，最小者長八點三釐米，高五釐米；其中兩龍爲唐時物。〔註84〕

　　《太平清話》載，「林屋洞東，吳越錢王於此投金簡以祭洞觀。宋淳祐丁未七年大旱，生民於湖濱漉出金簡，長一尺五寸，闊六寸，上刻字曰『天下兵馬副元帥吳越錢王』」〔註85〕。

　　靈祐觀。「在洞庭山，唐之神景宮也，蓋明皇時建。內有林屋洞，人間第九洞天也，……唐時，投龍於此，因建宮」〔註86〕。

　　包山。錢鏐寶正三年投於太湖包山下的龍簡「高六寸，廣五寸，以銀爲之，四周以龍雲爲飾，正書十行」〔註87〕。

（三）越州

　　剡縣金庭觀。《嘉泰會稽志》載，「唐先天間，遣女道士詣金庭觀投龍」〔註88〕。同書亦載，「唐先天二年，敕女眞道士王妙行詣金庭觀投龍，因持此瓢以進」〔註89〕。

　　會稽縣陽明洞天。元稹《春分投簡明洞天作》詩中有「偶成投秘簡，聊得泛平湖。……龍瑞本縈紆。穴爲探符坼」〔註90〕之歎。白居易《和微之春

對於錢鏐太湖投龍簡的眞僞目前學術界尚有爭議，故本文暫且存疑，仍將其計入唐五代的投龍活動之中。

〔註83〕詳見羅振玉：《金泥石屑》卷下，見《羅振玉學術論著集》第三集，上海：上海古籍出版社，2010年。

〔註84〕詳見程義等：《蘇州林屋洞出土道教遺物》一文，及《新民晚報》1983年03月22日。

〔註85〕明・陳繼儒：《太平清話》卷一，臺北：臺灣商務印書館《叢書集成初編》本，第10頁。

〔註86〕宋・朱長文，金菊林校點：《吳郡圖經續記》卷中《宮觀》，南京：江蘇古籍出版社，1999年，第28頁。

〔註87〕佚名：《江蘇金石志》卷七，南京：江蘇通志局，1927年。

〔註88〕宋・施宿等：《嘉泰會稽志》卷七《宮觀寺院・嵊縣・金庭觀》，見《宋元方志叢刊》，第6940頁。

〔註89〕《嘉泰會稽志》卷十三《古器物》，見《宋元方志叢刊》，第6958頁。

〔註90〕唐・元稹，冀勤點校：《元稹集（修訂本）》卷二十六《集外詩》，北京：中華書局，1982年，第360頁。

日投簡陽明洞天五十韻》詩和之曰「去爲投金簡，來因挈玉壺」〔註91〕。《嘉泰會稽志》也載「唐觀察使元以瑱，春分日投金簡於陽明洞」〔註92〕。

　　會稽縣射的潭。有吳越錢鏐所投的兩枚金簡出土，分別爲：

　　後梁乾化三年（913），「大道弟子、啓聖運連同德功臣、淮南鎮海鎮東等軍節度使、淮南浙江東西等道觀察處置營田安撫兼鹽鐵製置發運等使、開府儀同三司、尚父、守尚書令、食邑一萬七千戶、食實封一千五百戶、吳越王、臣錢鏐，六十二歲，二月十六日生，本命壬申。自統領三藩，封崇兩國，廓清吳越，猶泰黎元，皆荷玄恩，敢忘靈祐。昨者，當使所發，應援湖湘兵士及討伐犯境凶徒，遂瀝肯情，仰告名山洞府，果蒙潛加警衛，繼殄豺狼，已於中元之辰，普陳齋醮，今則散投龍簡，上詣諸洞仙籍、水府眞宮，備罄丹誠，用酬靈貺。兼以方興戈甲，克殄淮夷，敢希廣借陰功，共資平蕩，早清逆窟，以泰江南。其次，願兩府封疆，永無災難，年和俗阜，軍庶康寧。兼鏐履歷年庚，不逢衰厄，至於家眷，並乞平安。永託眞源，常蒙道廕。謹詣水府，金龍驛傳。太歲癸酉八月庚午朔二十日乙丑，於越州會稽縣五雲鄉石帆里射的潭水府告文」〔註93〕。

　　後唐天成三年（吳越寶正三年，928），「大道弟子、天下都元帥、尚父、守尚書令、吳越國王錢鏐，年七十七歲，二月十六日生。自統制山河，主臨吳越，民安俗阜，道泰時康，是物和平，遐邇清晏。仰自穹昊降祐，大道垂恩。今則特詣洞府名山，遍投龍簡，式陳醮謝，上答玄恩。伏願天降祥光，地生嘉瑞，丕圖顯霸，景祚延洪，風雨順時，軍民樂業。今當春季，合具告祈。兼乞鏐庚申行年，四時履歷，壽齡延遠，眼目光明，家國興隆，子孫繁盛。志祈玄貺，允叶投誠。謹詣射的水府，金龍驛傳。寶正三年太歲戊子三月丁未朔日，於吳越國州　縣　鄉　里　射的水府告文」〔註94〕。

（四）杭州

　　餘杭縣洞霄宮，「在縣西南一十八里。漢武帝元封三年創宮壇於大滌洞前，爲投龍祈福之所。唐高宗時遷於前谷」〔註95〕。

〔註91〕《全唐詩》卷四百四十九《白居易》，第5062頁。

〔註92〕《嘉泰會稽志》卷十一，見《宋元方志叢刊》，第6947頁。

〔註93〕《吳越勝覽——唐宋之間的東南樂國》，第38頁。參見王育成《考古所見道教簡牘考述》。

〔註94〕《吳越勝覽——唐宋之間的東南樂國》，第41頁。參見自王育成《考古所見道教簡牘考述》。

〔註95〕宋・潛說友：《咸淳臨安志》卷七十五《道堂》，見《宋元方志叢刊》，第4033頁。

　　大滌洞，「夾道中間一石，若柱倒懸，因以隔凡名之。過柱，一穴如竇，內闊丈餘，中有圓井無底，惟聞浪浪水聲，乃歷代朝廷遣使投龍之處也」〔註96〕。

　　西湖，已知的吳越時期投入西湖中的投龍簡大約有八枚。分別為：

　　後梁乾化三年（913），「大道弟子，啟聖匡運同德功臣，淮南、鎮海、鎮東等軍節度使，淮南、浙江東西等道觀察使，處置營田安撫兼鹽鐵製置發運等使，開府儀同三司，尚父、守尚書令，食邑一萬七千戶，食實封一千五百戶，吳越王，臣錢鏐六十二歲，二月十六日生，本命壬申。自統領三藩，封崇兩國，廓清吳越，猶泰黎元，皆荷玄恩，敢忘靈祐。昨者，當使所發，應援湖湘兵士及討伐犯境凶徒，遂瀝肯情，仰告名山洞府，果蒙潛加警衛，繼殄豺狼，已於中元之辰，普陳齋醮，今則散投龍簡，上詣諸洞仙籍、水府真宮，備罄丹誠，用酬靈貺。兼以方興戈甲，克殄淮夷，敢希廣借陰功，共資平蕩，早清逆窟，以泰江南。其次，願兩府封疆，永無災難，年和俗阜，軍庶康寧。兼鏐履歷年庚，不逢衰厄，至於家眷，並乞平安。永託真源，常蒙道廕。謹詣水府，金龍驛傳。太歲癸酉八月庚辛朔十三日壬午，於杭州錢塘縣履泰鄉錢塘湖水府告文」〔註97〕。

　　後梁乾化四年（914），「大道弟子、啟聖匡運同德功臣、淮南鎮海鎮東等軍節度使、淮南浙江東西等道觀察處置營田安撫兼鹽鐵製置發運等使、開府儀同三司、尚父、守尚書令、食邑一萬七千戶、食實封一千五百戶、吳越王、臣錢鏐，年六十三歲，二月十六日生，本命壬申。臣受任六朝，叨（或為「功」）榮元老，民安俗阜，道泰時康，仰自穹昊，常垂景祐。今陳醮禮式謝玄恩，俾使越國吳都永獲清泰，三軍萬姓常保歡榮，兼願淮海封疆，速歸兩浙，奠清氛祲，用泰生靈。其次，慮兩藩之中或有禮瘥災瀰，今則散投龍簡，上詣諸洞仙籍水府真宮，兼乞家眷己身常蒙道廕。謹詣洞府金龍驛傳。太歲甲戌二月戊辰朔廿七日甲午，於杭州錢唐縣履泰鄉錢唐湖水府告文」〔註98〕。

　　後梁貞明三年（917），「大道弟子、啟聖匡運同德功臣、淮南鎮海鎮東等軍節度使、淮南浙江東西等道觀察處置營田安撫兼鹽鐵製置發運等使、開府儀同三司、尚父、守尚書令、食邑二萬戶、食實封一千七百戶、吳越王、臣錢鏐，年六十六歲，二月十六日生，本命壬申。臣受任六朝，擁旄三鎮，民

〔註96〕元‧鄧牧：《大滌洞天記》卷中《敘洞府》，臺北：成文出版社，1984 年，第51 頁。

〔註97〕詳見劉昭瑞：《考古發現與早期道教研究》，第 243 頁。

〔註98〕《吳越勝覽——唐宋之間的東南樂國》，第 39 頁。

安俗阜，道泰時康，是物和平，遐邇清晏，仰自穹旻降祐，眾聖垂恩，今則特詣洞府名山，遍投龍簡，用陳醮謝，上答玄恩。伏願臣主紹吳越兩藩永銷災瀰，三軍強盛，萬姓安康，兵革不興，封境寧謐。今則時當春季，合具啟祈，兼乞臣行年庚甲，履歷四時，克固山河，無有衰厄，雲來增慶，道力護持。謹詣水府金龍驛傳。太歲丁丑三月庚戌朔二十日己巳，於杭州錢唐縣履泰鄉錢唐湖水府告文」〔註99〕。

後晉天福四年（939），「大道弟子、天下兵馬都元帥、吳越國王錢　年五十三歲，十二月十一日生，本命丁未。伏自顯承眷命，克紹丕圖，恩降天朝，身登寶位，上荷穹旻輔助，真聖護持，獲致興隆，敢忘精敬，唯以省刑貸法，卹老憐孤，念疲羸則並減賦租，思讜竄則疊施恩宥，所冀上荷天道，下契淳和，三元不闕，朝修四序，每陳醮奏。今以時當春季，特詣靈蹤，遍投龍簡，乞保斗牛分野，烽煙不遲，軍庶咸安，永無水旱，常樂農桑。次願家國興霸，壽算延長，宮廷眷屬清寧內外，子孫隆盛。請以丹簡關盟真仙。謹詣水府金龍驛傳。太歲己亥二月癸酉朔十七日己丑，於西都錢唐府錢唐縣錢唐鄉錢唐湖水府告文」〔註100〕。

後晉天福七年（942），「大道弟子、起復吳越國王錢　年一十五歲，七月二十六日生，本命戊子。伏自顯承眷命，光紹霸圖，尊奉大朝，纘緒基構，上荷穹旻輔助，克致安寧，唯以崇奉真玄，虔誠禱請，而又廣行恩宥，優卹軍民，全放租苗牽復貶謫，所冀上荷天道，下順坤儀，四序朝修，三元關奏。今以時當春季，特詣靈蹤，告簡川源，陳詞洞府，乞保斗牛分野，吳越封陲，長集禎祥，永消災瀰，兵戈偃息，軍俗乂安，水潦開通，火燭沈影，農桑有望，家國無憂，然願臣統御山河不逢災厄，增添福壽，進益官資，將校忠良，宮闈慶泰，招延符瑞，驅斥妖（？）凶。請以丹簡關盟真仙。謹詣水府金龍驛傳。太歲壬寅三月乙卯朔二十二日丙子，於西都錢唐府錢唐縣錢唐鄉錢唐湖水府告文」〔註101〕。

後漢乾祐二年（949），「大道太上三五正一明威弟子、都元帥、吳越國王[臣]錢弘俶，年二十一歲，八月二十五日生，本命己丑，臣伏自祗膺眷命，光紹霸圖，主修宗祖之風，……梯航之貢，上荷穹旻輔助，克致乂寧，唯以遵稟教

〔註99〕《吳越勝覽──唐宋之間的東南樂國》，第40頁。
〔註100〕《吳越勝覽──唐宋之間的東南樂國》，第42頁。
〔註101〕《吳越勝覽──唐宋之間的東南樂國》，第43頁。

科，仰酬靈貺，而⋯⋯賀兩易炎涼，眷言於去甚去奢，勵志則不荒不怠，念縲
紲則頻行赦宥，撫⋯⋯則每緩征徭，用符上帝之心，克叶下民之望。今以時臨
秋仲，遍詣靈蹤，展投龍設醮之恒規，申行潦潢污之薄禮，乞保斗牛分野，吳
越封疆，常集禎祥，不生災沴，兵戈偃戢，耕稼熟成，宮闈之溫清長安，統治
乃旰宵無奕（？），宰輔忠讜，軍庶樂康，山河增壯，王之容邐迤足詠歌之樂，
請以丹簡關盟眞官。謹詣水府金龍驛傳。太歲己酉八月壬申朔二十九日庚子，
於錢唐府錢唐縣錢唐鄉吳山裏錢唐湖水府告文」〔註102〕。

後周廣順元年（951），「大道上清玄都大洞三景弟子、諸道兵馬都元帥、守
尚書令、吳越國王、臣錢弘俶，年二十三歲，八月二十五日生，本命己丑，臣伏
自禋膺眷命，光紹霸基，主修宗祖之風，每奉梯航之貢，上荷穹旻輔助，克致乂
寧，唯以遵稟教科，仰酬靈貺，而自一臨大寶，屢敗星霜，眷言於去甚去奢，勵
志則不荒不怠，念縲紲則頻行赦宥，愛黔黎而每緩征徭，冀符上帝之心，克叶下
民之望。今則律殘南呂，時及杪秋，磚持銀簡金龍，遍詣名山福地，所冀保斗牛
分野，吳越封疆，常集禎祥，不生災沴，兵戈偃戢，耕稼熟成，宮闈之溫清獲安，
統御而年庚永泰，宰輔忠赤，軍庶樂康，山河增壯，王之容邐迤起詠歌之韻。請
以丹簡關盟眞官。謹詣水府金龍驛傳。太歲辛亥八月庚寅朔二十八日丁巳，於吳
越國錢唐府錢唐縣錢唐鄉吳山裏錢唐湖水府告文」〔註103〕。

北宋開寶六年（973），「大道上清玄都大洞三景⋯⋯錢　俶，年四十五歲，
八月二十五日生，本命己丑，臣伏自繼⋯⋯旰食，惕勵如初，四郊之遠蕭邇
安，始終若一，臣敢不日⋯⋯恒結香花之會，所析多福，用恭兩都，而又恤
彼⋯⋯放逋懸，冀上合於玄穹，庶少傾於素願，⋯⋯容陳辭憑韻，負簡俾乞
眞靈垂鑒，福祐斯臻，便⋯⋯無災，風雨順節，以此調將相輸忠，而翊戴以
臣，⋯⋯右同松儲室位堅於盤右，克昌鳳曆，唯仰洪休，⋯⋯水府金龍驛傳。
太歲癸酉九月辛亥朔八日⋯⋯吳山里錢唐湖告文」〔註104〕。

（五）常州

義興縣天申萬壽宮，「舊名洞靈觀，在張公洞。唐以前爲寺。開元初，萬
惠超天師投龍簡，奏復焉。明皇爲題扁」〔註105〕。

〔註102〕《吳越勝覽——唐宋之間的東南樂國》，第44頁。
〔註103〕《吳越勝覽——唐宋之間的東南樂國》，第45頁。
〔註104〕《吳越勝覽——唐宋之間的東南樂國》，第46頁。
〔註105〕宋・史能之：《咸淳毗陵志》卷二十五《觀寺》，見《宋元方志叢刊》，第3180

（六）明州

慈谿縣永昌潭，唐玄宗「投金龍於四明山之東南黃茂潭中。……遂詔賜四明投龍處爲大寶觀，其潭號永昌潭」〔註106〕。據《寶慶四明志》載，「舊名廣茂潭。縣西南四十里至道宮之上。唐天寶二年，明皇遣使投金龍，密以朱筆記其左肋。繼而雨降，明皇目睹行雨龍左肋下有朱畫，及有『大寶永昌』四字。謂臣寮曰：『此四明山所投之龍。』暨使回奏：投潭之始，即泛出黑漆木板尺餘，有金書『大寶永昌』四字。遂賜宮名大寶，潭名永昌」〔註107〕。同書亦載，「大隱山至道宮，縣西南四十里。下有龍潭。唐天寶二年，遣使投金龍禱雨，泛出黑漆木板，有金書『大寶永昌』四字。雨隨應。乃賜潭名曰永昌。建觀潭上，名大寶」〔註108〕。

（七）潤州

茅山，「唐景雲二年，制使道士葉法善奉玉冊，投龍設齋。碑以太極元年四月立，在茅山」〔註109〕。

（八）衢州

登眞岩，「山高五千尺，中有潭，溢則旱，淺則豐。唐刺史投金龍以祈雨，名爲天泉」〔註110〕。

九、江南西道

（一）衡州

南嶽衡山，紫虛閣「北去半里，有神溪投龍潭，每修齋畢，投金龍於此」

頁。

〔註106〕唐・杜光庭：《道教應驗記》卷十四《齋醮拜章靈驗・玄宗大寶觀投龍驗》，見張繼禹主編：《中華道藏》，北京：華夏出版社，2004 年，第 45 分冊，第 125 頁；唐・杜光庭撰，羅爭鳴輯校：《杜光庭記傳十種輯校》，北京：中華書局，2013 年，第 292 頁。

〔註107〕宋・羅濬：《寶慶四明志》卷十六《慈谿縣志第一》，見《宋元方志叢刊》，第 5209 頁。

〔註108〕《寶慶四明志》卷十七《慈谿縣志第二・宮觀》，見《宋元方志叢刊》，第 5217 頁。

〔註109〕宋・陳思：《寶刻叢編》卷十五《江南東路・建康府・唐崇元宮碑》，見清・孫星衍、趙之謙等：《歷代碑誌叢書》，南京：江蘇古籍出版社，1998 年，第 611 頁。

〔註110〕清乾隆《浙江通志》卷十八《衢州府》，上海：上海古籍出版社，1991 年。

〔註111〕；洞眞瀑布「在招仙觀北，去觀三里。……又下有投龍潭，每修齋畢，投金龍於此也」〔註112〕。

天授二年，武則天令馬元貞等人往五嶽四瀆投龍作功德。〔註113〕

天授三年，武則天命馬元貞往五嶽四瀆投龍。〔註114〕

朱陵洞，開元二十六年，「大唐開元神武皇帝李隆基本命乙酉八月五日降誕。夙好道眞，願蒙神仙長生之法，謹依上清靈文，投刺紫蓋仙洞。位忝君臨，不蘜朝拜。謹令道士孫智涼賫信簡以聞，惟金龍驛傳。 太歲戊寅六月戊戌朔廿七日甲子告文。（陰面）內使朝散大夫行內侍省掖庭局令上柱國張奉國本命甲午八月十八日生，道士涂處道、判官王越賓壬寅八月七日。傔人秦延恩」〔註115〕。《南嶽小錄》亦載，「朱陵洞，即三茅洞天。在九仙宮正西三里，有石岩，下有平石，方二丈，是舊時投金簡之所」〔註116〕。

招仙觀，「下有投龍潭，國家修醮畢，投金龍於此，……放蘭揚有《水簾洞詩》，中一聯云：『開元投金龍，水底聞天鈞』」〔註117〕。

（二）吉州

玉笥山，「孫智涼，開元年中內殿修齋，奉詔投龍于吉州玉笥山」〔註118〕。

（三）洪州

奉新縣投龍洞，「舊名浮丘石室，乃浮丘遊憩處。明皇於此投金龍，因名」〔註119〕。又據記載，「唐明皇投金龍於此，因名投龍洞。昭宗時，里人費管避寇於此，得明皇所投金簡、玉環，有鏤文八十六字」〔註120〕。又有投龍簡文

〔註111〕唐・李沖昭：《南嶽小錄》，見文物出版社、上海書店、天津古籍出版社：《道藏》，上海：上海書店，1988年，第6分冊，第864頁。

〔註112〕《南嶽小錄》，見《道藏》，第6分冊，第864～865頁。

〔註113〕詳見《道家金石錄・岱嶽觀碑》，第78頁。

〔註114〕詳見《道家金石略・馬元貞投龍記》，第80頁。

〔註115〕《道家金石略・南嶽投龍告文》，第122頁。

〔註116〕《南嶽小錄》，見《道藏》，第6分冊，第865頁。

〔註117〕宋・陳田夫：《南嶽總勝集・招仙觀》，見《中華道藏》，第48分冊，第534頁。

〔註118〕宋・錢易，黃壽成點校：《南部新書》卷丁，北京：中華書局，2002年，第44頁。

〔註119〕《太平寰宇記》卷一百零六《江南西道四・洪州》，第2113～2114頁；然頁2129注五九云：「非樂史原文，爲後世竄入」，故姑且存疑。

〔註120〕明・李賢等：《明一統志》卷四十九《南昌府》，西安：三秦出版社，1990年，第785頁。

「大唐開元神武皇帝李隆基，命是乙酉八月降誕。夙好道眞，願蒙神仙長生之法，位忝君臨，不獲朝拜。謹令高士孫智良齎信簡，投刺浮丘石室，以爲金龍驛傳」〔註121〕。可知該處唐玄宗時確曾有過投龍活動。

（四）撫州

南城縣麻姑仙壇，顏眞卿曾曰：「天寶五載投龍於瀑布石池中，有黃龍見」〔註122〕。

（五）歙州

銅井潭，「在縣東北四里揚之水中，周二百尺。傍有井，深不可測。一名石壁潭。唐乾元中，嘗投龍」〔註123〕。

休寧獨聳山，「在縣西五十里。高三百仞，周四十里。有洞邃深。唐乾元間，嘗投金龍」〔註124〕。

十、隴右道

（一）沙州

敦煌月牙泉，投龍活動。〔註125〕

十一、劍南道

（一）益州

江潭，據《冊府元龜》載，「天寶四載（745）七月，蜀郡上言：道士鄧紫虛投龍設醮於江潭」〔註126〕。

九隴山，高宗麟德元年，「四月二十一日，投龍於九隴玉女房山，……」〔註127〕。

〔註121〕宋・沈庭瑞：《華蓋山浮丘王郭三眞君事實》卷一《唐神武皇帝遣使詣華蓋山華林山投簡》，見《道藏》，第18分冊，第47頁。
〔註122〕《道家金石略・麻姑仙壇記》，第154～155頁。
〔註123〕宋・羅願：《新安志》卷三《水源》，見《宋元方志叢刊》，第7683頁。
〔註124〕《新安志》卷四《休寧・山阜》，見《宋元方志叢刊》，第7648頁。
〔註125〕詳見李正宇：《投龍靈淵月牙泉——兼談投龍儀制》，臺灣《敦煌》1998年1期，第23～25頁。
〔註126〕《冊府元龜》卷二十六《帝王部・感應》，第281頁；《冊府元龜》卷五十四《帝王部・尚黃老第二》（第601頁）所載略同。
〔註127〕《道教靈驗記》卷十四《齋醮拜章靈驗・高宗三川投龍驗》，見《中華道藏》第45分冊，第125頁；《杜光庭記傳十種輯校》，第291頁。

成都縣江瀆祠。「麟德元年，差道士宋玉泉、尚善眞、馮善英，與蜀郡太守簡道通、留守劉子瑒，正月十一日，投龍於江瀆池」〔註128〕。

天授二年，武則天令馬元貞等人往五嶽四瀆投龍作功德。〔註129〕

天授三年，武則天命馬元貞往五嶽四瀆投龍。〔註130〕

（二）蜀州

青城山，「……並親奉聖旨，令檢校內供奉精勤道士東明觀主王仙卿，就此青城丈人靈山修齋設醮並奉龍璧。庚申歲開元十八年六月七日庚申入淨齋醮，十一日甲子敬投龍璧禮一。……」〔註131〕。

宗玄觀，「藩帥投龍，則卿雲凝於林表」〔註132〕。

（三）彭州

葛璜化〔註133〕，「中和年，刺史安金山準詔投龍，郡縣參從者三百餘人」〔註134〕。

（四）陵州

鼎鼻江〔註135〕，高宗麟德元年「二月十一日，投龍於隆山郡鼎鼻江，有神龍現」〔註136〕。

〔註128〕《道教靈驗記》卷十四《齋醮拜章靈驗・高宗三川投龍驗》，見《中華道藏》第45分冊，第124頁；《杜光庭記傳十種輯校》，第291頁。

〔註129〕詳見《道家金石錄・岱嶽觀碑》，第78頁。

〔註130〕詳見《道家金石略・馬元貞投龍記》，第80頁。

〔註131〕《道家金石略・青城山常道觀敕並表》，第110～111頁。

〔註132〕《道教靈驗記》卷一《宮觀靈驗・青城山宗玄觀驗》，見《中華道藏》，第45分冊，第73頁；《杜光庭記傳十種輯校》，第160頁。

〔註133〕據宋・張君房編，李永晟點校：《雲笈七籤》卷二十八《二十八治》（北京：中華書局，2003年，第637頁）載，葛璜山治「治在彭州九隴縣界，與滿沅山相連，去成都縣二百三十里」。

〔註134〕《雲笈七籤》卷一百二十二《靈驗部六・葛璜化丁東水驗》，第2691頁。

〔註135〕據《舊唐書》卷四十一《地理志四》（後晉・劉昫等，北京：中華書局，1975年，第1676頁）載，「陵州中　隋隆山郡。武德元年，改爲陵州，領仁壽、貴平、井研、始建、隆山五縣。貞觀元年，隆山屬眉州。天寶元年，改爲仁壽郡。乾元元年，復爲陵州也。舊領縣四……」。（宋・歐陽修、宋祁，《新唐書》卷四十二《地理志六》，北京：中華書局，1975年，第1091頁所載略同）。又載，「彭山　漢武陽縣地，屬犍爲。晉於郡置西江陽郡。後魏增置隆山郡，以界內有鼎鼻山，地形隆故也。隋改爲陵州隆山縣。先天元年，改爲彭山也」（《舊唐書》卷四十一《地理志四》，第1668頁）。可知，此次投龍位於陵州境內。

〔註136〕《道教靈驗記》卷十四《齋醮拜章靈驗・高宗三川投龍驗》，見《中華道藏》

另，宋之問有《送田道士使蜀投龍》〔註137〕一詩。然未能確定田道士奉旨赴蜀中何地投龍。

十二、嶺南道

（一）桂州

灕山，「在訾家洲西，一名沈水山。以其山在水中，遂名之。古老相傳，龍朔中，曾降天使投龍於此」〔註138〕。

根據以上所舉碑刻、道藏等材料，可將唐代投龍的時間與地域分佈大致列表如下：

表 2-1：唐五代投龍地域分佈情況

所在道	投龍地點數	所在州／府	具體地點	投龍次數	投龍時間	投龍性質
京畿道	4	長安	興慶池	1	開元十九年（731）五月	奉旨祈雨
			曲江池	1	乾元元年（758）五月	奉旨祈雨
			鄠縣仙遊潭		每歲	降中使投龍
			昆明池	1	景龍三年（709）二月	
關內道	4	華州	華山	3	天授二年（691）	奉旨往五嶽四瀆投龍
					天授三年（692）	奉旨往五嶽四瀆投龍
						（葉法善）奉詔投龍
			華山五老山	1	唐玄宗時代	敕玉眞公主投龍

第 45 分冊，第 124～125 頁；《杜光庭記傳十種輯校》，第 291 頁。

〔註137〕唐・沈佺期、宋之問，陶敏等校注：《沈佺期宋之問集校注・宋之問集校注》卷四《詩》，北京：中華書局，2001 年，第 605～606 頁。

〔註138〕唐・莫休符：《桂林風土記》，臺北：商務印書館《叢書集成初編》本，第 4 頁。

			終南山	1	每歲	
		岐州	太白山	1	景龍三年（709）二月	
		同州	朝邑縣河瀆祠	2	天授二年（691）	奉旨往五嶽四瀆投龍
					天授三年（692）	奉旨往五嶽四瀆投龍
都畿道	2	洛陽	嵩山	4	天授二年（691）	奉旨往五嶽四瀆投龍
					天授三年（692）	奉旨往五嶽四瀆投龍
					久視元年（700）	奉詔投簡除罪
					後晉天福八年（943）六月	奉旨祈雨
			濟源縣濟瀆	2	天授二年（691）	奉旨往五嶽四瀆投龍
					天授三年（692）	奉旨往五嶽四瀆投龍
河南道	4	兗州	泰山仰山洞	1	乾封元年（666）二月	奉敕投龍璧
			泰山	14	天授二年（691）二月	奉旨往五嶽四瀆投龍
					天授三年（692）	奉旨往五嶽四瀆投龍
					聖曆元年（698）臘月	奉敕兩度投龍
					久視二年（701）正月	承旨設醮
					長安元年（701）十二月	奉敕投金龍玉璧
					長安四年（704）九月	奉敕於名山大川投龍璧

				長安四年（704）十一月	奉敕設醮降龍薦璧
				神龍元年（705）三月	奉敕設醮投龍
				景龍二年（708）二月	奉敕醮薦龍璧
				景雲二年（711）八月	奉敕設齋醮並投龍
				開元八年（720）七月	奉敕投龍合練
				開元二十三年（735）七月	（董靈寶）爲國投龍
				大曆七年（772）正月	修金錄齋醮，及於瑤池投告
				大曆八年（773）九月	奉敕行道，及瑤池投告
	青州	雲門山	2	天寶間（742～755）	爲天寶聖文神武皇帝祈福
				天寶間（742～755）	爲天寶聖文神武皇帝祈福
	萊州	東海	1	景雲二年（711）	奉敕往東嶽及萊州東海投龍
	亳州	眞源縣老子廟	1	開元天寶間	祠醮投龍
河東道	4	太原	清水池		本府祈禱雨澤及投龍之所
		虢州	中條山雷洞		道日陰而國家投龍
		河中府（蒲州）	虞鄉縣壇道山		每有敕使投金龍於此，並醮焉
		未詳屬何州	晉山		

		莫州	泛龍觀	1	開元二十三年（735）七月	（董靈寶）為國投龍設醮
河北道	5	幽州	大房山	3	開元二十三年（735）	奉敕投龍璧
					開元二十四年（736）	奉敕投龍璧
					開元二十七年（739）三月	奉敕投龍璧
			孔水洞		開元時期	每旱，必遣使投金龍玉璧，禱之立應
		瀛州		1	開元二十一年（733）	
		定州	恒山	2	天授二年（691）	奉旨往五嶽四瀆投龍
					天授三年（692）	奉旨往五嶽四瀆投龍
山南東道	1	唐州	桐柏縣淮瀆	2	天授二年（691）四月	奉旨往五嶽四瀆投龍
					天授三年（692）	奉旨往五嶽四瀆投龍
江南東道	14	台州	天台山			
			天台山三井			嘗遣使投金龍白璧
		蘇州	太湖投龍潭		吳越寶正三年（928）	祈福
			太湖西山島林屋洞		唐代	
					吳越時期	
			洞庭山靈祐觀		唐時	
			包山	1	吳越寶正三年（928）	
		越州	剡縣金庭觀	1	先天二年（713）	遣女道士詣金庭觀投龍
			會稽縣陽明洞天	1	春分日	觀察使元以瑱投金簡於陽明洞
			會稽縣射的潭	2	後梁乾化三年（913）八月	祈福
					吳越寶正三年（928）三月	祈福

			餘杭縣洞霄宮			
			大滌洞			歷代朝廷遣使投龍之處
		杭州	西湖	8	後梁乾化三年（913）	祈福
					後梁乾化四年（914）	祈福
					後梁貞明三年（917）	祈福
					後晉天福四年（939）	祈福
					後晉天福七年（942）	祈福
					後漢乾祐二年（949）	祈福
					後周廣順元年（951）	祈福
					北宋開寶六年（973）	祈福
		常州	義興縣天申萬壽宮	1	開元初	
		明州	慈谿縣永昌潭		天寶二年（743）	遣使投金龍
		潤州	茅山	1	景雲二年（711）	制使道士葉法善奉玉冊，投龍設齋
		衢州	登眞岩			刺史投金龍以祈雨
江南西道	6	衡州	衡山紫虛閣			
			衡山洞眞瀑布			
			衡山	2	天授二年（691）	奉旨往五嶽四瀆投龍
					天授三年（692）	奉旨往五嶽四瀆投龍
			衡山朱陵洞	1	開元二十六年（738）八月	奉旨投剌神仙
			衡山投龍潭			

		吉州	玉笥山	1	開元中	奉詔投龍
		洪州	奉新縣投龍洞	1	唐玄宗時期	奉旨投刺神仙
		撫州	南城縣麻姑仙壇		天寶五年（746）	
		歙州	銅井潭		乾元中（758～759）	
			休寧縣獨聳山		乾元間（758～759）	
隴右道	1	沙州	敦煌縣月牙泉			
劍南道	8	益州	蜀郡江潭	1	天寶四年（745）七月	道士鄧紫虛投龍設醮
			九隴玉女房山	1	麟德元年（664）四月	
			成都縣江瀆祠	3	麟德元年（664）正月	奉旨投龍（江瀆池）
					天授二年（691）	奉旨往五嶽四瀆投龍
					天授三年（692）	奉旨往五嶽四瀆投龍
		蜀州	青城山	1	開元十八年（730）六月	奉旨修齋設醮並奉龍璧
			青城山宗玄觀			藩帥投龍
		彭州	九隴縣葛璝化		中和間（881～884）	準詔投龍
		陵州	隆山縣鼎鼻江	1	麟德元年（664）二月	
		未知何州				（田道士）使蜀投龍
嶺南道	1	桂州	漓山		龍朔中（661～663）	曾降天使投龍

就唐五代三四百年的歷史長度來說，表1中所列的投龍時間、地點和次數在數量上是相當不足，且有眾多缺失的，而材料來源也僅限於已公之於眾的碑刻、道藏等史料及出土文物。加之，限於個人水平和能力，必然尚有一些唐五

代時期的道教投龍活動未能勾檢出來。另有若干的投龍活動，由於種種原因無法編輯入表 1 中。如「又至龍朔三年（663），西華觀道士郭行眞，……敕令投龍尋山採藥」〔註139〕。該記載由於過於簡略，無法確知郭行眞於何時，是否奉旨，去何處投龍，故上表只得付之闕如。又如，長安四年，武則天令周元度等人於名山大川投龍璧。〔註140〕此次投龍活動所指的名山大川具體爲哪些山川，除了泰山外，無法確知。據武則天之前的投龍活動推測，可能包含有五嶽四瀆。然終無相關史料證明，亦無法編入表 1 中。再如，會昌五年，唐武宗的投龍活動。〔註141〕有關記載缺失嚴重，對於投龍地點等信息無從考輯，表 1 也只得從缺。又據《東齋記事》所載，「天聖中，仁宗皇帝以其險遠窮僻，難齋送醮祭之具，頗爲州縣之擾，乃下道錄院裁損，才留二十處，餘悉罷之。河南府平陽洞、台州赤城山玉京洞、江寧府華陽洞、舒州潛山司眞洞、杭州大滌洞、鼎州桃源洞、常州張公洞、南康軍廬山詠眞洞、建州武夷山昇眞洞、潭州南嶽朱陵洞、江州馬當山上水府、太平州中水府、潤州金山下水府、杭州錢塘江水府、河陽濟瀆北海水府、鳳翔府聖湫仙遊潭、河中府百丈泓龍潭、杭州天目山龍潭、華州車箱潭。所罷處不可悉記」〔註142〕。所載雖爲宋代之事，但此二十個投龍地點似有大部分乃是沿襲唐五代投龍而來。唯史料之缺乏，除個別地域外，大部分投龍地點已無從印證。因此，借由這些材料所構建出來的歷史圖像自然有所偏失。不過表 1 中所列事例大致也能證明，在唐五代時期，道教投龍活動的一些特徵。此外，這些材料也讓我們有機會知道當時投龍活動組織者的社會背景，以及投龍活動的地理分佈情況和投龍活動的大致時間。

第二節　唐五代投龍活動的特徵

　　上表所列唐五代道教投龍活動情況，雖有種種不足和缺陷，但是有些記載仍無意間透露了投龍的具體地點、發起者、執行者、參與者、投龍經過、投龍目的、性質，以及國家、社會、民眾對投龍活動的態度等。

〔註139〕唐・釋道安，周叔迦、蘇晉仁校注：《法苑珠林校注》卷五十五《破邪篇第六十二・妖惑亂眾第四》，北京：中華書局，2003 年，第 1665 頁。
〔註140〕詳見《道家金石略・岱嶽觀碑（八）》，第 94～95 頁。
〔註141〕詳見宋・歐陽修：《集古錄跋尾》卷九《唐會昌投龍文》，見清・朱記榮輯：《行素草堂金石叢書》，清行素草堂刊本，第 17812 頁。
〔註142〕宋・范鎮：《東齋記事》卷一，見宋・范鎮等：《東齋記事　春明退朝錄》，北京：中華書局，1980 年，第 4 頁。

以性質來說，絕大部分的投龍活動都是官方的，不是奉旨進行（如上表所列天授時期多次進行的奉武則天之命投龍五嶽四瀆，以及泰山碑刻所載唐代多次的奉敕投龍泰山等），就是地方政府組織（可以確定為地方政府組織的投龍活動分別為表中所列天寶時期北海太守趙居貞等兩次投龍雲門山為玄宗祈福；太原清水池是本府祈禱雨澤及投龍之所；衢州登眞岩乃刺史投金龍以祈雨；青城山宗玄觀有藩帥投龍等。吳越錢氏的諸多投龍活動亦可歸入地方政府的範疇內）。個人或地方道教團體、鄉紳等發起的投龍活動似乎頗為少見（表中所列開元二十三年董靈寶為國投龍，天寶四年蜀郡道士鄧紫虛投龍江潭，以及朱太虛投龍晉山三事可能為其個人或所在道教組織的投龍活動。然由於史料缺乏，有關記載又頗有含糊之處，因此，未可遽然為定）。

表 1 中所舉，明確投龍目的的有 21 項。如表 2 所示，祈雨的有 6 項（分別為開元二十一年五月的長安興慶池投龍，乾元元年五月的長安曲江池投龍，後晉天福八年六月的嵩山投龍，太原清水池的投龍，開元時期幽州孔水洞的投龍，以及衢州登眞岩的投龍），約占總數的 28.6%；希圖除罪的 1 項（久視元年七月的嵩山投龍），約為 4.8%；為國的 1 項（開元二十三年董靈寶的幾次投龍），約為 4.8%；為帝王等祈福的 11 項（天寶時期北海太守趙居貞等的兩次雲門山投龍，吳越的多地投龍），約占 52.4%；求仙的 2 項（開元二十六年八月的衡山朱陵洞投龍，以及玄宗時期的洪州奉新縣投龍洞投龍），約為 9.5%。

表 2-2：唐五代投龍目的分析情況

投龍目的	投龍次／項數	具體事例	所佔比例
祈雨	6	開元二十一年五月的長安興慶池投龍	28.6%
		開元時期幽州孔水洞投龍	
		衢州登眞岩投龍	
		乾元元年五月長安曲江池投龍	
		太原清水池投龍	
		後晉天福八年六月嵩山投龍	
為帝王等祈福	11	天寶時期北海太守趙居貞等第一次雲門山投龍	52.4%
		天寶時期北海太守趙居貞等第二次雲門山投龍	
		吳越後梁乾化三年投龍	

		吳越後梁乾化四年投龍	
		吳越後梁貞明三年投龍	
		吳越寶正三年投龍	
		吳越後晉天福四年投龍	
		吳越後晉天福七年投龍	
		吳越後漢乾祐二年投龍	
		吳越後周廣順元年投龍	
		吳越北宋開寶六年投龍	
求仙	2	開元二十六年八月衡山朱陵洞投龍	9.5%
		玄宗時期洪州奉新縣投龍洞投龍	
除罪	1	久視元年七月嵩山投龍	4.8%
爲國	1	開元二十三年董靈寶多地投龍	4.8%

　　就投龍時間來說，表 1 中所列可大致明確時間的約 58 項（加上會昌五年投龍，合計 59 項），徵諸於表 3，則分別爲高宗時期 5 項（龍朔中（661～663）投龍桂州漓山，麟德元年（664）正月投龍益州江瀆池，麟德元年（664）二月投龍陵州隆山縣鼎鼻江，麟德元年（664）四月投龍益州九隴玉女房山，乾封元年（666）二月泰山投龍），約占總量的 8.5%；武后時期 8 項（天授二年（691）投龍五嶽四瀆，天授三年（692）投龍五嶽四瀆，聖曆元年（698）臘月投龍泰山，久視元年（700）七月投龍嵩山，久視二年（701）投龍泰山，長安元年（701）十二月投龍泰山，長安四年（704）九月投龍泰山，長安四年（704）十一月投龍泰山），約占總量的 13.6%；中宗時期 4 項（神龍元年（705）三月投龍泰山，景龍二年（708）二月投龍泰山，景龍三年（709）二月分別投龍昆明池與太白山），約占總量的 6.8%；睿宗時期 2 項（景雲二年（711）投龍泰山及萊州東海，景雲二年（711）投龍茅山），約占總量的 3.4%；玄宗時期 22 項（先天二年（713）越州剡縣金庭觀投龍，開元初常州義興縣天申萬壽宮投龍，開元八年（720）七月投龍泰山，開元十八年（730）六月投龍蜀州青城山，開元十九年（731）五月投龍興慶池，開元二十一年（733）投龍瀛州，開元二十三年（735）、二十四年（736）、二十七年（739）三月三次投龍幽州大房山，開元二十三年（735）董靈寶爲國投龍，開元二十六年（738）八月投龍衡山朱陵洞，開元中投龍吉州玉笥山，天寶二年（743）明州慈谿縣永昌潭投龍，天寶四年（745）七月投龍蜀郡江潭，天寶五年（746）投龍撫州南城縣麻姑仙壇，敕玉眞公主投金龍於西

嶽五老山，開元時期投龍幽州孔水洞，北海太守趙居貞等兩次投龍雲門山為玄宗祈福，天寶以前投龍台州三井，開元天寶間祠醮投龍於亳州眞源縣老子廟，投龍洪州奉新縣投龍洞），約占總量的 37.3%；肅宗時期 3 項（乾元元年（758）投龍曲江池，乾元中歙州銅井潭投龍，乾元間歙州休寧縣獨聳山投龍），約為 5.1%；代宗時期 3 項（大曆七年（772）止月投龍泰山，大曆八年（773）九月投龍泰山，大曆末以前投龍虢州中條山雷洞），約為 5.1%；武宗時期 1 項（會昌五年（845）投龍），約占 1.7%；僖宗時期 1 項（中和間（881～884）投龍彭州九隴縣葛𤩽化），約為 1.7%；吳越錢鏐時期 4 項（乾化三年（913）、乾化四年（914）、貞明三年（917）、寶正三年（928）各地投龍），約為 6.8%；吳越錢元瓘時代 1 項（天福四年（939）投龍西湖）約為 1.7%；錢弘佐時期 1 項（天福七年（942）投龍西湖）約為 1.7%；後晉出帝時期 1 項（天福八年（943）六月投龍嵩山），約占 1.7%；吳越錢弘俶時期 3 項（乾祐二年（949）、廣順元年（951）、開寶六年（963）投龍西湖），約為 5.1%。即唐前期有 41 項，約占 69.5%，處於絕對的多數。唐後期至五代時期僅有 18 項，約占 30.5%。其中又以玄宗時期的 22 項為最多。

表 2-3：唐五代投龍時代分佈情況

所處時代	投龍次／項數	具體事例	所佔比例
唐高宗	5	龍朔中（661～663）投龍桂州漓山	8.5%
		麟德元年（664）正月投龍益州江瀆池	
		麟德元年（664）二月投龍陵州隆山縣鼎鼻江	
		麟德元年（664）四月投龍益州九隴玉女房山	
		乾封元年（666）二月泰山投龍	
武后	8	天授二年（691）投龍五嶽四瀆	13.6%
		天授三年（692）投龍五嶽四瀆	
		聖曆元年（698）臘月投龍泰山	
		久視元年（700）七月投龍嵩山	
		久視二年（701）投龍泰山	
		長安元年（701）十二月投龍泰山	
		長安四年（704）九月投龍泰山	
		長安四年（704）十一月投龍泰山	

唐中宗	4	神龍元年（705）三月投龍泰山	6.8%
		景龍二年（708）二月投龍泰山	
		景龍三年（709）二月投龍昆明池	
		景龍三年（709）二月投龍太白山	
唐睿宗	2	景雲二年（711）投龍泰山及萊州東海	3.4%
		景雲二年（711）投龍茅山	
唐玄宗	22	先天二年（713）越州剡縣金庭觀投龍	37.3%
		開元初常州義興縣天申萬壽宮投龍	
		開元八年（720）七月投龍泰山	
		開元十八年（730）六月投龍蜀州青城山	
		開元十九年（731）五月投龍興慶池	
		開元二十一年（733）投龍瀛州	
		開元二十三年（735）投龍幽州大房山	
		開元二十三年（735）董靈寶爲國投龍	
		開元二十四年（736）投龍幽州大房山	
		開元二十六年（738）八月投龍衡山朱陵洞	
		開元二十七年（739）三月投龍幽州大房山	
		開元中投龍吉州玉笥山	
		開元時期投龍幽州孔水洞	
		天寶以前投龍台州三井	
		天寶二年（743）明州慈谿縣永昌潭投龍	
		天寶四年（745）七月投龍蜀郡江潭	
		天寶五年（746）投龍撫州南城縣麻姑仙壇	
		敕玉眞公主投金龍於西嶽五老山	
		北海太守趙居貞等第一次投龍雲門山爲玄宗祈福	
		北海太守趙居貞等第二次投龍雲門山爲玄宗祈福	
		開元天寶間祠醮投龍於亳州眞源縣老子廟	
		投龍洪州奉新縣投龍洞	
唐肅宗	3	乾元元年（758）投龍曲江池	5.1%
		乾元中歙州銅井潭投龍	
		乾元間歙州休寧縣獨聳山投龍	

唐代宗	3	大曆七年（772）正月投龍泰山	5.1%
		大曆八年（773）九月投龍泰山	
		大曆末以前投龍虢州中條山雷洞	
唐武宗	1	會昌五年（845）投龍	1.7%
唐僖宗	1	中和間（881~884）投龍彭州九隴縣葛璝化	1.7%
吳越錢鏐	4	乾化三年（913）各地投龍	6.8%
		乾化四年（914）各地投龍	
		貞明三年（917）各地投龍	
		寶正三年（928）各地投龍	
吳越錢元瓘	1	天福四年（939）投龍西湖	1.7
後晉出帝	1	天福八年（943）六月投龍嵩山	1.7%
吳越錢弘佐	1	天福七年（942）投龍西湖	1.7%
吳越錢弘俶	3	乾祐二年（949）投龍西湖	5.1%
		廣順元年（951）投龍西湖	
		開寶六年（973）投龍西湖	

　　從表 1 中所見唐五代投龍的地域分佈來看，京畿道有 4 處投龍地點皆位於長安境內，約占表 1 所列總數的 7.4%；關內道亦有 4 處投龍地點，以華山、終南山和河瀆祠為主，約占總量的 7.4%；都畿道有 2 處投龍地點，分別為嵩山和濟源縣濟瀆，約占總數的 3.7%；河南道有 4 處有投龍活動，分別是泰山、萊州東海、青州雲門山、以及亳州真源縣老子廟，約占總量的 7.4%；河東道亦有 4 處投龍記載，太原清水池、中條山、虞鄉縣壇道山與晉山，約為 7.4%；河北道則有投龍點 5 個，為恒山、幽州的大房山與孔水洞、瀛州、莫州的泛龍觀，約占 9.3%；山南東道唯有桐柏縣淮瀆 1 處投龍地點，僅為 1.9%；隴右道僅敦煌縣月牙泉 1 處有投龍記載，只占 1.9%；江南東道有 14 個投龍地點，分別位於天台山、茅山、會稽陽明洞天、杭州西湖等名山大川，高達 25.9%；江南西道有 6 處投龍處，為衡山、玉笥山、麻姑山與洪州奉新縣投龍洞等道教名勝，約占 11.1%；劍南道有 8 處投龍地點，分別位於益州、青城山、彭州葛璝化、陵州鼎鼻江等地，約為 14.8%；嶺南道則唯有桂州灕山 1 處有投龍記載，唯有 1.9%；其餘各道，如山南西道、黔中道、淮南道則無投龍的記載。可見，江南東道擁有的投龍地點最多，達 14 處，約占整個表中所列唐五代投龍地域的三分之一弱。劍南道擁有 8 個投龍地域，居於第二位。江南西道有 6

處投龍地點，緊隨其後。河北道有 5 處投龍記載。其餘，河南道、河東道、京畿道、關內道四道均有 4 處投龍地點。根據表 4 所列，唐五代時期，中國南方所包涵江南東、西二道與劍南、嶺南、黔中道等五道合計有投龍地點 29 處，占上表所列總數的 53.7%；北部所有京畿、關內、都畿、河南、河東、河北、山南東、山南西、隴右、淮南等十道共計有 25 處投龍地域，約占 46.3%，略少於南方地域。

表 2-4：唐五代各道投龍地域分佈情況

道	投龍地域數	所佔比例	南北地域投龍地域總數	所佔比例
京畿道	4	7.4%	25	46.3%
關內道	4	7.4%		
都畿道	2	3.7%		
河南道	4	7.4%		
河東道	4	7.4%		
河北道	5	9.3%		
山南東道	1	1.9%		
山南西道	0	0		
隴右道	1	1.9%		
淮南道	0	0		
江南東道	14	25.9%	29	53.7%
江南西道	6	11.1%		
劍南道	8	14.8%		
黔中道	0	0		
嶺南道	1	1.9%		

　　而從單個投龍地域來看，表 1 中列舉了 15 次在泰山的投龍活動，是所有列出的唐五代投龍地域中舉行投龍活動最多的地點。杭州西湖有 8 次投龍活動，均是吳越錢氏所為。華山與嵩山各有 4 次的投龍活動。幽州大房山與衡山各有 3 次投龍活動，大房山的 3 次投龍均發生於玄宗開元時期。五嶽四瀆中的其餘幾處，如河瀆、濟瀆、江瀆、淮瀆、恒山則皆有至少 2 次的投龍活

動，分別是武后天授二年（691）與三年（692）的投龍五嶽四瀆。而長安四
年（704）於名山大川投龍，可能亦包括五嶽四瀆在內。

綜上所述，唐前期自高宗至玄宗時期是唐代投龍活動較爲繁盛的時期，
特別集中在武后及唐玄宗時代；安史亂後投龍活動漸趨稀少。吳越則是江浙
地域投龍活動較爲頻繁的時代，尤以錢鏐時代爲代表，且多以祈福爲主。唐
五代的投龍活動絕大部分爲奉旨實行，或地方官府組織；個人或地方教團倡
行的頗爲少見。投龍的目的也以祈雨或祈福爲主，間或爲了求仙及除罪。投
龍的地域則集中在以泰山爲首的五嶽四瀆等名山大川之中。其中，以江南和
巴蜀地區的山川投龍較多。總體來說，中國南部地區投龍地點多於北方地域。
北方的投龍活動多發生於安史之亂前。南方的投龍活動則貫穿整個唐五代，
且唐後期的投龍次數和範圍似比唐前期有所增多和擴大。

第三節　投龍活動盛衰之原因

造成唐五代道教投龍活動時空分佈特點的原因是多方面的，涉及到當時
的政治、經濟、文化、宗教、思想〔註143〕等許多方面。現試行分析如下：

其一，與當時國家、社會的經濟能力有關。根據上文所列有關材料可知，
唐五代時期，特別是唐前期，投龍活動往往涉及一套極爲繁複的科儀，眾多
的祭獻物品，以及長時間的齋醮。投龍儀式是將寫有消罪願望的文簡和玉璧、
金龍、金鈕，用青絲捆紮，舉行醮儀後，投入名山大川、嶽瀆水府，作爲升
度之信，以奏告三元。〔註144〕以唐前期投龍最多的泰山投龍活動爲例，天授
二年的投龍活動就「作功德一十二日夜。又奉敕敬造石元始天尊像一輔，並
二眞人夾侍」〔註145〕；聖曆元年更是「設金籙寶齋河圖大醮。漆日行道，兩
度投龍，……敬造等身老君像壹軀，並貳眞人夾侍」〔註146〕；久視二年派使
者「內賚龍璧、御詞、繪帛及香等物，詣此觀中齋醮」〔註147〕並投龍；長安
元年「修金籙寶齋三日三夜。又於觀側靈場之所設五嶽一百廿榤醮禮，金龍

〔註143〕關於唐代社會思想與道教之間的關係，可從唐代的符瑞與星占管窺一二，參
　　　　見周能俊《天象與世變：漢唐時期的「蚩尤旗」星占》，《中南大學學報（社
　　　　會科學版）》2013年第5期，第227～231頁。
〔註144〕詳見王永平：《從泰山道教石刻看武則天的宗教信仰》一文。
〔註145〕《道家金石略・岱嶽觀碑（三）》，第79頁。
〔註146〕《道家金石略・岱嶽觀碑（五）》，第83頁。
〔註147〕《道家金石略・岱嶽觀碑（六）》，第93頁。

玉璧，並投山訖，又□鎮彩紗繪敬造東方玉寶皇上天尊一輔，並二眞人仙童玉女等夾侍」〔註148〕。幾乎每次投龍活動都需要數日乃至十數日的齋醮，金龍、玉璧、錦緞等財物，以及鑄造神像等，耗費大量的人力財力。據表 1 所列，僅唐前期就有 15 次泰山投龍活動。可見，僅不定期的泰山投龍一項即需要唐政府大量的錢財支出。而其餘的投龍活動，如五嶽四瀆投龍等，其齋醮的規模、供給的財務、耗費的人力即便不如泰山投龍，也相差不多，所耗費的財物亦不在少數。除此以外，還有中央派遣投龍官吏的差旅等費用。如開元二十四年（736）五月十三日敕：「每年春季，鎮金龍王殿功德事畢，合獻投山水龍璧。出日，宜差散官給驛送，合投州縣，便取當處送出，準式投告」〔註149〕。奉使投龍官員的差旅、接待等費用儼然成爲投龍所在地方官府的一大財政負擔，而且是每年都有，成爲常例。因此，時人陸龜蒙有「何必費黃金，年年授星使」〔註150〕的感歎。可見，唐政府每年在投龍上的財務支出是一項不小的開支。這筆開支在「小邑猶藏萬家室。稻米流脂粟米白，公私倉廩俱豐實」〔註151〕的高宗、武后、玄宗時代自然不算什麼。但到了飽經戰亂、藩鎮割據、政不出城門的安史亂後，中原腹地滿目瘡痍，河北財賦不入國庫，所仰仗者唯江南八道而已，又需鉗制藩鎮叛亂、吐蕃侵吞，唐中央實在是無心也無力再進行大規模的投龍活動。因此，在 15 次泰山投龍活動中，唐後期僅在代宗大曆七年、八年進行了兩次投龍活動。其餘各個名山大川的大規模投龍活動也和泰山投龍一樣，大部分在唐後期逐漸減少投龍次數、縮小規模，甚至完全停止。

其二，唐五代最高統治者的信仰和行爲。在唐五代時期的君主專制的中央集權體制之下，皇帝作爲國家最高的統治者，有著十分崇高的地位和極大的政治權力。他的信仰和行爲也往往嚴重影響著各個宗教勢力的發展。唐代帝王自詡爲老子的後裔，對道教不遺餘力地大加推崇。而唐高宗則已經開始著手將道教、國家祭祀和皇室家族結合起來。〔註152〕因此，表 3 所列投龍活

〔註148〕《道家金石略·岱嶽觀碑（七）》，第 94 頁。
〔註149〕宋·王溥撰：《唐會要》卷五十《雜記》，上海：上海古籍出版社，2006 年，第 1029 頁。
〔註150〕唐·陸龜蒙：《奉和襲美太湖詩二十首·投龍潭》。
〔註151〕唐·杜甫《憶昔二首·憶昔開元全盛日》，唐·杜甫著，清·仇兆鰲注：《杜詩詳注》卷十三，北京：中華書局，1979 年，第 1163 頁。
〔註152〕詳見巴瑞特：《唐代道教——中國歷史上黃金時期的宗教與帝國》，第 18～26 頁。

動始於高宗時代似乎不是偶然的。武后曾大力在道教中尋求其執政的依據，在晚年更是沉湎於長生成仙。〔註153〕睿宗、玄宗則大力恢復李唐對道教的種種優崇，玄宗一朝是道教影響中國政治生活最為重要的時期。〔註154〕唐政府這一時期頻繁地在諸多名山大川投龍，並於開元二十四年對投龍活動做了規範〔註155〕。因此，表3中有22項投龍活動發生於玄宗一朝正好印證了這一情況。而地方政府亦追隨中央的腳步，多次組織為玄宗祈福等的投龍活動（如北海太守趙居貞等的兩次雲門山投龍等）。代宗的長期統治與道教有著錯綜複雜的關係〔註156〕，大曆七年、八年兩度恢復泰山投龍自然也有著提振道教地位的考量。武宗採取了抬高道教、排抑佛教的政策，會昌法難更是世所共知。所以會昌五年的投龍活動也是這個政策的表現之一。而吳越錢氏歷代崇信佛道，頻繁投龍亦是崇信的表現之一。

其三，道教洞天福地的分佈實際。道教投龍的地域常常是道教洞天福地的所在。例如表1所列投龍次數最多的泰山即為三十六洞天中位列第二的太山蓬玄洞天。五嶽中其餘的四嶽分別是三十六洞天中排第三的衡山朱陵洞天，排第四的華山總真洞天（《天地宮府圖》作「惣仙洞天」），排第五的常山總玄洞天（《天地宮府圖》作「惣玄洞天」），排第六的嵩山司真洞天（《天地宮府圖》作「司馬洞天」）；〔註157〕而這四嶽也是唐五代投龍活動的主要地域。其餘如林屋洞等投龍之所亦為道教洞天福地之所在。根據司馬承禎的《天地宮府圖》與杜光庭的《洞天福地嶽瀆名山記》所記載的唐代十大洞天三十六

〔註153〕詳見巴瑞特：《唐代道教——中國歷史上黃金時期的宗教與帝國》，第26～31頁。關於武后，往往關注於她和佛教的關係，例如陳寅恪先生的《武曌與佛教》，見陳寅恪：《金明館叢稿二編》，北京：三聯書店2009年，第153～174頁等。

〔註154〕詳見巴瑞特：《唐代道教——中國歷史上黃金時期的宗教與帝國》，第33～38頁。

〔註155〕宋·王溥：《唐會要》卷五十《雜記》載，「（開元）二十四年五月十三日敕：『每年春季，鎮金龍王殿功德事畢，合獻投山水龍璧。出日，宜差散官給驛送，合投州縣，便取當處送出，準式投告。』」上海：上海古籍出版社，2006年，第1029頁。

〔註156〕詳見巴瑞特：《唐代道教——中國歷史上黃金時期的宗教與帝國》，第59～60頁。

〔註157〕唐·司馬承禎的《天地宮府圖》，見《雲笈七籤》卷二十七《洞天福地》，第608～631頁。杜光庭的《洞天福地嶽瀆名山記》，見《道藏》，第11分冊，第55～60頁；以及《中華道藏》，第48分冊，第80～85頁。

洞天七十二福地分佈情況看，唐代道教洞天福地的分佈呈現出南方多餘北部，東方超過西方，東南地區集中大部分洞天福地的分佈特點。形成了兩京、巴蜀、長江中游、江南、嶺南五大分佈核心，五大核心各自向周圍輻射其影響的局面。其中兩書所載位於江南東、西，劍南、嶺南、黔中等南方五道的洞天福地合計有 88 個，位於京畿、都畿、關內、河東、河北、河南、淮南、山南東、山南西、隴右等北方十道的洞天福地合計僅有不到 30 個。〔註 158〕因此，唐五代投龍地域的分佈呈現出南方五道多於北方十道的現象也是合理的。

其四，投龍活動本身的規模與影響。表 1 所列之所以大部分爲中央政府組織的投龍活動，是與該次投龍的規模和影響密切相關的。一般國家組織的投龍活動規模較大（例如天授二年、三年的兩次投龍五嶽四瀆），參與的人數頗多（包括代表帝王的使者、高道、地方官員、士紳、信徒，以及參與齋醮的道士等）〔註 159〕，齋醮時間較長（例如天授二年投龍泰山作功德 12 日夜，聖曆元年泰山投龍七日行道，長安元年投龍泰山「修金籙寶齋三日三夜」，長安四年十一月泰山投龍「卌九日行道」等。），影響的範圍也大，並逐漸成爲國家的重要祭典。因此，被史籍、碑刻等記載的可能性也大爲增加。地方政府組織的投龍活動雖然在規模和影響上遜色於國家典儀，但作爲一地之盛事，地方長官親自主持或參與，本地與外來文人騷客共襄盛舉，行之詩文，刊於碑刻，著在方志，自然也頗爲後人所知。至於個人或教團組織的投龍由於規模和影響實在有限，若無異事（如天寶四年蜀郡鄧紫虛投龍所見的怪蛇），恐怕很難被記錄下來，並傳之後世。

其五，投龍動機的差異。唐五代中央組織的投龍活動大部分是爲了證明政權的合法性（如武后時代的投龍活動），或是爲帝王免罪（如武后久視元年

〔註 158〕詳見第一章《唐代道教洞天福地地理分佈——以司馬承禎〈天地宮府圖〉與杜光庭〈洞天福地嶽瀆名山記〉爲中心》。

〔註 159〕以天授二年四月淮瀆投龍爲例，馬元貞奉武后敕令主持投龍，「其時官人道俗八十九人同見」參與的有「弟子楊景初、郭希元，內品官楊君尚、歐陽智琮，承議郎行桐柏縣令薛□，唐州錄事安智滿，承議郎行桐柏縣主簿韓元嗣，將仕郎守淮漕令□禮徵，桐柏縣錄事趙德本，里正樊客安、陳智興、趙文昌，佐史□懷素、向思榮、張宏節，祝史樊恩通、樊文綽、田元幹，老人何惠湛、樊武弁、樊九微、樊貢，鐵匠董修祖」（見《道家金石略·金臺觀主馬元貞投龍記》，第 79～80 頁）。除了勒於碑文的官員士紳外，參與此次投龍而未被刊於碑銘的地方小吏、信眾、道士、百姓想來亦不在少數。

七月的嵩山投龍）、祈福（如吳越錢氏的歷次投龍），當然也有部分是爲了京畿的乾旱而祈雨（如乾元元年投龍長安曲江池）。地方政府組織的投龍活動則主要集中在爲本地祈雨（如太原清水池投龍），以及迎合上意而爲帝王祈福（如天寶時期青州雲門山的兩次投龍）。個人或教團組織的投龍活動則由於記載缺乏，因此難以確知。推測可能也以祈雨，及迎合上意爲國、帝王、長官等求福爲主（這種目的的投龍可能因爲涉及到忠君愛國的範疇，爲了達到教訓百姓的目的，而被記入史冊）。正是由於投龍動機的不同，因此投龍活動的受關注度有所差異。個人或教團的受關注度顯然不如地方政府，而國家祭典顯然是最受矚目的。再加上具體目的的不同，使得傳播程度也有區別。證明政權合法性的投龍顯然是要最大範圍的流佈，祈雨的投龍則本地民眾瞭解似乎就可以了。這也導致了不同的投龍活動，能夠被記錄下來的可能性有大有小，直接影響了後人對唐五代投龍時空分佈的瞭解。具體到不同目的的投龍活動，我們發現宣揚政權合法性的投龍活動主要集中在唐玄宗之前。武后由於革唐命建立女主武周政權，因此急需通過投龍得到神仙的肯定。唐中宗、睿宗則是再建唐祚，爲了證明李唐國祚的長遠，消弭武周的影響，也迫切希望通過投龍得到所謂的先祖老子等道教神仙的認可。唐玄宗則是希望通過投龍宣揚其政權的合理性，以便加強中央集權，削弱權臣、后妃等對皇權的威脅。唐後期，由於享國日久，政權的合法性已深入人心，因此無需再通過投龍的方式來體現。唯唐代宗大曆七年、八年的兩次泰山投龍，乃是承安史亂後，國家前途未卜之際，繼續宣示李唐皇權之合法性，以穩定人心之舉。至於中央和地方的祈雨投龍則但凡有乾旱，且危害較大時，就可能發生。祈福的投龍活動主要是迎合上意的行爲，上有所好，下必傚之，因此，這類投龍活動的多寡完全取決於帝王個人的喜好。

結　論

經由上述的探討，我們似可斷言，道教投龍活動在唐五代時期的中國政治與社會中扮演著十分重要的角色，而且投龍並不局限於某一地域、時間、規模，且投龍也不限於某個特定的目的。儘管在唐玄宗時期曾對投龍活動做了某些規範，但道教投龍在面對佛、儒這兩個競爭對手的非議之下，能夠在唐五代的政治、社會中佔有一席之地，似乎和當時的政治、社會大有關係。

　　總體來說，唐五代時期的道教投龍活動的時空分佈等體現了以下特點：官方的投龍記載遠多於個人或地方道教團體的投龍記載；投龍的目的似乎以祈雨和爲帝王祈福爲主，兼及除罪和求仙等；唐代前期（自高宗至玄宗）的投龍活動多於唐後期五代，特別是唐玄宗時期爲投龍活動最頻繁的時代；南方的江南東西、劍南、黔中、嶺南五道投龍地域多於北方的京畿、都畿、關內、河南、河北、河東、隴右、山南東西、淮南等十道，江南東道和劍南道的投龍地點數量位居前列；而單個地域的投龍活動，則以泰山進行的投龍活動最多，其餘五嶽四瀆等名山大川的投龍次數亦不少。簡言之，唐前期自高宗至玄宗時期是唐代投龍活動較爲繁盛的時期，特別集中在武后及唐玄宗時代，安史亂後投龍活動漸趨稀少。投龍的地域，中國南部地區多於北方地域。北方的投龍活動多發生於安史之亂前。南方的投龍活動則貫穿整個唐五代，且唐後期的投龍次數和範圍似比唐前期有所增多和擴大。

　　唐五代時期的道教投龍活動在時空分佈上之所以有這些特點，也是由許多因素共同作用的結果。首先，與當時國家、社會的經濟能力有關。其次，受到唐五代最高統治者信仰和行爲的影響。第三，與道教洞天福地的分佈實際密切相關。第四，投龍活動本身的規模與影響也極大地左右著爲後人所知的可能性。第五，投龍動機的差異也導致了投龍活動的規模、次數、記錄等的不同。

　　總之，唐五代時期，道教的投龍活動呈現出十分繁盛的景象。在投龍的地域和規模、科儀上，也都日漸成熟。由於受限於有關記載的缺失，今人已無法全面還原唐五代投龍的時空分佈。可我們仍能管窺唐五代時期道教投龍的若干盛景，以及其在國家政治、社會生活中的重要影響。由此看來，投龍在唐五代宗教與文化體系中所佔據的位置，不容輕忽。

第三章　唐五代四大都市道教宮觀分佈

　　道教宮觀是道教徒崇奉道教諸神仙等神聖象徵的殿堂，是供道士居住、修道與弘揚道法的場所。宮觀的建立需要當地社會人士的讚助，政治當局的承認，經濟資源的充分供應等條件，才能成立。各宮觀中道教徒的活動，即形成一種社會團體。探討宮觀團體與區域社會之間的相互關係，可藉以瞭解孕育宗教的這個社會的某種特性，以及宮觀活動背後的社會意義。宮觀道士與王室、官府等人物的往來，從事某種特定活動，可藉以探討其間的各種政治需求。宮觀香火能否歷久不衰，有賴於經濟上源源不斷地供給等條件而定。宮觀是否由依附社會經濟而逐漸趨於獨立，乃至形成經濟體系，進而與城鄉社區密切結合，這種演變亦有助於瞭解區域經濟等各種發展。宮觀是道教義理、儀式傳承的據點，道教的理念借著宮觀的各項活動才能傳佈到社會中。所以道教與中國思想、文化的交互影響，也以宮觀爲中心。因此，我們可以把道教宮觀視爲一個研究單位，透過這個較爲具體的對象——有固定的地點與存在頗爲長久的個體，或許能夠將道教與社會、政治、經濟、思想之間的相互影響，乃至其間的整合程度，有一個更爲清楚的認識。

　　道教於東漢中後期產生並發展，到了三國孫吳時期，僅建康周圍就先後建有道教宮觀十餘所；〔註1〕唐開元時代，更是達到了「天下觀總一千六百八十七所。一千一百三十七所道士，五百五十所女道士」〔註2〕的規模。後雖歷

〔註 1〕詳見李天石、許輝編著：《六朝文化概論》，南京：南京出版社，2003 年。
〔註 2〕唐・李林甫等，陳仲夫點校：《唐六典》卷四《尚書禮部》，北京：中華書

經佛、儒等的排抑,有所衰落。但杜光庭在僖宗中和四年十二月的統計中,所載唐代自開國以來「所造宮觀約一千九百餘所,度道士計一萬五千餘人,其親王貴主及公卿士庶,或捨宅舍莊爲觀並不在其數」〔註3〕。直到現在,道教宮觀在全國各地仍有大量留存,並呈現出新的發展勢頭。宮觀既然與政治、經濟、社會、思想之間有著密切的關係,那麼宮觀的分佈、擴展,必定在中國歷史、文化的演變中佔有重要的位置。宮觀史的研究,值得我們傾力而爲。有關宮觀的研究,可以分爲宮觀建築、宮觀團體、宮觀組織、宮觀制度、宮觀經濟、宮觀與政治、文化關係等課題。然而,如果將宮觀放在整個中國歷史演進上來看,宮觀的地理分佈,無疑是一個必須首先解決的問題。

　　有關唐代道教宮觀研究的論著相當多。其中,關於唐代長安、洛陽二京的道教宮觀學界已有頗多考證,亦取得了較爲豐富的成果。集大成者爲清代徐松的考證,李健超先生在此基礎上詳加闡發;〔註4〕以及楊鴻年〔註5〕、辛德勇〔註6〕、何海燕〔註7〕等先生的研究。英國的巴瑞特在其《唐代道教——中國歷史上黃金時期的宗教與帝國》〔註8〕一書中也論及唐代長安洛陽的某些宮觀情況。丁煌先生則對長安的太清宮做了詳細的研究。〔註9〕詹宗祐則梳理了終南山區的著名道教宮觀情況。〔註10〕嚴耕望先生曾詳細考證了

　　　　局,1992年,第125頁。《新唐書》卷四十八《百官志三》(宋・歐陽修、宋祁等,北京:中華書局,1975年,第1252頁)則載,「天下觀一千六百八十七,道士七百七十六,女官九百八十八」。兩者數字有所出入,未知何者爲確。

〔註3〕 唐・杜光庭:《歷代崇道記》,見文物出版社、上海書店、天津古籍出版社:《道藏》,上海:上海書店,1988年,第11分冊,第7頁;《杜光庭記傳十種輯校》,第373頁。

〔註4〕 清・徐松,李健超增訂:《增訂唐兩京城坊考(修訂版)》,西安:三秦出版社,2006年。

〔註5〕 楊鴻年:《隋唐兩京坊里譜》,上海:上海古籍出版社,1999年。

〔註6〕 辛德勇:《隋唐兩京叢考》,西安:三秦出版社,2006年。

〔註7〕 何海燕:《唐兩京道教宮觀證補》,《中國社會科學院歷史研究所學刊》第4集,北京:商務印書館,2007年,第387~410頁。

〔註8〕 (英)巴瑞特,曾維加譯:《唐代道教——中國歷史上黃金時期的宗教與帝國》,濟南:齊魯書社,2012年。

〔註9〕 丁煌:《唐代道教太清宮制度考(上)》,《成功大學歷史學系歷史學報》第6號,1979年7月,第275~314頁;丁煌:《唐代道教太清宮制度考(下)》,《成功大學歷史學系歷史學報》第7號,1979年9月,第177~220頁。

〔註10〕 詹宗祐:《試論隋唐時期終南山區的旅遊》,《白沙歷史地理學報》2006年第1期,第1~36頁。

唐代成都的道教宮觀約爲 21 處，並列出各宮觀的名稱以及地理位置。〔註11〕
日本吉川忠夫《唐代巴蜀的佛教與道教》〔註12〕一文詳細討論了唐代巴蜀地
區道教宮觀與佛寺的爭鬥。關於唐代揚州的道教宮觀研究，李廷先先生《唐
代揚州的道教》〔註13〕一文涉及了唐代揚州道教宮觀分佈的一些情況。江蘇
省政協文史資料委員會、揚州市政協文史和學習委員會、揚州市民族宗教事
務局編《揚州宗教》〔註14〕一書介紹了大量至今仍留存的揚州宮觀建築。其
餘，如榮新江〔註15〕、姜生〔註16〕、張澤洪〔註17〕、李斌城〔註18〕、胡銳〔註
19〕、金天明〔註20〕、哈磊〔註21〕、武彬〔註22〕、羅偉國〔註23〕、焦傑〔註
24〕、孫齊〔註25〕、劉凱〔註26〕等先生的研究亦對本文有極大的助益。本文

〔註11〕嚴耕望：《唐五代時期之成都》，《嚴耕望史學論文選集》，北京：中華書局，
　　　　2006 年，第 175～231 頁。下文簡稱「嚴文」。
〔註12〕（日）吉川忠夫，曾維加、黃小玲譯：《唐代巴蜀的佛教與道教》，見（英）
　　　　巴瑞特，曾維加譯：《唐代道教——中國歷史上黃金時期的宗教與帝國》，第
　　　　96～117 頁。
〔註13〕《東南文化》1990 年 5 月 Z1 期，第 46～51 頁。
〔註14〕《江蘇文史資料》第 115 輯、《揚州文史資料》第 19 輯，《江蘇文史資料》編
　　　　輯部 1999 年發行。
〔註15〕榮新江：《隋唐長安的寺觀與環境》，見《都市と環境の历史学 特集国際シン
　　　　ポジウム都市と環境の历史学 5 年间の成果》第 4 集，2009 年；《從王宅到
　　　　寺觀：唐代長安公共空間的擴大與社會變遷》，見榮新江：《隋唐長安：性別、
　　　　記憶及其它》，上海：復旦大學出版社，2010 年，第 67～88 頁。
〔註16〕姜生：《道教治觀考》，《中國道教》2001 年 3 期，第 18～22 頁。
〔註17〕張澤洪：《山林道教向都市道教轉型：以唐代長安道教爲例》，《四川大學學報
　　　　（哲學社會科學版）》2006 年 1 期，第 46～52 頁；張澤洪、景志明：《唐代長
　　　　安道教》，《宗教學研究》1993 年 Z1 期，第 1～8 頁；張澤洪：《唐代道觀經
　　　　濟》，《四川大學學報（哲學社會科學版）》1993 年第 04 期，第 88～92 頁。
〔註18〕李斌城：《試論唐代的道教》，《山東師院學報（社會科學版）》1978 年 6 期，
　　　　第 30～39 頁。
〔註19〕胡銳：《道教宮觀文化研究》，四川大學宗教學博士學位論文 2003 年；胡銳：
　　　　《論南北朝時期道教宮觀之發展與特點》，《宗教學研究》2003 年第 2 期，第
　　　　104～107 頁。
〔註20〕金天明：《道教宮觀文化及其功能研究》，西南大學宗教學碩士學位論文 2007
　　　　年。
〔註21〕哈磊：《漢唐道觀述略》，《求索》2004 年第 2 期，第 119～120 頁。
〔註22〕武彬：《唐傳奇中的佛、道觀》，陝西師範大學博士學位論文 2008 年。
〔註23〕羅偉國：《中國道觀》，上海：上海古籍出版社，2009 年。
〔註24〕焦傑：《論唐代公主入道原因與道觀生活》，《世界宗教研究》2013 年第 2 期，
　　　　第 72～81 頁。
〔註25〕孫齊：《唐前道觀研究》，山東大學博士學位論文 2014 年。

擬在此基礎上，結合有關文獻、考古材料等，考察唐代四大主要都市的道教宮觀分佈情況。

第一節　四大都市宮觀的地理分佈

一、長安道教宮觀

長安是唐的首都，為官僚貴族、移民聚居之地。遠自三國兩晉北朝時期就有道教宮觀的建立，隋、唐以來不但宮中有道教宮觀，城內、甚至城外終南山等地也有道教聖地與宮觀。現在史料上所見的記載來看，長安是唐代道教的重鎮。唐朝歷代帝王的大力崇道，加之附近道教名山——終南山、太白山的影響，遂使此地的道教宮觀，冠於全國。據《兩京新記》載，唐長安外郭城有「道士觀十、女觀六、……隋大業初……有道觀十，謂之玄壇」〔註27〕。現試據有關史料，分別條列如下：

玉清玄壇，據《舊唐書》載，「（隋）煬帝親執弟子之禮，敕都城起玉清玄壇以處之」〔註28〕。

昭成觀，原位於頒政坊西北隅。本楊士達宅，咸亨元年太平公主立為太平觀。尋移於大業坊，改為太清觀。垂拱三年，改為魏國觀。載初元年，改為大崇福觀。開元二十七（《唐會要》作「一十七」，誤）年為昭成太后追福，改為昭成觀。〔註29〕

太平女冠觀。位於大業坊東南隅。「本宋（《唐會要》作「徐」，誤。）王元禮宅。太平公主出家，初以頒政坊宅為太平觀，尋移於此，公主居之。時頒政坊觀改為太清觀」〔註30〕。

〔註26〕 劉凱：《唐末五代杭州天柱觀與江南道教發展論考——以錢鏐所撰〈天柱觀記〉為中心》，《中山大學學報（社會科學版）》2014年第2期，第99～109頁。

〔註27〕 《兩京新記輯校》卷二《京城》，見唐・韋述、杜寶，辛德勇輯校：《兩京新記輯校・大業雜記輯校》，西安：三秦出版社，2006年，第12～13頁。

〔註28〕 後晉・劉昫等：《舊唐書》卷一百九十二《隱逸傳・王遠知傳》，北京：中華書局，1975年，第5125頁。

〔註29〕 詳見宋・王溥：《唐會要》卷五十《觀》，上海：上海古籍出版社，2006年，第1027頁；及《增訂唐兩京城坊考》卷四，第191～192頁；《隋唐兩京坊里譜》，第376頁；《增訂唐兩京城坊考》卷二《京城・外郭城》，第69頁；《隋唐兩京叢考》，第76頁。

〔註30〕 《唐會要》卷五十《觀》，第1019頁；《隋唐兩京坊里譜》，第5頁；《增訂唐

新昌觀，位於大業坊內。〔註31〕

崇明觀，位於頒政坊內。〔註32〕

龍興觀。位於「崇教（或作「崇化」，或作「永崇」〔註33〕）坊。貞觀五年，太子承乾有疾，敕道士秦英祈禱，得愈，遂立西華觀。垂拱三年，改爲金臺觀。神龍元年，又改爲中興觀。三年三月二十四日，復改爲龍興觀」〔註34〕。似道士觀。

宗道觀，又名華陽觀。位於「永崇坊。本興信公主宅，賣與劍南節度使郭英乂，其後入官。大曆十二年，爲華陽公主追福，立爲觀」〔註35〕。

靈應觀，位於永崇坊七太子廟西，爲隋道士宋道標所立。貞觀二十二年，換所居於醴泉坊。〔註36〕

昊天觀，位於保寧坊。「全一坊地。貞觀初，爲高宗宅，顯慶元年三月二十四日，爲太宗追福，遂立爲觀，以『昊天』爲名，額高宗題」〔註37〕。

東明觀，位於普寧坊東南隅。「顯慶元年，孝敬升儲後所立」〔註38〕。規度仿西明之制，長廊廣殿，圖畫雕刻，道家官舍，無以爲比。〔註39〕似爲道士觀。

光天觀。位於「務本坊。本司空房玄齡宅，景龍二年閏九月十三日，韋庶人立爲觀，名翊聖觀。景雲元（《唐會要》作「二」）年，改爲景雲女冠觀。天寶八載，改爲龍興道士觀。至德三載，改爲光（《增訂唐兩京城坊考》等作「先」，誤）天觀」〔註40〕。

　　　　兩京城坊考》卷二《京城‧外郭城》，第69頁。

〔註31〕　《增訂唐兩京城坊考》卷二《京城‧外郭城》，第69頁。

〔註32〕　《增訂唐兩京城坊考》卷四，第191頁；《隋唐兩京坊里譜》，第376頁。

〔註33〕　詳見李商隱《爲馬懿公郡夫人王氏黃籙齋文》，見清‧董浩編：《全唐文》卷七百八十，上海：上海古籍出版社，1990年，第3613頁。

〔註34〕　《唐會要》卷五十《觀》，第1018頁；《隋唐兩京坊里譜》，第257～258頁；《增訂唐兩京城坊考》卷三《西京》，第104頁，卷四《西京》，第253頁。

〔註35〕　《唐會要》卷五十《觀》，第1028頁；《增訂唐兩京城坊考》卷三《西京》，第104頁。

〔註36〕　《隋唐兩京坊里譜》，第31～32頁；《增訂唐兩京城坊考》卷三《西京》，第104頁。

〔註37〕　《唐會要》卷五十《觀》，第1018頁；《隋唐兩京坊里譜》，第205頁；《增訂唐兩京城坊考》卷二《京城‧外郭城》，第54頁。

〔註38〕　《唐會要》卷五十《觀》，第1018頁；《隋唐兩京坊里譜》，第306頁。

〔註39〕　《增訂唐兩京城坊考》卷四《西京》，第244～245頁。

〔註40〕　《唐會要》卷五十《觀》，第1019頁；《隋唐兩京坊里譜》，第288～289頁；

　　玄眞觀。位於「崇仁坊。東半以左僕射高士廉宅，西北隅左金吾衛。神龍中，爲長寧公主宅，又吞人數十屋。……韋氏敗後，公主隨夫外住，遂奏爲景龍觀。……天寶十二載，改爲玄眞觀」〔註41〕。

　　福唐觀。位於「崇業坊。本新都公主宅。景雲元年，公主子武仙官出家爲道士，立爲觀」〔註42〕。

　　新昌觀。位於「崇業坊。天寶六載，新昌公主因駙馬蕭衡亡，奏請度爲女冠，遂立此觀」〔註43〕。

　　玄都觀，位於崇業坊。「本名通達觀，周大象三年，於古城中置，隋開皇二年，移至安善坊」〔註44〕，後改名玄都觀，東與大興善寺相比。劉禹錫有遊玄都觀詩二首。〔註45〕

　　金仙觀。位於「輔興坊。景雲元年十二月十七日，睿宗爲第八女西寧公主入道立爲觀。至二年四月十四日，爲公主改封金仙，所造觀便以金仙爲名」〔註46〕。

　　玉眞觀。「輔興坊。與金仙觀相對。本工部尚書竇誕宅，武后時爲崇先府，景雲元年十二月七日，爲第九女昌隆公主立爲觀。二年四月十日，公主改封玉眞，所造觀便以玉眞爲名」〔註47〕。金仙、玉眞二觀南街，東當皇城之安福門，西出外郭城之開遠門，車馬往來，實爲繁會。〔註48〕

　　咸宜（《唐會要》作「宣」，誤〔註49〕）觀。「親仁坊。本是睿宗藩國地。

　　　　《增訂唐兩京城坊考》卷二《京城・外郭城》，第55～56頁；《隋唐兩京叢考》，第72～74頁。

〔註41〕《唐會要》卷五十《觀》，第1027～1028頁；《隋唐兩京坊里譜》，第250～251頁；《增訂唐兩京城坊考》卷三《西京》，第82頁。

〔註42〕《唐會要》卷五十《觀》，第1020頁；《隋唐兩京坊里譜》，第265頁；《增訂唐兩京城坊考》卷四《西京》，第171頁。

〔註43〕《唐會要》卷五十《觀》，第1027頁；《隋唐兩京坊里譜》，第265頁；《增訂唐兩京城坊考》卷四《西京》，第171頁。

〔註44〕《唐會要》卷五十《觀》，第1026頁。

〔註45〕《隋唐兩京坊里譜》，第264～265頁；《增訂唐兩京城坊考》卷四《西京》，第171～172頁。

〔註46〕《唐會要》卷五十《觀》，第1020頁；《隋唐兩京坊里譜》，第393～394頁；《增訂唐兩京城坊考》卷四《西京》，第188～189頁。

〔註47〕《唐會要》卷五十《觀》，第1020頁。

〔註48〕《隋唐兩京坊里譜》，第394頁；《增訂唐兩京城坊考》卷四《西京》，第189頁。

〔註49〕據《唐故內玉晨觀上清大洞三景法師賜紫大德仙宮銘並序》（馬詠鍾：《西安

開元初，置昭成、肅明皇后廟，號儀坤，後昭成遷入太廟。開元四年九月八日敕，肅明皇后前於儀坤廟安置。二十一年五月六日，肅明皇后祔入太廟，遂爲道士觀。寶曆元年五月，以咸宜（《唐會要》作「宣」）公主入道，與太眞觀換名焉」〔註50〕。

　　回元觀，位於親仁坊內。本安祿山宅。〔註51〕

　　澄靈觀，或名澄虛觀，位於道德坊內。武德中廢。〔註52〕

　　三洞（女冠）觀，位於醴泉坊西南隅。「本靈應道士觀，開皇七年立。貞觀二十二（《唐會要》作「三」，誤）年，永（《唐會要》作「朱」，誤）崇坊移換於此」〔註53〕。

　　清虛觀，位於豐邑坊東北隅。「隋開皇七年，文帝爲道士呂師辟穀鍊氣，故以『清虛』爲之名」〔註54〕。

　　景雲觀，位於豐邑坊。〔註55〕

　　天長觀。「待（《唐會要》作「侍」，誤）賢坊。本名會聖觀（或作「會昌觀」），隋開皇七年，文帝爲秦孝王俊所立。開元二十八年，改爲千秋觀。天寶七載，改名天長觀」〔註56〕。

　　五通觀，位於安定坊東北隅。「隋開皇八年，爲道士焦子順能役鬼神，

碑林新藏唐誌考》，《碑林集刊》（一）1993 年）載，「至五年三月，以疾得請復居京城親仁里咸宜觀舊院」。《南部新書》（宋·錢易，北京：中華書局，2002年，第 67 頁。）卷戊載，「士大夫之家入道盡在咸宜」。可知，應以咸宜觀爲是。

〔註50〕《唐會要》卷五十《觀》，第 1025 頁；《隋唐兩京坊里譜》，第 417 頁；《增訂唐兩京城坊考》卷三《西京》，第 96、98 頁；《隋唐兩京叢考》，第 76～77 頁。

〔註51〕《隋唐兩京坊里譜》，第 418 頁；《增訂唐兩京城坊考》卷三《西京》，第 96頁。另有《西安新出土柳書唐回元觀鐘樓銘碑》（馬驥：《西安新出土柳書唐回元觀鐘樓銘碑》，《文博》1987 年第 05 期）與《唐故內玉晨觀上清大洞三景法師賜紫大德仙宮銘並序》（馬鳴鐘：《西安碑林新藏唐誌考》）兩篇碑銘所載內容可知唐長安確有回元觀。

〔註52〕《隋唐兩京坊里譜》，第 369 頁；《增訂唐兩京城坊考》卷四《西京》，第 172頁。

〔註53〕《唐會要》卷五十《觀》，第 1026 頁；《隋唐兩京坊里譜》，第 32、458 頁；《增訂唐兩京城坊考》卷四《西京》，第 227 頁。

〔註54〕《唐會要》卷五十《觀》，第 1026 頁；《隋唐兩京坊里譜》，第 445～446 頁；《增訂唐兩京城坊考》卷四《西京》，第 254 頁。

〔註55〕《增訂唐兩京城坊考》卷四《西京》，第 254～255 頁。有無，存疑。

〔註56〕《唐會要》卷五十《觀》，第 1026 頁；《隋唐兩京坊里譜》，第 166～167 頁；《增訂唐兩京城坊考》卷四《西京》，第 255 頁。

告文帝受命之符。及立，……帝恐其往來疲困，每遣近宮置觀，以『五通』爲名，旌其神異也」〔註57〕。又據《大唐五通觀威儀兼觀主馮仙師墓誌銘》〔註58〕所載，可知唐代長安確有五通觀。

崇眞觀。位於「新昌坊。本李齊古宅，開元初置立」〔註59〕。

興唐觀。位於「長樂坊。本司農園地，開元十八年造觀」〔註60〕，爲道士觀〔註61〕。

九華觀，位於通義坊西北隅。「開元二十八（《唐兩京城坊考》作「十八」）年，蔡國公主捨宅置」〔註62〕，又有《唐故九華觀靜□師藏形記》〔註63〕一文，可知確有九華觀之存在。

玉芝觀，位於延福坊東南隅。「本越王貞宅，爲新都公主宅。公主捨宅爲新都寺。廢爲邠王府。天寶二年，名爲玉芝觀」〔註64〕。又據《冊府元龜》載，「天寶八載六月，玉芝產於大同殿，……（閏六月）丙春詔兩京並十道……亦宜置一觀，並以眞符玉芝爲名。每觀置道士七人，修持香火」〔註65〕。似可推測，天寶八載閏六月敕建眞符玉芝觀，簡稱玉芝觀。

華封觀，又名萬安觀。位於「平康坊。天寶七載，永穆公主出家，捨宅置觀。其地西北隅本梁公姚元崇宅，以東即太平公主宅。其後敕賜安西都護郭虔瓘（《唐會要》作「曜」），今悉並爲觀，號『華封』」〔註66〕。

〔註57〕《唐會要》卷五十《觀》，第 1026 頁：《增訂唐兩京城坊考》卷四《西京》，第 218～219 頁。

〔註58〕陝西古籍整理辦公室編：《全唐文補遺・第六輯》，西安：三秦出版社，1999年，第 132 頁。

〔註59〕《唐會要》卷五十《觀》，第 1027 頁，《隋唐兩京坊里譜》，第 350 頁：《增訂唐兩京城坊考》卷三《西京》，第 159、161 頁。

〔註60〕《唐會要》卷五十《觀》，第 1027 頁；《隋唐兩京坊里譜》，第 149 頁：《增訂唐兩京城坊考》卷三《西京》，第 111～112 頁。

〔註61〕據（日）圓仁：《入唐求法巡禮行記》卷四《會昌四年》（桂林：廣西師範大學出版社，2007 年，第 138 頁）載，「向後駕幸左街興唐觀，是道士觀」。

〔註62〕《唐會要》卷五十《觀》，第 1027 頁；《隋唐兩京坊里譜》，第 283 頁：《增訂唐兩京城坊考》卷四《西京》，第 177 頁。

〔註63〕陝西古籍整理辦公室編：《全唐文補遺・第三輯》，西安：三秦出版社，1996年，第 141 頁。

〔註64〕《唐會要》卷五十《觀》，第 1027 頁；《增訂唐兩京城坊考》卷四《西京》，第 215～216 頁。

〔註65〕宋・王欽若等編：《冊府元龜》卷五十四《帝王部・尚黃老二》，北京：中華書局，1960 年，第 602～603 頁。

〔註66〕《唐會要》卷五十《觀》，第 1027 頁；《隋唐兩京坊里譜》，第 62 頁：《增訂

嘉猷觀，位於平康坊李林甫宅東南隅。由李林甫奏，分宅置。明皇御書金字額以賜之。李林甫奏女爲觀主。李林甫死後改爲道士觀，擇道術者居之。〔註67〕

福祥觀。「布政坊。本開府竇瑊（《增訂唐兩京城坊考》作「畢國公竇瑗」）宅，天寶十三載置」〔註68〕。

金闕亭某女冠觀、奉天宮某道士觀。「文明元年二月十一日，金闕亭置一女冠觀，並度內人。奉天宮置一道士觀」〔註69〕。

太清宮，位於大寧坊西南隅。天寶元年置廟。九月，改爲太上玄元皇帝宮。二年三月，敕西京改爲太清宮。〔註70〕

清都觀，位於明堂縣東，永樂坊內。隋開皇七年，道士孫昂爲文帝所重，特爲立觀，本在永興坊，武德初徙於此。〔註71〕

太眞女冠觀，位於安邑坊。天寶五載，貴妃姊裴氏請捨宅置太眞女冠觀，寶應元年，與肅明觀換名焉。〔註72〕

唐昌觀，位於安業坊。觀內有玉蕊花，乃唐昌公主手植。劉禹錫、元稹、白居易等具有詩。〔註73〕

延唐觀，位於休祥坊。〔註74〕

乾元觀，位於長興坊內。大曆十三年七月，以原涇原節度使馬璘宅作乾元觀，道士四十九人，……代宗以其當王城形勝之地，牆宇新潔，遂命爲觀，以追遠之福，上資肅宗。加乾元觀之名，乾元，肅宗尊號也。〔註75〕

唐兩京城坊考》卷三《西京》，第 87 頁。

〔註67〕　《隋唐兩京坊里譜》，第 63 頁；《增訂唐兩京城坊考》卷三《西京》，第 87 頁。

〔註68〕　《唐會要》卷五十《觀》，第 1028 頁；《增訂唐兩京城坊考》卷四《西京》，第 194 頁。

〔註69〕　《唐會要》卷五十《雜記》，第 1028 頁。

〔註70〕　《隋唐兩京坊里譜》，第 6～7 頁；《增訂唐兩京城坊考》卷三《西京》，第 113～115 頁。

〔註71〕　《隋唐兩京坊里譜》，第 50 頁；《增訂唐兩京城坊考》卷二《京城‧外郭城》，第 62 頁。

〔註72〕　《隋唐兩京坊里譜》，第 83 頁；《增訂唐兩京城坊考》卷三《西京》，第 130～131 頁；《隋唐兩京叢考》，第 76～77 頁。

〔註73〕　《隋唐兩京坊里譜》，第 93～94 頁；《增訂唐兩京城坊考》卷四《西京》，第 169～170 頁。

〔註74〕　《隋唐兩京坊里譜》，第 121 頁；《增訂唐兩京城坊考》卷四《西京》，第 221 頁。

〔註75〕　《隋唐兩京坊里譜》，第 151 頁；《增訂唐兩京城坊考》卷二《京城‧外郭城》，

靈感觀，位於長興坊內。隋代立，武德初廢。〔註76〕

太清觀，位於金城坊內，開善尼寺北。本安樂公主宅，及安樂公主、武延秀等誅後，敕太清觀道士史崇玄居焉。先天二年史崇玄謀逆伏法，其觀遂廢。〔註77〕

洞靈觀，位於常樂坊內。〔註78〕

至德女冠觀，位於興道坊西南隅。隋開皇六年立。〔註79〕天寶時期，似為女冠觀。〔註80〕宣宗時，盡逐女冠，別選男子二人，主持其觀。〔註81〕

華封觀，位於興寧坊內。天寶六年，高力士捨宅置觀。〔註82〕另有《唐故華封觀主王君（楚玉）誌銘》〔註83〕一文，可證唐代長安確有華封觀。

永穆觀，位於興寧坊內。〔註84〕而《關中石刻文字新編》卷四《大唐故奉義郎行京兆府涇陽縣主簿王府君（郊）墓誌銘並序》亦載，「以其年八月九日終於萬年縣興寧里永穆觀之北院」〔註85〕。可證，唐代長安確有永穆觀。

玉晨觀，位於大明宮內。「仙師姓田氏，諱元素，字知白。……元和乙亥歲，有詔入宮，憲宗一見，甚器異之，於玉晨觀特為修院，居止焉。……以大和三年五月二十九日，終於玉晨觀私第」〔註86〕。又有《唐大明宮玉晨觀

第 59 頁。

〔註76〕 《增訂唐兩京城坊考》卷二《京城·外郭城》，第 59 頁。

〔註77〕 《隋唐兩京坊里譜》，第 168 頁；《增訂唐兩京城坊考》卷四《西京》，第 224 頁。

〔註78〕 《隋唐兩京坊里譜》，第 246 頁；《增訂唐兩京城坊考》卷三《西京》，第 151 頁。

〔註79〕 《隋唐兩京坊里譜》，第 432 頁，《增訂唐兩京城坊考》卷二《京城·外郭城》，第 46 頁。

〔註80〕 據《□故上都至德觀主女道士元尊師（淳一）墓誌文》（《全唐文補遺·第六輯》，第 465 頁。）載，「元尊師天寶初，度為女道士，補至德觀主」。

〔註81〕 宋·王讜，周勳初校證：《唐語林校證》卷一《政事上》（北京：中華書局，1987 年，第 80 頁）載，「宣宗微行至德觀，有女道士盛服濃妝者，赫怒歸宮，立召左街功德使宋叔康，令盡逐去，別選男子二人，主持其觀」。

〔註82〕 《隋唐兩京坊里譜》，第 435 頁；《增訂唐兩京城坊考》卷三《西京》，第 142 ～144 頁。

〔註83〕 陝西古籍整理辦公室編：《全唐文補遺·第二輯》，西安：三秦出版社，1995 年，第 28 頁。

〔註84〕 《隋唐兩京坊里譜》，第 435 頁；《增訂唐兩京城坊考》卷三《西京》，第 146 頁。

〔註85〕 清·毛鳳枝：《關中石刻文字新編》，上海：上海古籍出版社，1995 年。

〔註86〕 《增訂唐兩京城坊考》卷一《西京·大明宮》，第 27～28 頁。

故上清大洞三景弟子東嶽青帝眞人田法師玄室銘並序》〔註87〕一文可證，唐代長安確有玉晨觀。

三清殿，位於大明宮北城青霄門內的東側，當是宮廷內奉祀道教的建築之一。〔註88〕

綜上所述，可將唐五代長安城內的道教宮觀情況歸納列表如下：

表 3-1：唐五代長安城內道教宮觀分佈情況表

名稱	所在位置	時間	類型	備註
玉清玄壇		隋煬帝時期	道士觀	王遠知居所
昭成觀	原位於頒政坊西北隅，尋移於大業坊	始立於咸亨元年（670）		咸亨元年（670）爲太平觀；尋改爲太清觀；垂拱三年（687），改爲魏國觀；載初元年（689），改爲大崇福觀；開元二十七年（739），爲昭成觀。
太平女冠觀	初建於頒政坊，後遷於大業坊東南隅	唐高宗時期	女冠觀	
新昌觀	大業坊			
崇明觀	頒政坊			
龍興觀	崇教（或作「崇化」、「永崇」）坊	始立於貞觀五年（631）	道士觀	貞觀五年（631），爲西華觀；垂拱三年（687），改爲金臺觀；神龍元年（705），改爲中興觀；三年（707）三月二十四日，改爲龍興觀。
宗道觀，又名華陽觀	永崇坊	大曆十二年（777）		
靈應觀	原位於永崇坊七太子廟西，後遷於醴泉坊	隋代	道士觀	爲道士宋道標所立。貞觀二十二年（648），遷於醴泉坊。
昊天觀	保寧坊	顯慶元年（656）三月二十四日		爲太宗追福

〔註87〕《全唐文補遺・第二輯》，第 48 頁。
〔註88〕《增訂唐兩京城坊考》卷一《西京・大明宮》，第 29 頁。

東明觀	普寧坊東南隅	顯慶元年（656）	道士觀	
光天觀	務本坊	景龍二年（708）閏九月十三日		景龍二年（708）閏九月十三日，爲翊聖觀；景雲元年（710），改爲景雲女冠觀；天寶八載（749），改爲龍興道士觀；至德三載（758），改爲光天觀。
玄眞觀	崇仁坊	景雲元年（710）		景雲元年（710），爲景龍觀；天寶十三載（754），改爲玄眞觀。
福唐觀	崇業坊	景雲元年（710）	道士觀	公主子武仙官出家爲道士，遂立。
新昌觀	崇業坊	天寶六載（747）	女冠觀	新昌公主請度爲女冠，遂立。
玄都觀	崇業坊	周大象三年（581）		本名通達觀，周大象三年（581），於古城中置，隋開皇二年（582），移至安善坊。
金仙觀	輔興坊	景雲元年（710）十二月十七日	女冠觀	睿宗爲第八女西寧公主入道立爲觀。至二年（711）四月十四日，爲公主改封金仙，所造觀便以金仙爲名。
玉眞觀	輔興坊	景雲元年（710）十二月七日	女冠觀	爲第九女昌隆公主立爲觀。二年四月十日，公主改封玉眞，所造觀便以玉眞爲名。
咸宜觀	親仁坊	開元二十一年（733）五月六日始爲道觀		開元二十一年（733）五月六日，爲道士觀；寶曆元年（825）五月，以咸宜公主入道，與太眞觀換名。
回元觀	親仁坊			
澄靈觀，或名澄虛觀	道德坊			武德中廢
三洞女冠觀	原位於永崇坊，後遷於醴泉坊西南隅	開皇七年（587）立	女冠觀	本靈應道士觀，開皇七年（587）立。貞觀二十二年（648），永崇坊移換於此

清虛觀	豐邑坊東北隅	開皇七年（587）立	道士觀	隋文帝爲道士呂師辟穀鍊氣所立
景雲觀	豐邑坊			有無，存疑
天長觀	待賢坊	開皇七年（587）立		本名會聖觀（或「會昌觀」），開皇七年（587），文帝爲秦孝王俊所立。開元二十八年（740），改爲千秋觀。天寶七載（748），改名天長觀。
五通觀	安定坊東北隅	開皇八年（588）立	道士觀	文帝爲道士焦子順立。
崇眞觀	新昌坊	開元初置立		
興唐觀	長樂坊	開元十八年（730）造觀	道士觀	
九華觀	通義坊西北隅	開元二十八年（740）		蔡國公主捨宅置
玉芝觀	延福坊東南隅	天寶二載（743）	道士觀	天寶八載（749）六月詔置道士七人，修持香火。
華封觀，又名萬安觀	平康坊	天寶七載（748）		永穆公主出家，捨宅置觀。
嘉猷觀	平康坊李林甫宅東南隅			李林甫奏女爲觀主。李林甫死後改爲道士觀，擇道術者居之。
福祥觀	布政坊	天寶十三載（754）置		
某女冠觀	金闕亭	文明元年（684）二月十一日	女冠觀	度內人。
某道士觀	奉天宮	文明元年（684）二月十一日	道士觀	
太清宮	大寧坊西南隅	天寶元年（742）		天寶元年（742），置廟，九月，改爲太上玄元皇帝宮；二年（743）三月，敕西京改爲太清宮。
清都觀	本在永興坊，後徙於明堂縣東，永樂坊內	開皇七年（587）	道士觀	文帝爲道士孫昂立。武德初徙於永樂坊內。

太真女冠觀	安邑坊，後遷親仁坊	天寶五載（746）	女冠觀	貴妃姊裴氏請捨宅置太真女冠觀，寶曆元年（825），與肅明觀換名。
唐昌觀	安業坊			觀內有玉蕊花，乃唐昌公主手植。
延唐觀	休祥坊			
乾元觀	長興坊	大曆十三年（778）七月	道士觀	置道士四十九人；代宗以追遠之福，上資肅宗。
靈感觀	長興坊	隋代立		武德初廢
太清觀	金城坊，開善尼寺北	景雲元年（710）	道士觀	敕史崇玄居焉；先天二年（713），史崇玄誅，觀遂廢。
洞靈觀	常樂坊			
至德女冠觀	興道坊西南隅	開皇六年（586）立		宣宗時，盡逐女冠，別選男子二人主持。
華封觀	興寧坊	天寶六載（747）		高力士捨宅置觀。
永穆觀	興寧坊			
玉晨觀	大明宮內		道士觀	
三清殿	大明宮北城青霄門內東側			宮廷內奉祀道教的建築

　　檢諸有關材料及表1所列，據不完全統計，唐五代長安合計有48處道教宮觀。除景雲觀一處有無存疑外，尚有47處是明確見諸於史籍和碑刻等出土材料的。而此48處宮觀中，唯玉清玄壇的地理位置無法確定，其餘47處宮觀皆已明瞭其所在。有36處宮觀可大致明確始建或立觀的時間，約占唐五代長安城宮觀總數的 2/3。其中，隋及以前始立的約有10處（北周大象年間1處，隋文帝開皇時期6處，隋煬帝時期1處，不明隋代具體時期的2處），約占長安宮觀總數的20.8%；唐前期始立的約有24處（太宗時代1處，高宗時代4處，武后時代2處，中宗時代1處，睿宗時代5處，玄宗時代11處），約占總數的1/2；唐後期始立的僅2處，皆爲代宗大曆後期，約占總數的4.2%左右。此外，48處宮觀中，似可確定爲道士觀的有14處，約占總數的29.2%；女冠觀的7處，約占總數的14.6%左右；在兩者之間變化的有5處，約爲總數的10.4%。

二、洛陽道教宮觀

　　洛陽既是唐的東都，更是武周的首都，爲唐王朝的重要政治中心之一，聚集了不遜於長安的大量官僚貴族，爲移民聚居之地。遠自東漢就有道教宮觀雛形的建立，桓、靈以來不但宮中有黃老之祠〔註 89〕，城內也有崇信道教信眾的記載。隋、唐都相繼把洛陽作爲東都，大力營建，成爲與長安並重的政治核心。且又距離道教的兩大名山——嵩山、王屋頗近，遂使此地的道教宮觀，迅速發展。現據有關史籍記載與出土材料，將唐五代洛陽城內的道教宮觀大致條列如下：

　　淩空觀，據《舊唐書》載，高宗時期，「（葉）法善又嘗於東都淩空觀設壇醮祭，城中士女競往觀之」〔註 90〕，「景龍中，東都淩空觀災，火自東北來，其金銅諸像，銷鑠並盡」〔註 91〕。唯具體位於洛陽何處尚未有定論。〔註 92〕

　　麟跡女道士觀、興慶觀、麟德觀，位於敦化坊。「東都敦化坊有麟跡見於興慶觀，殿宇悉皆頹毀。咸通中，畢誠相國別令營造。建基址間，得巨甕，皆貯白銀」〔註 93〕。又據《麟趾觀三洞大德張法師墓誌》載，「甲寅歲，敕隸此觀」〔註 94〕，可知，唐代洛陽有麟趾觀。

　　太微宮，位於積善坊。天寶元年正月，置廟。九月改爲太上玄元皇帝宮。二年三月，敕東都爲太微宮。〔註 95〕又據《冊府元龜》載，「哀帝天祐三年六月辛卯，太微宮使柳璨奏：『……請折入都城，於清化坊內建置太微宮，則車駕行事得禮。』從之」〔註 96〕。可知，天祐三年後，太微宮遷於清化坊內。

　　大聖眞觀，位於立行坊，似爲道士觀。〔註 97〕

　　安國觀。位於「正平坊。本太平公主宅，長安元年，睿宗在藩國，公主

〔註 89〕　南朝宋・范曄：《後漢書》卷三十下《郎顗襄楷列傳・襄楷傳》，北京：中華書局，1965 年，第 1082 頁。

〔註 90〕　《舊唐書》卷一百九十一《方伎・葉法善傳》，第 5107 頁。

〔註 91〕　《舊唐書》卷三十七《五行志》，第 1366 頁。《新唐書》卷三十四《五行志一》（第 885 頁）載，「景龍四年二月，東都淩空觀災」。

〔註 92〕　詳見《增訂唐兩京城坊考》，第 454 頁。

〔註 93〕　唐・康駢：《劇談錄》卷上，北京：古典文學出版社，1958 年。

〔註 94〕　《增訂唐兩京城坊考》卷五《東京・外郭城》，第 310～311 頁。

〔註 95〕　《隋唐兩京里坊譜》，第 6～7、229～230、425 頁；《增訂唐兩京城坊考》卷五《東京・外郭城》，第 382 頁。

〔註 96〕　《冊府元龜》卷五十四《帝王部・尚黃老二》，第 607 頁。

〔註 97〕　《隋唐兩京坊里譜》，第 18 頁；《增訂唐兩京城坊考》卷五《東京・外郭城》，第 420 頁。

奉焉。至景雲元年，置道士觀，仍以本銜爲名。（開元）十年，玉眞公主居之，改爲女冠觀」〔註98〕。又據《朝野僉載》載，開元二年「安國觀道士李若虛，不告姓名，暗使推之」〔註99〕，及《唐語林》載「政平坊安國觀，明皇時玉眞公主所建。門樓高九十尺，而柱端無斜。殿南有精思院，……女冠多上陽宮人。其東與國學相接」〔註100〕，可證玄宗時期安國觀確從道士觀改爲女冠觀。

玄元觀，位於正俗坊內。〔註101〕

龍興觀，位於明教坊西南隅。〔註102〕

全眞觀，位於宣教坊內。〔註103〕

弘（或作「宏」）道觀。「盡一坊。地本修文（《唐會要》作「仁」）坊，舊有隋國子學及右屯衛大將軍麥鐵杖宅。顯慶二年，盡並一坊爲雍王宅，王升儲後，永隆元年八月立爲觀」〔註104〕。似道士觀。

景雲（女道士）觀。位於「修業坊。景龍二年，韋庶人立爲翊聖觀。景雲元年，改爲景雲觀」〔註105〕。

宏（或作「弘」）道觀，位於清化坊內。有老君像，明皇、肅宗二像侍立。〔註106〕

福唐觀，位於崇業坊內。〔註107〕據李邕《東京福唐觀鄧天師碣》〔註108〕

〔註98〕《唐會要》卷五十《觀》，第1026頁；《增訂唐兩京城坊考》卷五《東京‧外郭城》，第294～295頁。

〔註99〕唐‧張鷟：《朝野僉載》卷一，見唐‧劉餗、張鷟著，程毅中、趙守儼點校：《隋唐嘉話 朝野僉載》，北京：中華書局，1979年，第2頁。

〔註100〕《唐語林校證》卷七《補遺》，第661頁。

〔註101〕《隋唐兩京坊里譜》，第69頁；《增訂唐兩京城坊考》卷五《東京‧外郭城》，第318頁。

〔註102〕《隋唐兩京坊里譜》，第164頁；《增訂唐兩京城坊考》卷五《東京‧外郭城》，第289～290頁。

〔註103〕《隋唐兩京坊里譜》，第180頁；《增訂唐兩京城坊考》卷五《東京‧外郭城》，第333頁。

〔註104〕《唐會要》卷五十《觀》，第1019頁；《隋唐兩京坊里譜》，第213～214頁；《增訂唐兩京城坊考》卷五《東京‧外郭城》，第291～292頁。

〔註105〕《唐會要》卷五十《觀》，第1019頁；《隋唐兩京坊里譜》，第223頁；《增訂唐兩京城坊考》卷五《東京‧外郭城》，第298頁。

〔註106〕《隋唐兩京坊里譜》，第229頁；《增訂唐兩京城坊考》卷五《東京‧外郭城》，第391頁。

〔註107〕《隋唐兩京坊里譜》，第266頁；《增訂唐兩京城坊考》卷五《東京‧外郭城》，第297頁。

所載，似爲道士觀。

太眞觀。位於「道德坊。本隋秦王浩宅」〔註109〕。

都玄觀。位於「道德坊。本隋秦干浩宅，天后朝置永昌縣。神龍元年，縣廢，遂爲長寧公主宅。景雲元年，置道士觀。開元五年，金仙公主居之，改爲女冠觀。十年七月，改爲都玄觀」〔註110〕。

道沖女道士觀，位於綏福坊內。〔註111〕

開元觀，位於道德坊內。「本隋秦王浩宅。武后朝置永昌縣。神龍元年，縣廢，遂爲長寧公主宅。景雲元年，置道士觀。開元五年，金仙公主居之，改爲女冠觀。十年七月，改爲都玄觀」〔註112〕。此條與都玄觀所載完全一樣，疑誤。然據《□故上都至德觀主女道士元尊師（淳一）墓誌文》載，「大曆中揭來河洛，以十□年七月三日，返眞於東都開元觀」〔註113〕，及有關材料可知，〔註114〕唐洛陽確有開元觀。

景龍女道士觀，位於道德坊。南北居半坊之地，金仙公主處焉。〔註115〕

景雲觀。據《唐會要》載，「景龍三年四月，大理少卿盧懷愼上疏曰：『伏準去年閏九月十三日敕，宜於兩京及荊、揚、益、蒲等州，各置景雲、翊聖等觀，圖樣內出，候農隙起作者。近聞所在，已有起作。……』」〔註116〕。可知，景龍二年閏九月十三日敕建洛陽景雲觀。

翊聖觀。景龍二年閏九月十三日敕建洛陽翊聖觀。〔註117〕

眞符玉芝觀，天寶八載六月詔建。〔註118〕

上清觀，位於上陽宮西北，女道士所處。〔註119〕

〔註108〕唐・李邕《唐東京福唐觀鄧天師碣》，見《全唐文》卷二百六十五，第1190～1191頁。

〔註109〕《唐會要》卷五十《觀》，第1025頁；《隋唐兩京坊里譜》，第371頁。

〔註110〕《唐會要》卷五十《觀》，第1025頁；《隋唐兩京坊里譜》，第371頁。

〔註111〕《隋唐兩京坊里譜》，第379頁；《增訂唐兩京城坊考》卷五《東京・外郭城》，第368頁。

〔註112〕《增訂唐兩京城坊考》卷四《西京》，第172頁。

〔註113〕《全唐文補遺・第六輯》，第465頁。

〔註114〕詳見《增訂唐兩京城坊考》卷四《西京》，第172～173頁。

〔註115〕《增訂唐兩京城坊考》卷五《東京・外郭城》，第316～317頁。

〔註116〕《唐會要》卷五十《觀》，第1019頁。

〔註117〕《唐會要》卷五十《觀》，第1019頁。

〔註118〕《冊府元龜》卷五十四《帝王部・尚黃老二》，第602～603頁。

〔註119〕《增訂唐兩京城坊考》卷五《東京・上陽宮》，第279頁。

　　道術坊，位於惠訓坊北。隋煬帝將五行、占候、卜筮、醫藥者追集東都，置此坊，遣使檢查，不許出入。貞觀中並坊地賜魏王泰。泰死後立爲道術坊，分給居人。神龍中併入惠訓坊，爲長寧公主第。開元初復舊。〔註120〕

　　根據以上所列各項材料，可將唐五代洛陽城內的道教宮觀情況歸納列表如下：

表 3-2：唐五代洛陽城道教宮觀分佈情況

名稱	所在位置	時間	類型	備註
淩空觀			道士觀	高宗時期，葉法善曾設壇醮祭；景龍中，遭火災。
麟跡女道士觀，或爲興慶觀、麟德觀	敦化坊			咸通中（860～873）重建。
太微宮	積善坊，後遷清化坊	天寶元年（742）正月始建		天寶元年正月，置廟；九月，改爲太上玄元皇帝宮；二年（743）三月，敕東都爲太微宮；天祐三年（906）後，遷於清化坊內。
大聖眞觀	立行坊		道士觀	
安國觀	正（或作「政」）平坊	景雲元年（710）置		景雲元年，置道士觀；開元十年（722），玉眞公主居之，改爲女冠觀。
玄元觀	正俗坊			
龍興觀	明教坊西南隅			
全眞觀	宣教坊			
弘（或作「宏」）道觀	修文（或作「仁」）坊	永隆元年（680）八月立		
景雲（女道士）觀	修業坊	景龍二年（708）立	女冠觀	景龍二年，韋庶人立爲翊聖觀；景雲元年，改爲景雲觀。

〔註120〕《增訂唐兩京城坊考》卷五《東京・外郭城》，第307頁。

宏（或作「弘」）道觀	清化坊			有老君像，明皇、肅宗二像侍立。
福唐觀	崇業坊		道士觀	
太眞觀	道德坊			
都玄觀	道德坊	景雲元年（710）置		景雲元年，置道士觀；開元五年（717），金仙公主居之，改爲女冠觀；十年（722）七月，改爲都玄觀。
開元觀	道德坊	景雲元年（710）置		景雲元年，置道士觀；開元五年，金仙公主居之，改爲女冠觀；十年七月，改爲都玄觀。（疑誤，然唐洛陽確有開元觀）
景龍女道士觀	道德坊		女冠觀	南北居半坊之地，金仙公主處焉。
道沖女道士觀	綏福坊		女冠觀	
景雲觀		景龍二年（708）閏九月十三日敕建		
翊聖觀		景龍二年（708）閏九月十三日敕建		
眞符玉芝觀		天寶八載六月詔建		
上清觀	上陽宮西北		女冠觀	
道術坊	惠訓坊北	隋煬帝始建		貞觀中賜魏王泰，後廢爲民居。

　　根據有關史料及表 2 條列，唐五代洛陽大約有 22 處道教宮觀等建築。其中 4 處道教宮觀（淩空觀、景雲觀、翊聖觀、眞符玉芝觀）的具體位置不甚明瞭，另有開元觀 1 處似有疑誤，合計 5 處，約占洛陽道教建築總數的 22.7%。有約 10 處宮觀等建築可以明確大約始建時間，隋煬帝時期唯有道術坊一處，唐高宗永隆年間 1 處，中宗景龍年間 3 處，睿宗景雲年間 3 處，玄宗天寶時

期 2 處；而位於清化坊的宏道觀似立於唐後期。這十處宮觀等建築皆始建於隋末至唐前期這一時間段。洛陽的這 22 處道教宮觀建築中，確定爲道士觀的約 3 處，占洛陽宮觀建築總數的 13.6%；女冠觀約 4 處，約占總數的 18.2%；道士觀與女冠觀間變換的約 3 處，約占總數的 13.6%。

三、揚州道教宮觀

揚州在魏晉南北朝時期即是天師道盛行的濱海地域範圍之內，具有深厚的道教文化積澱與信眾基礎。〔註 121〕隋煬帝駐蹕江都時期，更是招徠了大量高道至行宮講道，並爲他們在揚州修建宮觀居住。入唐，揚州的道教信仰仍十分興盛，宮觀數量似未見減少。唐後期，特別是高駢任職淮南時期，更是在揚州新建了大量的道教宮觀。

龍興觀。據顏眞卿《有唐茅山玄（原文作「元」）靖先生廣陵李君碑銘》載，「神龍初，（李含光）以清行度爲道士，居龍興觀」〔註 122〕。

紫極宮。據《太平廣記》載，「道士曰：『吾授爾方，可救人疾苦，無爲木工耳。』（木工）遂再拜受之，因問其名居。曰：『吾在紫極宮，有事可訪吾也。』遂去。……至紫極宮訪之，竟不復見」〔註 123〕。

望仙樓、延和閣。據《太平廣記》載，「（呂）用之以神仙好樓居，請於公廨邸北，跨河爲迎仙樓。其斤斧之聲，畫夜不絕。費數萬緡，半歲方就。……是冬，又起延和閣於大廳之西，凡七間，高八丈，皆飾以珠玉，綺窗繡戶，殆非人工。每旦，焚名香，列異寶，以祈王母之降」〔註 124〕。

東陵聖母廟，據《太平寰宇記》載，「在（江都）縣南三十里。按《神仙傳》云：『東陵聖母，海陵人。適杜氏，師劉綱學仙術，道成，夫不之信也，告官拘於囹圄。傾之，聖母已從獄牖中飛出，眾人望見之轉高入雲中，於是立廟，遠近敬祀之，每表靈驗。常有一青鳥在祭所，人有所失，請問所在，青鳥便飛集盜物之上，以致路無拾遺』」〔註 125〕。

〔註 121〕參見周能俊、胡阿祥：《兩晉南朝廣陵高氏之興衰》，《揚州大學學報（人文社會科學版）》2013 年第 2 期，第 114～118 頁。

〔註 122〕唐·顏眞卿《有唐茅山元靖先生廣陵李君碑銘》，見《全唐文》卷三百四十，第 1522 頁。

〔註 123〕宋·李昉等編：《太平廣記》卷二百二十《廣陵木工》，北京：中華書局，1961年，第 1684～1685 頁。

〔註 124〕《太平廣記》卷二百九十《妖妄三·又》，第 2307 頁。

〔註 125〕宋·樂史，王文楚等點校：《太平寰宇記》卷一百二十三《淮南道一·揚州》，

唐昌觀。嚴休復有《揚州唐昌觀玉蕊花圻有偬人遊悵然成二絕》〔註 126〕一詩，可知唐代揚州確有唐昌觀。《輿地紀勝》載，「后土祠，《九域志》有后土祠，今改蕃釐觀，有瓊花擅天下無雙之名，香如蓮花，清馥可愛」〔註 127〕。《大清一統志》則載，「蕃釐觀，在甘泉縣大東門外。《舊志》：即古后土祠。舊有瓊花產焉。漢元延二年建。《方輿紀要》：五代以前在城外。俗云瓊花觀。唐中和二年，改名唐昌」〔註 128〕。

眞符玉芝觀，天寶八載（749）閏六月詔建。〔註 129〕

翊聖觀。景龍二年閏九月十三日敕建。〔註 130〕

景雲觀。景龍二年閏九月十三日敕建。〔註 131〕

槐古道院，又稱槐蔭道院，位於今揚州市駝嶺巷 10 號。始建於唐。院內有一古槐樹，因此得名。〔註 132〕

邗溝大王廟，又名吳王廟，俗稱邗溝財神廟，位於今城北鄉卜楊村。因春秋吳王夫差開邗溝及漢初吳王劉濞開鹽運河，方便交通，利於農業，故建廟祭祀。相傳最早建於漢代，係道教廟宇，規模較大。〔註 133〕

北京：中華書局，2007 年，第 2445～2446 頁。

〔註 126〕宋・尤袤：《全唐詩話》卷三《嚴休復》，《叢書集成初編》本，第 62 頁。

〔註 127〕宋・王象之：《輿地紀勝》卷三十七《淮南東路・揚州・古蹟》，北京：中華書局，1992 年，第 1578 頁。《方輿勝覽》卷四十四《淮東路・揚州》（宋・祝穆，北京：中華書局，2003 年，第 797 頁）則載，「蕃禧觀。即古之后土廟。有瓊花，擅天下無雙之名，香如蓮花，清馥可愛。《唐詩紀事》云：『揚州唐昌觀玉蕊花拆，有仙人遊。或云唐所植，即李衛公所謂玉蕊花也。』康駢《劇談錄》謂有女子游其下」。

〔註 128〕清・穆彰阿等纂修：《大清一統志》卷九十七《揚州府二・寺觀》，上海：上海古籍出版社，2008 年，第 2 分冊，第 585～586 頁。《揚州宗教》（第 211 頁）記述為「其前身為建於漢成帝元延二年（前 11）的后土祠。中和二年（882），淮南節度使高駢在后土祠南建三清殿。大殿與后土祠合在一起，改名唐昌觀，術士呂用之居其中」。

〔註 129〕《冊府元龜》卷五十四《帝王部・尚黃老二》（北京：中華書局，1960 年，第 602～603 頁）載，「……兩京並十道於一大郡亦宜置一觀，並以眞符玉芝為名。每觀度道士七人，修持香火」。

〔註 130〕《唐會要》卷五十《觀》（第 1019 頁）載，「景龍三年四月，大理少卿盧懷慎上疏曰：『伏準去年閏九月十三日敕，宜於兩京及荊、揚、益、蒲等州，各置景雲、翊聖等觀，……』」。

〔註 131〕《唐會要》卷五十《觀》，第 1019 頁。

〔註 132〕詳見《揚州宗教》，第 219 頁。

〔註 133〕詳見《揚州宗教》，第 227 頁。

　　司徒廟，又稱五顯司徒廟、五位司徒廟，位於今蜀岡大明寺西側，約始建於南朝陳代，爲道教廟宇。供奉五尊神像，分別姓茅、許、祝、蔣、吳。五人既非歷史名人，也非道教神仙，而是民間傳說的異姓兄弟、孝義之士。隋代封司徒、加廟號。唐代繼續存在。〔註134〕

　　白鶴宮，位於今揚州市裏下河農科所內玉鈎斜下。〔註135〕

　　玉清道觀，創建於隋代，早已不存，所在位置疑亦不可考。唐代可能尚存。〔註136〕

　　金洞道觀，創建於隋代，早已不存，所在位置疑亦不可考。唐代可能尚存。〔註137〕

　　根據以上所列各項材料，可將唐五代揚州城內的道教宮觀情況歸納列表如下：

表 3-3：唐五代揚州城道教宮觀分佈情況

名稱	所在位置	時間	類型	備註
龍興觀		神龍（705～706）初	道士觀	神龍初，李含光以清行度爲道士，居此。
紫極宮			道士觀	
望（迎）仙樓	公廨邸北，跨河爲之	乾符六年（879）十月後至光啓三年（887）四月前（詳見吳廷燮：《唐方鎮年表》卷五《淮南》，北京：中華書局，1980 年，第737～738 頁。）		高駢令呂用之建
延和閣	（公廨）大廳之西	乾符六年（879）十月後至光啓三年（887）四月前		每旦，焚名香，列異寶，以祈王母之降
東陵聖母廟	（江都）縣南三十里			

〔註134〕詳見《揚州宗教》，第 228 頁。
〔註135〕詳見《揚州宗教》，第 237 頁。
〔註136〕詳見《揚州宗教》，第 238 頁。
〔註137〕詳見《揚州宗教》，第 238 頁。

唐昌觀		前身始建於漢成帝元延二年（前11）	道士觀	前身為建於漢成帝元延二年的后土祠；中和二年（882），改名唐昌觀。
眞符玉芝觀		天寶八載（749）閏六月詔建	道士觀	
翊聖觀		景龍二年（708）閏九月十三日敕建		
景雲觀		景龍二年（708）閏九月十三日敕建		
槐古道院，又稱槐蔭道院	今揚州市駝嶺巷10號	始建於唐代		
邗溝大王廟，又名吳王廟，俗稱邗溝財神廟	今城北鄉卜楊村	相傳最早建於漢代		
司徒廟，又稱五顯司徒廟、五位司徒廟	今蜀岡大明寺西側	約始建於南朝陳代		隋代封司徒、加廟號；唐代繼續存在。
白鶴宮	今揚州市裏下河農科所內玉鈎斜下			
玉清道觀		創建於隋		
金洞道觀		創建於隋		

　　根據有關史料及表3條列，唐五代揚州大約有道教宮觀15處。其中，可能為道士觀的有4處，占揚州宮觀總數的26.7%。始建於漢代的1處（唐昌觀的前身后土祠雖始建於漢成帝延和二年，但作為道教宮觀來說，其最重要的關節是中和二年，高駢建三清殿，並改為道觀，供呂用之居住，故將唐昌觀的時間記為唐中和二年），約占揚州宮觀總數的6.7%；始建於南朝陳的1處，約占總數的6.7%；始建於隋代的2處，約占13.3%；建於唐前期的4處（中宗神龍時期1處，景龍時期2處，玄宗天寶時期1處），占總數的26.7%；建於唐後期的2處，皆為高駢主政揚州時所建，占總數的13.3%；尚有1處，不明於唐代何時所建。

四、成都道教宮觀

　　川蜀地區自東漢末以來一直是道教的一大中心,「成都乃神仙所聚之處」〔註138〕。直到北宋初,「道教之行,時罕習尚;惟江西、劍南,人素崇重」〔註139〕。可見,唐五代時期,成都道教之盛。作爲唐五代道教的一大中心,成都的道教宮觀亦不在少數。

　　龍興觀。據杜光庭《謝恩賜玉局化老君表》載,「……宣賜玉局洞門石像老君歸龍興觀御容院閣下西間奉安供養……」〔註140〕。另有開元十七年(729)所立,由李邕撰書的《龍興觀碑》;〔註141〕以及前蜀光天元年(918)所立,由龐延翰撰,龐東表篆刻的《重修龍興觀碑》〔註142〕。可見,唐代成都有龍興觀。又據《雲笈七籤》載,「成都龍興觀,即後周至眞觀也。基址廣袤,四面通街。大殿、講堂、玉華宮、碑碣皆在」〔註143〕。《寶刻類編》則載,有前蜀乾德四年(922)立,楊德輝撰《重修玉華宮仙碑銘》,在成都。〔註144〕據此推測,玉華宮似爲龍興觀內一道教建築而已。

　　興聖觀,曾名貞元觀、紫極宮,至德時期(756～758)改名興聖觀。據唐代杜光庭《謝恩賜興聖觀宏一大師張潛修造表》載,「……左街興生觀……觀宇蕭條,像設塵翳。爰敷綸渥,載俾葺崇。伏以前建觀地接玉清,昔爲道學。尋改貞元之宇,復標紫極之宮。至德年中,易名興聖。前臨廣陌,東距錦江。宛是靈墟,實惟勝所……」〔註145〕。

　　天長觀。《益州名畫錄》載,「天長觀、龍興觀、龍虎宮……皆元眞粧肉色……」〔註146〕。可知,唐代成都有天長觀。然據《道門通教必用集》載,

〔註138〕《太平廣記》卷八十五《擊竹子》,第550～551頁。

〔註139〕宋・李燾:《續資治通鑒長編》卷七十二《眞宗・大中祥符二年十月甲午》,北京:中華書局,2012年。

〔註140〕唐・杜光庭:《謝恩賜玉局化老君表》,見《全唐文》卷九百二十九,第4294頁。

〔註141〕宋・佚名:《寶刻類編》卷三《名臣十三之二・唐》,見清・孫星衍等:《歷代碑誌叢書》,南京:江蘇古籍出版社,1998年,第一冊,第712頁。

〔註142〕《寶刻類編》卷七《名臣十九・前蜀》,見《歷代碑誌叢書》第一冊,第777頁。

〔註143〕宋・張君房編,李永晟點校:《雲笈七籤》卷一百十七《王峰吳行魯毀掘成都龍興觀驗》,北京:中華書局,2003年,第2581頁。

〔註144〕《寶刻類編》卷七《名臣十九・前蜀》,《歷代碑誌叢書》第一冊,第778頁。

〔註145〕唐・杜光庭《謝恩賜興聖觀宏一大師張潛修造表》,見《全唐文》卷九百二十九,第4293～4294頁。

〔註146〕宋・黃休復:《益州名畫錄》卷中《楊元眞》,成都:四川人民出版社,1982年,第96頁。

「……開元中復召爲民鑭疫。眞人視色代脈，布氣初屙。民賴以安十有八九。上寵錫不受，乞歸蜀，請以居第爲大千秋觀。上親書額，李邕文其碑。後因天長節，改爲天長觀。復議別營修。或有客至，授以黃白術。雖飛甍連搆，頗極壯麗，所費萬計……宋宣和中，改爲仙隱觀，在成都北城內」〔註147〕。而李邕確曾撰寫過於開元二十六年（738）七月所立的《千秋觀碑并陰》〔註148〕。似可推之，開元時期，劉知古所居之道觀名（大）千秋觀，後改名天長觀，位於成都北城內。

嚴君平觀。據《益州名畫錄》載，「今嚴君平觀《杜天師光庭眞》，……並覰龜筆，見存」〔註149〕。又據《茅亭客話》載，「僞蜀將季，延秋門內嚴眞觀前蠶市，……」〔註150〕。可知，嚴君平觀又名嚴眞觀，位於延秋門內。

上清宮。據《益州名畫錄》載，「王蜀少主以高祖受唐深恩，將興元節度使唐道襲私第爲上清宮。塑王子晉爲遠祖。於上清主殿命覰龜寫大唐二十一帝御容於殿堂之四壁。……」〔註151〕。前蜀後主王衍時期，以唐道襲私第建了上清宮。

龍虎宮。〔註152〕

玉局化。據杜光庭《謝恩賜玉局化老君表》載，「……宣賜玉局洞門石像老君歸龍興觀御容院閣下西間奉安供養……」〔註153〕。此外，杜氏還有《上元玉局化眾修黃籙齋詞》〔註154〕及《蜀王爲月虧身宮於玉局化醮詞》〔註155〕等文，皆證明成都有道教宮觀玉局化。《太平寰宇記》則載，「玉局壇，在城

〔註147〕宋・呂太古編：《道門通教必用集》卷一《矜式篇・歷代宗師略傳・劉知古》，文物出版社、上海書店、天津古籍出版社編：《道藏》，上海：上海書店，1988年，第32分冊，第7頁。

〔註148〕《寶刻類編》卷三《名臣十三之二・唐》，《歷代碑誌叢書》第一冊，第725頁。

〔註149〕《益州名畫錄》卷中《杜覰龜》，第64頁。

〔註150〕宋・黃休復：《茅亭客話》卷五《白蝦蟇》，見宋・錢易、黃休復：《南部新書 茅亭客話》，上海：上海古籍出版社，2012年。

〔註151〕《益州名畫錄》卷中《杜覰龜》，第63頁。

〔註152〕詳見《益州名畫錄》卷中《楊元眞》，第96頁。

〔註153〕唐・杜光庭撰：《謝恩賜玉局化老君表》，見《全唐文》卷九百二十九，第4294頁。

〔註154〕唐・杜光庭撰：《上元玉局化眾修黃籙齋詞》，見《全唐文》卷九百三十五，第4316頁。

〔註155〕唐・杜光庭撰：《蜀王爲月虧身宮於玉局化醮詞》，見《全唐文》卷九百三十九，第4333頁。

南柳堤玉局觀內。張道陵得道之所，其一也」〔註156〕。由此可知，玉局化或名玉局觀，位於城南柳堤。

青羊宮。據唐僖宗《改元中觀爲青羊宮詔》載，「……今因巡幸……將殲大盜之兵戈，永耀中興之事業。須傳簡冊，兼示寰區。以付史官，備令編錄。仍模勒文字，告示諸道及軍前。其觀可改號青羊宮，仍置殿堂屋宇。側近屬觀田地約有兩頃，近來散屬黎氓，多植蔥蒜。清虛之地難使熏蒸，已賜錢二百貫，便令收贖。仍給公驗，永歸精廬……」〔註157〕。可知，唐僖宗入蜀後，將元中觀改名青羊宮，並恢復其觀屬兩頃土地。《太平寰宇記》亦載，「青羊肆。《蜀本紀》云：『老子爲關令尹喜著《道德經》，臨別曰：『子得道千日後，於成都郡青羊肆尋吾。』』今爲青羊觀也」〔註158〕。明確記載青羊宮位於青羊肆。

至眞觀。據《雲笈七籤》載，「于滿川者，是成都樂官也。……忽三月三日，滿川於學射山通眞觀看蠶市」〔註159〕。另有儀鳳二年（677）正月十五日所樹立的，由盧子年撰寫的《至眞觀主黎尊師碑》〔註160〕。可證唐代成都有至眞觀，位於學射山。

福唐觀。據杜光庭《歷代崇道記》載，「（天寶）十五載，帝幸蜀。……成都置福唐觀」〔註161〕。杜光庭另有《題福唐觀》詩二首〔註162〕。可知，天寶十五載（756），玄宗敕建福唐觀。

乘燕觀。據《太平寰宇記》載，「讀書臺，在（華陽）縣北一里。……在章城門路西，今爲乘燕（原文作「煙」，誤。今據嚴文改。）觀」〔註163〕。可知，乘燕觀位於章城門路西。

〔註156〕《太平寰宇記》卷七十二《劍南西道·益州》，第1470頁。

〔註157〕唐僖宗撰：《改元中觀爲青羊宮詔》，見《全唐文》卷八十七，第400頁。

〔註158〕《太平寰宇記》卷七十二《劍南西道·益州》，第1468頁。

〔註159〕《雲笈七籤》卷一百十二《神仙感遇傳·于滿川》，第2430頁。

〔註160〕《寶刻類編》卷八《道士二·唐》，見《歷代碑誌叢書》第一冊，第790頁。

〔註161〕唐·杜光庭撰：《歷代崇道記》，見《全唐文》卷九百三十三，第4308頁。

〔註162〕唐·杜光庭撰《題福唐觀二首》：「盤空蹋翠到山巔，竹殿雲樓勢逼天。古洞草深微有路，舊碑文滅不知年。八州物象通簷外，萬里煙霞在目前。自是人間輕舉地，何須蓬島訪眞仙。　曾隨雲水此山遊，行盡層峰更上樓。九月登臨須有意，七年岐路亦堪愁。樹紅樹碧高低影，煙淡煙濃遠近秋。暫熱爐香不須去，停陪天仗入神州」，見清·彭定求等編：《全唐詩》卷八百五十四《杜光庭》，北京：中華書局，1960年，第9665頁。

〔註163〕《太平寰宇記》卷七十二《劍南西道·益州》，第1468頁。

貞（或作「眞」）移觀，「即王方平得道處也」〔註164〕。

乘煙觀。據《太平寰宇記》載，「武侯宅，在府西北二里。今爲乘煙觀，有祠在觀內」〔註165〕。可知，乘煙觀在府西北二里。

大道觀。有咸亨五年（674）所立，由東方璆撰寫的《大道觀記》碑。〔註166〕則大道觀於咸亨五年便已存在。

天師觀。《寶刻類編》載，有王參元撰並書，貞元十二年（796）立於成都的《天師觀修功德記》。〔註167〕又據《益州名畫錄》所載，「廣政中，壽儀往彼焚香齋潔模寫，將歸邛州。天師觀西院上壁其畫，但窮精粹筆力，因於素卿神彩氣運，有過時流。一堂六堵，見存」〔註168〕。可以推測，天師觀似於貞元十二年（796）之前已然存在。

太清觀。據《寶刻類編》載，有後唐天成二年（927），杜光庭所撰《太清觀取鐘並修觀記》，在成都。〔註169〕可證，後唐天成二年之前，成都便有太清觀存在。

仙居觀。杜光庭有《題仙居觀》詩一首，云：「往歲眞人朝玉皇，四眞三代住繁陽。初開九鼎丹華熟，繼躡五雲天路長。煙鎖翠嵐迷舊隱，池凝寒鏡貯秋光。時從白鹿岩前往，應許潛通不死鄉」〔註170〕。又據杜光庭《皇帝醮仙居山詞》載，「今年七月八日，漢州什邡縣百姓郭迴芝於仙居觀採藥。掘地得銅牌，……」〔註171〕。

鴻都觀。杜光庭有《題鴻都觀》詩，云：「亡吳霸越已功全，深隱雲林始

〔註164〕《太平寰宇記》卷七十二《劍南西道・益州》，第1469頁。

〔註165〕《太平寰宇記》卷七十二《劍南西道・益州》，第1470頁。

〔註166〕《寶刻類編》卷二《名臣十三之一・唐》，《歷代碑誌叢書》第一冊，第701頁。

〔註167〕《寶刻類編》卷四《名臣十三之四・唐》，《歷代碑誌叢書》第一冊，第734頁。

〔註168〕《益州名畫錄》卷下《李壽儀》，第113頁。

〔註169〕《寶刻類編》卷七《名臣十五・後唐》，《歷代碑誌叢書》第一冊，第755頁。

〔註170〕唐・杜光庭撰：《題仙居觀》，見《全唐詩》卷八百五十四《杜光庭》，第9663頁。

〔註171〕唐・杜光庭撰：《皇帝醮仙居山詞》，見《全唐文》卷九百四十一，第4340頁。然據譚其驤主編《中國歷史地圖集・第五冊：隋、唐、五代十國時期》（北京：中國地圖出版社，1982年，第65～66頁）所繪，漢州爲益州的臨州，什邡與成都的距離並不十分遙遠。故仙居觀位於成都，還是漢州什邡頗有疑慮。今從嚴文，暫歸於成都宮觀之列。

學仙。鸞鶴自飄三蜀駕，波濤猶憶五湖船。雙溪夜月明寒玉，眾嶺秋空斂翠煙。也有扁舟歸去興，故鄉東望思悠然」〔註172〕。

都慶觀。杜光庭有《題都慶觀》詩，云：「三仙一一駕紅鸞，仙去雲閒繞古壇。煉藥舊臺空處所，掛衣喬木兩摧殘。清風嶺接猿聲近，白石溪涵水影寒。二十四峰皆古隱，振纓長往亦何難」〔註173〕。

江瀆祠，據《太平寰宇記》載，「江瀆祠，在（華陽）縣南上四里」〔註174〕。

開元觀。據杜光庭《歷代崇道記》載，「明皇開元中敕諸道，並令置開元觀」〔註175〕。似可推測，成都於開元時期曾建有開元觀。

景雲觀。景龍二年（708）閏九月十三日敕建。〔註176〕

翊聖觀。景龍二年閏九月十三日敕建。〔註177〕

真符玉芝觀，天寶八載（749）六月詔建。〔註178〕

由以上各條材料，可將唐五代成都的道教宮觀情況歸納列表如下：

表3-4：唐五代成都道教宮觀分佈情況

名稱	所在位置	時間	類型	備註
龍興觀		建於開元十七年（729）或之前		前蜀光天元年（918），重修；後周名至真觀
興聖觀，曾名貞元觀、紫極宮	左街			至德（756～757）時期改名興聖觀
天長觀	成都北城內	開元中始建		開元中，以劉知古居第為大千秋觀，後改為天長觀
嚴君平觀，又名嚴真觀	延秋門內			

〔註172〕唐・杜光庭撰：《題鴻都觀》，見《全唐詩》卷八百五十四《杜光庭》，第9663頁。

〔註173〕唐・杜光庭撰：《題都慶觀》，見《全唐詩》卷八百五十四《杜光庭》，第9663～9664頁。

〔註174〕《太平寰宇記》卷七十二《劍南西道・益州》，第1464頁。

〔註175〕唐・杜光庭撰：《歷代崇道記》，見《全唐文》卷九百三十三，第4307頁。

〔註176〕《唐會要》卷五十《觀》，第1019頁。

〔註177〕《唐會要》卷五十《觀》，第1019頁。

〔註178〕《冊府元龜》卷五十四《帝王部・尚黃老二》，第602～603頁。

上清宮		前蜀王衍時期		王衍以唐道襲私第爲上清宮
龍虎宮				
玉局化，又名玉局觀	城南柳堤			張道陵得道之所
青羊宮	青羊肆			唐僖宗入蜀後，將元中觀改名青羊宮
至（通）眞觀	學射山	儀鳳二年（677）以前		
福唐觀		天寶十五載（756）		
乘燕觀	章城門路西			
貞（眞）移觀				王方平得道處
乘煙觀	府西北二里			
大道觀		咸亨五年（674）或以前		
天師觀		貞元十二年（796）之前		
太清觀		後唐天成二年（927）之前		
仙居觀				
鴻都觀				
都慶觀				
江瀆祠	華陽縣南上四里			
開元觀		開元中敕建		
景雲觀		景龍二年（708）閏九月十三日敕建		
翊聖觀		景龍二年（708）閏九月十三日敕建		
眞符玉芝觀		天寶八載（749）六月詔建		

　　根據上文條列唐五代成都道教宮觀情況與表 4 所示，唐五代成都約有道教宮觀 24 處。建於唐前期或之前的約有 7 處（高宗儀鳳時期 1 處，中宗景龍時期 2 處，玄宗開元天寶時期 4 處），約占唐五代成都道教宮觀總數的 29.2%；建於唐後期或以前的約有 2 處（玄宗天寶十五年 1 處，德宗貞元時期 1 處），約占成都宮觀總數的 8.3%；五代時期 2 處，約占總數的 8.3%。

　　就唐五代三四百年的歷史長度來說，四表所列的宮觀數量和有關信息是相當不足的，有眾多的缺失。而材料來源也僅限於已公之於眾的碑刻、道藏等史料及出土文物。加之，限於個人水平和能力，必然尚有一些唐五代時期四大都市的宮觀未能勾檢出來。另有一些宮觀雖編輯入表，卻不無疑問。如長安景雲觀，有無既有疑問，而目前史料殘缺，無法確定，只得循先賢之軌轍，編入表中。又如成都仙居觀，其位於漢州什邡，還是成都亦頗成疑，而有關材料又不足以遽下定論，故亦先編入表中。此外，由於四大都市的有關史料與研究的不平衡性，也使得相關的宮觀數量出現偏差。如長安、洛陽作爲隋唐的兩都，有大量的都市材料與後人研究存世，而揚州的有關史料則相對較少。因此，借由這些材料所構建出來的歷史圖像自然有所偏失。不過四表中所列事例大致也能證明，在唐五代時期，四大都市道教宮觀的一些特徵。此外，這些材料也讓我們有機會知道當時四大都市道教宮觀的存在背景，以及都市宮觀的地理分佈情況和宮觀興建修繕等的大致時間。

第二節　四大都市宮觀分佈特點

　　上文四表所列唐五代四大都市宮觀分佈情況，雖有種種不足和缺陷，但是有些記載仍無意間透露了宮觀的具體位置、發起者、執行者、參與者、興建修繕經過、立觀目的、性質，以及國家、社會、民眾對宮觀的態度等。

　　根據表 1 至表 4 所示，唐五代時期，四大都市合計有 109 處道教宮觀。長安 48 處，約占四大都市宮觀總數的 44%；洛陽有 22 處，約占總數的 20.2%；揚州 15 處，約爲 13.8%；成都 24 處，占 22%。長安的宮觀數量遠超其餘三地，居第一位。成都宮觀數量爲長安的一半，位居第二。洛陽宮觀比成都少兩處，居第三。揚州宮觀數量最少。

　　其次，從可以大致推測的宮觀始建時間上看，長安隋代及之前始建宮觀 10 處，唐前期建 24 處，唐後期 2 處；洛陽隋代始建宮觀 1 處，唐前期約 9 處，

唐後期似爲 1 處；揚州隋代及之前始建宮觀 4 處，唐前期 4 處，後期 2 處；成都唐前期始建宮觀 7 處，後期約有 2 處。四大都市中可大致推測始建時間的宮觀約有 66 處。其中隋代及之前始建的合計 15 處，約占可推測始建時間宮觀總數的 22.7%；唐前期始建的有 44 處，占 66.7%；唐後期五代始建的有 7 處，約爲 10.6%。可見，唐五代時期，四大都市的宮觀主要興建於唐前期，特別集中於高宗至玄宗時代。當然唐五代四大都市宮觀的興盛也是繼承了南北朝隋代宮觀發展的基礎。而唐後期及五代，四大都市的宮觀興建則陷入低潮，轉而以修繕、重建等維護工作爲主。長安、洛陽兩地此一時期的宮觀興建相對衰落的程度更大。而揚州、成都二地則由於高駢、王建父子的崇道，有一些新的宮觀創建；舊有宮觀的修繕等工作似乎在唐後期及五代時期也比長安、洛陽活躍。由此似可蠡測，唐後期五代時期，兩京地域的道教開始衰落，江南、巴蜀地區的道教則仍維持著較爲繁盛的局面。道教中心地域進一步向中國南方——江南及巴蜀傾斜。

而從可估測爲道士觀或女冠觀的數量上看，長安有道士觀 14 處，女冠觀 7 處，道士女冠間變化的 5 處；洛陽有道士觀 3 處，女冠觀 4 處，兩者間變化的 3 處；揚州僅有 4 處道士觀似可估測；成都則無一道觀可估測爲道士觀或女冠觀。從這一不完全的統計數據看，似乎在兩京地區，道士觀與女冠觀的區分較爲嚴格，而成都、揚州等地道士觀與女冠觀的分別並非十分森嚴。同時，可能兩京地區集中了較多的女冠，特別是自皇族或顯貴入道的女冠。成都、揚州等地的女冠則相對較少，且大部分身份不高，無力主持一獨立的女冠觀。

其四，上文各表所列四大都市 109 處宮觀中，絕大多數爲國家或地方政府所建的宮觀，且大部分爲帝王敕建。它們大多需要依賴政府的支持才能存在和發展。而由民間、信眾出資等建立的宮觀極少。由此可見，四大都市的道教宮觀幾乎都在國家的直接控制之下。道教已然成爲唐五代統治者控制民眾的一種手段。

綜上所述，唐五代時期四大都市的道教宮觀數量頗爲可觀。這是繼承了南北朝及隋代宮觀發展的基礎上繼續發展而來的。唐前期是四大都市宮觀興建的頂峰。唐後期五代宮觀的興建漸趨稀少，以重建、修繕爲主。且兩京地域的宮觀興建、修繕活動衰落速度遠大於揚州、成都。而道士觀與女冠觀的區分，似乎也是兩京地區比揚州、成都嚴格。

第三節　四大都市宮觀分佈之原因

唐五代時期，四大都市宮觀分佈的特點顯然是有多種因素共同作用而形成的。而其中四大都市本身地理因素的作用似乎佔據著十分重要的地位。

首先，都市宮觀分佈與都市、交通的關係。從上文所見的唐五代時期長安、洛陽、揚州、成都四個都市的道教宮觀分佈，可以看出這四個都巾都有大量的道教宮觀存在。而這四個都市又是唐五代時期最繁榮的都市以及交通幹線的樞紐。道教宮觀大量集中在這四個處於交通樞紐的大都市，而非其它的地域，顯然並非是偶然的。

在上文條列的四大都市合計 109 處道教宮觀中，長安佔了 48 所，超過了40%。洛陽有 22 處，約占 20%。長安為北周、隋、唐三代的首都，是中原地區進入隴右、西域和川蜀的重要據點。在人口以及經濟的繁榮上，都是隋唐時期別的城市無法企及的。其政治中心的地位更是獨一無二。因此，早在北周時期長安及其周邊的太白、終南等山就有大量宮觀存在的記載。而太清宮更是得到了唐朝歷代帝王的大力資助，起著全國道教學習中心的作用，進而形成了一整套的太清宮制度。〔註179〕帝王、貴族等資助的宮觀更是大量存在於長安城內，使得長安道教宮觀有著相當的規模。

洛陽居天下之中，因此東制江淮，西通秦隴，南控襄樊，北接趙魏，恰繫海內交通輻輳之焦點，又是武周的神都、隋唐的東都，更是隋唐大運河的中心節點。各地的道教信眾、高道以及教派以洛陽為他們進行各種宗教活動的目的地。例如茅山宗著名的宗師司馬承禎曾居於洛陽附近的王屋山〔註180〕，潘師正隱居於嵩山〔註181〕。由此可以看出隋唐五代時期洛陽道教之繁盛。

揚州自隋代開始就是江淮間的重鎮，是隋唐大運河的重要節點。特別是安史之亂後，隨著長江以南地區的發展，揚州的重要性更為凸顯。「揚一益二」高度概括了唐五代時期揚州的繁華。自漢末三國以來，揚州就處於天師道廣為流行的濱海地域之內。〔註182〕道教信仰的傳統頗為深厚。唐末高駢主政時

〔註179〕詳見丁煌：《唐代道教太清宮制度考（上）》，及《唐代道教太清宮制度考（下）》二文。

〔註180〕《舊唐書》卷一百九十二《隱逸傳・司馬承禎傳》（第5128頁）載，唐玄宗「以（司馬）承禎王屋所居為陽臺觀，上自題額，遣使送之」。

〔註181〕據《舊唐書》卷一百九十二《隱逸傳・潘師正傳》（第5126頁）載，唐高宗「尋敕所司於（潘）師正所居造崇唐觀，嶺上別起精思觀以處之」。

〔註182〕詳見陳寅恪：《天師道與濱海地域之關係》，《金明館叢稿初編》，北京：三聯

期，揚州的道教宮觀更是興盛。而便利的水路交通也使得揚州與江南、荊襄、中原的道派、信眾、高道等的流動十分方便。〔註183〕

　　成都爲唐代西南地區的政治中心，更是五代時期前、後蜀的都城所在。自安史之亂，玄宗避亂入蜀後，成都的政治地位急劇抬升。僖宗時也曾入蜀暫居成都。唐五代時期，成都具備了政治、軍事、商業、交通及農業等多種功能，其條件的優越，超過了西南地區任何城市。〔註184〕成都是西南地區水路交通網輻輳中心，透過長江及其支流等水道系統，可順流進入荊楚，進而南入江浙，北上中原。陸路可由漢中，直入關中與隴右。成都道教宮觀的興盛，與此種交通及重要城市的特性有著密切的關係。而自東漢末張魯以五斗米道割據漢中垂三十年起，巴蜀地區就一直是道教發展和流佈的核心地域。成都作爲本地域內最爲重要的城市，道教宮觀的興建、維修等受到了唐五代歷朝統治者的高度重視。

　　從四個都市道教宮觀分佈與都市、交通之關係來看，這四個都市全部位於運河、長江等古水道系統上。也都是首都，或割據政權國都的重要城市，及交通孔道的重要地點。如果從唐代道教分佈的情況來看，這四個都市恰好位於唐代道教的三個中心地域——江南、巴蜀與兩京的輻射範圍之內。到了唐後期及五代，從上文所述四大都市道教宮觀情況分析，道教的中心逐漸向江南與巴蜀移動。

　　其次，道教宮觀分佈與洞天福地的關係。長安周圍有四大道教名山，終南、太白、樓觀與華山；洛陽附近有王屋、嵩山兩大道教聖地；揚州與上清派祖庭茅山隔長江相望；成都與青城山雖分屬二州，卻近如比鄰。這一獨特的地理位置，與四大都市中的道教宮觀分佈情況之間，似乎並不是毫無關聯的。

書店2009年，第1～46頁。

〔註183〕如《太平廣記》卷二十三《張李二公》（第158頁）引《廣異記》載，「唐開元中，有張李二公，同志相與，於泰山學道。……天寶末，……尋奉使至揚州。途觀張子，……方知張已得仙矣」。《雲笈七籤》卷一百十三下《傳·劉商》（第2502～2503頁）載，「劉商，彭城人也，家於長安。……性躭道術，逢道士即師資之，煉丹服氣，靡不勤切。……遊及廣陵，於城街逢一道士賣藥，……過江，遊茅山，……」。《太平廣記》卷二十三《馮俊》（第156～157頁）引《原仙記》載，「唐貞元初，廣陵人馮俊，……常遇一道士，……乃湖南廬山下星子灣也。道士上岸」。

〔註184〕詳見嚴文。

　　隋唐時期，長安、洛陽雲集了大量的高道，如司馬承禎、李含光、潘師正等。他們在城內有居住的宮觀的同時，往往也會在兩京周圍的道教名山受賜或修建駐蹕的宮觀，有的甚至長期駐留於名山宮觀之中。如顏眞卿《有唐茅山玄（原文作「元」）靖先生廣陵李君碑銘並序》載「玄（原文作「元」）宗知（李含光）先生偏得子微之道，乃詔先生居王屋山陽臺觀以繼之」〔註185〕。潘師正「棲於太室逍遙谷，積二十年，……（高宗）尋敕於所居造崇唐觀，嶺上別起精思院以處之。敕置奉天宮」〔註186〕。開元十年，玄宗命司馬承禎「於王屋山自選形勝，置壇宇以居之。……敕於先生所居置陽臺觀，帝自書額」〔註187〕。而李含光後歸隱茅山，傳佈教義。他們駐蹕於這些名山，大大增強了信眾對這些聖地的朝聖祈福之心。眾多道眾、信徒前往並定居於這些名山及其周圍的都市。爲這四大都市大量宮觀的存在，奠定了一個十分堅實的信眾基礎。

　　唐代的皇室成員及達官貴人在出家爲道後，也多在兩京城內與附近名山大置宮觀。如《古樓觀紫雲衍慶集》載，「今樓觀南山之麓，有玉眞公主祠堂存焉。俗傳其地曰：即宮，以爲主家別館之遺址也。然碑誌湮沒，圖經廢舛，始終興革，無以考究。爲開元中戴璿樓觀碑，有玉眞公主師心此地之語，而王維、儲光羲皆有玉眞公主山莊、山居之詩，則玉眞祠堂爲觀之別館審矣。因盡錄唐人題詠，刻之祠中」〔註188〕。樓觀山的玉眞祠可能僅是玉眞公主出家後諸多駐蹕宮觀中的一處。其在終南、太白、華山等地可能亦有駐蹕的宮觀。〔註189〕而與玉眞公主同時入道的金仙公主似乎也在兩京城內及周圍名山有大量駐蹕的宮觀存在。這些入道權貴流連於城內與名山中的宮觀。高道們也需要在都市的宮觀中應對現實政治和傳教的需求，而在山林宮觀中修持。這些都使得鬧市與山林兩處的宮觀有著十分密切的聯繫

〔註185〕唐‧顏眞卿撰：《有唐茅山玄靖先生廣陵李君碑銘並序》，見《全唐文》卷三百四十，第1523～1524頁。

〔註186〕《雲笈七籤》卷五《經教相承部‧中嶽體玄潘先生》，第81頁。

〔註187〕《雲笈七籤》卷五《經教相承部‧王屋山貞一司馬先生》，第83頁。

〔註188〕朱象先輯：《古樓觀紫雲衍慶集》卷下《次韻‧蘇子由》，見文物出版社、上海書店、天津古籍出版社編：《道藏》，上海：上海書店，1988年，第19冊，第566頁。

〔註189〕如《玉眞公主朝謁應□□眞源宮受□□□王屋山仙人臺靈壇祥應記》，見《全唐文》卷九百二十七，第4284～4285頁。似反映了玉眞公主於王屋山亦有駐蹕的宮觀，唯碑文殘缺過甚，未可遽然確定。

　　由此看來，四大都市靠近道教名山這一特殊的地理位置與城內道教宮觀的分佈情況之間有著十分密切的聯繫。各大道教聖地，如終南、王屋、嵩山、青城、茅山等吸引了大量的高道、道眾和信徒前往朝聖祈福。也使得附近的都市成為道教信仰濃厚的地域，為大量宮觀的存在奠定了堅實的群眾基礎。而都市與山林宮觀之間由於高道、入道顯貴等的流連駐蹕，形成了十分緊密的聯繫，從而令四大都市的道教宮觀與周圍山林間的宮觀連結成為一個整體，相互依存。

結　論

　　隋唐五代時期，長安、洛陽、揚州、成都四大都市分佈著大量的道教宮觀，乃是繼承了南北朝及隋代宮觀發展的基礎上繼續發展而來的。在確定大致建築時間的宮觀中，大部分是唐代前期始建的，其餘的則分別是南北朝或之前、隋代以及唐後期五代所建。可見，唐前期是四大都市宮觀興建的頂峰。唐後期五代宮觀的興建漸趨稀少，以重建、修繕為主。從唐後期開始，兩京地域的宮觀興建、修繕活動衰落速度遠大於揚州、成都。道教中心開始向江南、巴蜀兩地傾斜，兩京的道教中心地位逐漸喪失。從整個唐五代時期來看，長安擁有 48 處宮觀，是四個都市中最多的。成都擁有 24 處，洛陽 22 處，揚州 15 處。道士觀與女冠觀的區分，似乎也是兩京地區比揚州、成都嚴格。

　　四大都市可以集中如此多的宮觀，是與其自身的地理條件息息相關的。便利的水路交通可以讓信眾、道徒等十分便捷地到達，並聚集起來進行道教科儀等活動；得天獨厚的地理位置令這四大都市周圍的道教聖地成為都市宮觀發展的一大助力。使得這四大都市中的宮觀與附近山林裏的宮觀形成一個整體，互相依存。共同構成了唐代道教的三個重要核心地域——兩京、巴蜀和江南。

第四章　唐代基層社會的道教信仰

　　唐代是道教信仰從廣爲傳播流行到極爲興盛的時期，從帝王公卿、貴族百官、到庶民奴婢，都沉浸在虔誠的道教信仰中。道教的教義、儀式深深影響著人們，並且融入他們的日常生活。然而，迄今關於中國道教史的研究多偏重於上層階級的討論，貴族、官員和高道所熱衷的教義科儀、朝廷對道教的政策等方面。何以造成這種偏差？這大半要歸因於其所使用資料的緣故。關於這一時期的正史中，大量記載的都是權貴或高道的道教活動，其中極少提及關於平民道教信仰方面的情況。至於集道教資料之大成的《道藏》等也很少有相關的材料。因此，這些典籍並不能顯現中國道教的全貌。且道藏也多偏重於著名宮觀及在期間活動道俗的記載，而很少有鄉村方面道教的記錄。柯瑞思（Russell Kirkland）先生曾表示「當前對唐代道教瞭解的另一個盲點是現在我們大部分的詳細信息只包含了文化與政治精英們的活動：皇帝、官員、貴族、詩人、藝術家以及書法家們都十分愜意地混跡於這個圈子中。事實上，我們現存的資料都是由唐朝和五代的社會文化精英們所編著，……我們目前對於中國中古時期大眾生活中的道教還知之甚少。即便那些遠離朝廷的道士們所編著的歷史著作也傾向於強調皇家對道士個人和教團的認可與敕封」〔註1〕。幸而，有一類沒有收錄在《道藏》等典籍中的道教信徒造像、造經等的金石資料，卻蘊含著不少基層道教和平民信徒的資料。

　　所謂的金石資料，包括道教信徒在造像時鐫刻在神像或神龕等處的銘

〔註 1〕（美）柯瑞思（Russell Kirkland）著，曾維加、劉玄文譯：《唐代道教的多維度審視：20 世紀末該領域的研究現狀》，見《唐代道教——中國歷史上黃金時期的宗教與帝國》，濟南：齊魯書社，2012 年，第 118～156 頁。

文；記錄道教科儀等活動的碑刻；以及有關的金、玉、石、竹、木簡的簡文等。自道教於漢末興起以來，便有了相關的金石材料。近年來，越來越多的研究者關注到這些金石材料，陳垣先生主持編纂的《道家金石略》〔註2〕一書就爲此提供了研究的便利。而黃海德〔註3〕、宋仁桃〔註4〕、胡彬彬〔註5〕、胡文和〔註6〕、小林正美〔註7〕、王金翠〔註8〕、神家淑子〔註9〕 等先生也對此有著深入的研究。這些金石材料的內容繁簡不一，有的只簡略地記錄了有關事件的年代日期和相關人物的姓名；有的則較爲詳細，包括道教義理、事件緣起、發起者的祈願、所屬的宗教信仰團體，參與的人數，以及所有參與者的姓名等。

　　唐代，道教無論在城市或鄉村都極爲興盛和流行。關於此一時期城市裏道教的狀況，現代的研究已頗有進展。如嚴耕望〔註10〕、張澤洪〔註11〕、李廷先〔註12〕、溫玉成〔註13〕等先生對長安等都市道教的研究，以及尤李

〔註 2〕陳垣編纂，陳智超、曾慶瑛校補：《道家金石略》，北京：文物出版社，1988年。

〔註 3〕黃海德：《中國西部古代道教石刻造像研究》，《世界宗教研究》1994年第1期，第93～103頁。

〔註 4〕宋仁桃：《唐代道教造像中的散髮女眞》，《中華文化畫報》2009年第7期，第119～121頁。

〔註 5〕胡彬彬：《造像記：造像背後的歷史》，《中國社會科學報》2011年9月8日，第15版。

〔註 6〕胡文和、曾德仁：《四川道教石窟造像》，《四川文物》1992年第1期，第31～40頁；胡文和、曾德仁：《四川道教石窟造像（續）》，《四川文物》1992年第2期，第39～47頁。

〔註 7〕（日）小林正美著，白文譯：《金籙齋法與道教造像的形成與展開──以四川省綿陽、安岳、大足摩崖道教造像爲中心》，《藝術探索》2007年第3期，第32～47頁。

〔註 8〕王金翠：《隋唐造像記發願文整理與研究》，西南大學中國古典文獻學碩士學位論文2011年。

〔註 9〕（日）神家淑子：《隋代の道教造像》，見《名古屋大學文學部研究論集・哲學》52，2006年。

〔註 10〕嚴耕望：《唐五代時期之成都》，《嚴耕望史學論文選集》，北京：中華書局，2006年，第175～231頁。

〔註 11〕張澤洪：《山林道教向都市道教的轉型：以唐代長安道教爲中心》，《四川大學學報（哲學社會科學版）》2006年第1期，第46～52頁；張澤洪、景志明：《唐代長安道教》，《宗教學研究》1993年Z1期，第1～8頁；張澤洪：《唐代敦煌道教的傳播》，《中國文化研究》2001年第1期，第59～64頁。

〔註 12〕李廷先：《唐代揚州的道教》，《東南文化》1990年5月Z1期，第46～51頁。

〔註 13〕溫玉成：《隋唐洛陽道教略述》，《中國道教》1990年第2期，第35～38頁。

〔註 14〕、羅燚英〔註 15〕、王承文〔註 16〕、王永平〔註 17〕、孫亦平〔註 18〕、曾維加〔註 19〕、孫振濤〔註 20〕等先生對某一地域或道教聖地的研究都勾勒出唐代各大都市與名山聖地的宮觀、道教的科儀與活動。至於基層社會的道教，則甚少這樣精深的研究或有系統的論述。在這種情況下，造像記、題記等金石材料就成爲管窺基層社會道教最直接而珍貴的資料。

所謂的造像記、題記，就是鐫刻在天尊像、老君像等神像上，或石窟內靠近神像石壁上，或碑石上的銘文。自道教興起以後，便有大量的造像等。近年來，考古發掘出大量北朝至隋唐的器物和摩崖造像，就是明證。道教徒除了彩繪、刺繡天尊等神像外，又以金、銅、石、木等塑像。其中尤以金、銅、石像的造像記和題記爲多。如四川蒲江飛仙閣的摩崖造像題記〔註 21〕，劍閣鶴鳴山的摩崖造像題記〔註 22〕，山西平陸縣出土的道教銅造像〔註 23〕，運城柏口窯出土的道教造像碑〔註 24〕等新出考古材料均極大的推進了通過造像記、題記對基層道教的研究。

本文係以唐代基層社會——出自諸鄉村、城鎮諸地區的有關金石材料爲

〔註 14〕尤李：《論唐廷對幽州宗教事務的介入》，《社會科學研究》2011 年第 3 期，第 154～159 頁。

〔註 15〕羅燚英：《東晉南北朝迄唐北嶽恒山道教探述》，《閩江學刊》2010 年第 5 期，第 72～79 頁；《廣州五羊傳說與五仙觀考論——漢晉迄宋嶺南道教微觀考察》，《揚州大學學報（人文社會科學版）》2012 年第 2 期，第 104～110 頁。

〔註 16〕王承文：《唐代羅浮山地區文化發展略論》，《中山大學學報（社會科學版）》1992 年第 3 期，第 74～82 頁。

〔註 17〕王永平：《隋末唐初的山西道教》，《滄桑》1999 年第 1 期，第 18～22 頁。

〔註 18〕孫亦平：《論杜光庭對蜀地道教的貢獻》，《宗教學研究》2004 年第 2 期，第 52～57 頁。

〔註 19〕曾維加：《道教的社會傳播研究——以公元六世紀前巴蜀及中國北方爲中心》，四川大學宗教學博士學位論文 2004 年。

〔註 20〕孫振濤：《論唐末五代時期西蜀地區崇道社會思潮》，《西華師範大學學報（哲學社會科學版）》2014 年第 1 期，第 102～105 頁。

〔註 21〕詳見曾德仁、李良、金普軍：《蒲江飛仙閣道教摩崖造像》，《四川文物》2003 年第 1 期，第 85～90 頁。

〔註 22〕詳見曾德仁、李良、金普軍：《四川劍閣鶴鳴山道教摩崖造像》，《四川文物》2004 年第 6 期，第 10～15 頁。

〔註 23〕詳見平陸縣博物館：《山西平陸縣出土一批隋唐佛道銅造像》，《考古》，1987 年第 1 期，第 42～47 頁。

〔註 24〕詳見運城地區河東博物館：《山西運城柏口窯出土佛道造像碑》，《考古》1991 年第 12 期，第 1096～1099 頁。

主，探討其時基層居民的道教活動與儀式，以及道教在基層社會所發揮的功能。

第一節　唐代有關造像等道教活動的風氣及其興盛的原因

　　唐代道教徒熱衷於建造天尊等神像，係受以下幾個因素的影響：佛道爭鋒的需要；李唐王朝歷朝帝王的推崇；地方為迎合上意的推動等。

一、唐代的道教造像活動

　　自北朝開始，中國道教建造天尊等神像的風氣大盛。進入隋唐時期，特別是唐玄宗統治期間，道教造像達到了頂峰。關於唐代造像的數目，由於史料多闕，確實難以估算。然現存的唐代道教大型石刻、造像等的遺存，僅四川一地就有綿陽玉女泉造像、安岳玄妙觀石刻、劍閣鶴鳴山造像、蒲江長秋山太清觀石刻、蒲江飛仙閣石刻造像、仁壽牛角寨石刻造像、丹稜龍鵠山造像等七處。僅玄妙觀一處即有石龕七十九個，鑴刻神像一千二百多尊。〔註25〕年代久遠，造像、石刻等實物歷經歲月湮埋，加以人為的破壞，所存者已不知是當時的多少分之一而已。

　　今日我們所知的唐代造像、石刻等，除了部分有銘記的神像可見諸於金石著錄、或方志的記載之外，從清末迄今，各地陸續有相關的神像、石刻、銘記等出土與發現。如山西平陸縣和運城柏口窯出土的唐代道教造像與碑銘。至於那些沒有銘記的造像，或者其銘記文字不夠雅致而為金石家割捨者，則湮沒難尋了。據《陝西金石志》載，「按元魏以來，造像滋多，……然迄今千數百年，渭北各縣荒村廢寺，此種古物猶累百盈千，惟文字欠雅馴，且漫漶過甚，不堪著錄」〔註26〕。所論雖是佛教造像、石刻等的情況，但道教造像、石刻等的情況似乎也頗為類似，甚至道教造像等湮沒的情況可能更為嚴重。

　　而文字欠雅馴，可能正是大多數基層民眾造像、石刻等的特色之一。著錄既少，漫漶又多，自然可以被今人利用進行研究的數量和質量就無法與權

〔註25〕詳見黃海德：《中國西部古代道教石刻造像研究》。
〔註26〕楊虎城等：《陝西金石志》卷六《魏‧邑老田清等造像》，《石刻史料新編》第一輯，臺北：新文豐出版公司，1977年，第22分冊，第16438頁。

貴、高道等的研究材料相提並論，這也造成了基層道教信仰研究的困境。

二、道教造像風氣興盛的原因

唐代道教造像風氣爲何會如此熾烈興盛？除了係由於魏晉以來戰亂連連，民眾苦於干戈離亂，從而歸心道教，使得道教大盛，傾力造像。從政治社會的角度觀察，似乎需從多個不同的視角和方向出發，方能完全理解其時如火如荼般展開的道教造像活動。就造像風氣的蓬勃興盛而言，政治社會的動蕩不安顯係外在因素之一，而其它因素的作用可能也促成此風氣的形成和壯大。以下擬就某些促進因素，做進一步的分析與討論。

首先，佛道爭鋒的需要。隋唐之際，佛教造像活動承北朝之餘韻大爲興盛。由於佛教經典大肆鼓勵造像，以及「觀佛」修行方法的盛行。北朝隋唐時期，佛教的造像運動迅速推廣開來。〔註27〕據統計，僅隋文帝時期，曾建造金、銅、檀香、石等造像十一萬六千八百八十軀，修治故像一百五十萬八千九百四十餘軀。〔註28〕一時之間，佛教造像遍佈基層社會。而道教原本並無供奉神像的觀念。〔註29〕面對佛教的競爭，道教開始大量吸收佛教的元素，包括造像的觀念。唐代，佛道二教的競爭更爲激烈。面對佛教造像運動的深入鄉村，道教也在李唐國家的大力支持之下，將造像的活動和觀念推廣到了基層社會。並成功地使大量的基層民眾信奉道教，並加入到道教造像活動中，存世的大量道教造像記和題記即可爲證。

其次，李唐政權歷朝帝王的大力提倡。唐朝的歷代帝王對於道教及其造像活動都十分推崇。〔註30〕如顯慶六年（661）二月〔註31〕、儀鳳三年（678）三月〔註32〕、天授二年（691）〔註33〕、天授三年（692）〔註34〕、萬歲通天

〔註27〕 參見劉淑芬：《五至六世紀華北鄉村的佛教信仰》，林富士主編：《禮俗與宗教》，北京：中國大百科全書出版社，2005年，第216～261頁。

〔註28〕 唐・法琳：《辯證論》卷三《十代奉佛篇》，大正一切經刊行會編：《大正新修大藏經》，臺北：新文豐出版公司，1983年，第52分冊，第509頁。

〔註29〕 如《辯證論》卷六自注云：「考梁、陳、齊、魏之前，唯以瓠廬盛經，本無天尊形象」。《大正新修大藏經》，第52分冊，第560頁。

〔註30〕 有關唐代帝王崇奉道教的情況，參見陶志平：《唐代道教的興盛及其政治背景》（《西南師範大學學報（哲學社會科學版）》1988年第2期，第47～51頁）等著作。

〔註31〕 《岱嶽觀碑（一）》，《道家金石略》，第56頁。

〔註32〕 《岱嶽觀碑（二）》，《道家金石略》，第67頁。

〔註33〕 《岱嶽觀碑（三）》，《道家金石略》，第80頁。

二年（697）〔註35〕、聖曆元年（698）臘月〔註36〕、長安元年（701）十二月〔註37〕、長安四年（704）十一月〔註38〕、神龍元年（705）三月〔註39〕、景龍二年（708）二月〔註40〕皆有皇帝或皇后敕命造像的記載。而到了唐玄宗時期，進一步加大了對道教造像活動的支持。天寶三載（744）三月，詔令「兩京及天下諸郡於開元觀、開元寺，以金銅鑄玄元等身天尊及佛各一軀」〔註41〕。天寶八載（749）閏五月制「……宜於太清、太微宮聖祖前更立文宣王道像，與四眞列侍左右」〔註42〕。又有「太清宮成，命工人於太白山採白石，爲玄元聖容，又採白石爲玄宗聖容，侍立於玄元之右。……又於像設東刻李林甫、陳希烈之形。及林甫犯事，又刻石爲楊國忠之形，而瘞林甫之石」〔註43〕。其餘未見記載的唐代帝王主持或敕令的道教造像活動可能還有許多。

第三，唐代各地方爲了迎合上意，也大肆進行道教造像活動。如洛州濟源縣垂拱元年（685）於奉仙觀造老君像〔註44〕，先天二年（713）楊太希於濟瀆爲玄宗造石元始天尊像〔註45〕，寶曆二年（826）李德裕在茅山崇元觀造老君等像三軀〔註46〕等地方官員、高道組織的造像活動亦層出不窮。蓋「上之所好，下必有甚者矣。明皇崇老喜仙，故大臣諛，小臣欺，蓋度其可爲而爲之也。不惟信而惑之，又賞以勸之，則小人孰不欲爲奸罔哉」〔註47〕。所論雖是玄宗朝的崇道情況，其實也反映了整個唐代地方官僚、道士等爲了迎合帝王崇道的心理，而全力推動道教造像活動的情況。

〔註34〕 《馬元貞造元始天尊像記》，《道家金石略》，第 79 頁。
〔註35〕 《岱嶽觀碑（四）》，《道家金石略》，第 81 頁。
〔註36〕 《岱嶽觀碑（五）》，《道家金石略》，第 82～83 頁。
〔註37〕 《岱嶽觀碑（七）》，《道家金石略》，第 94 頁。
〔註38〕 《岱嶽觀碑（九）》，《道家金石略》，第 95 頁。
〔註39〕 《岱嶽觀碑（十）》，《道家金石略》，第 95 頁。
〔註40〕 《岱嶽觀碑（十一）》，《道家金石略》，第 99 頁。
〔註41〕 後晉‧劉昫等撰：《舊唐書》卷二十四《禮儀志四》，北京：中華書局，1975年，第 926 頁。
〔註42〕 宋‧王溥：《唐會要》卷五十《雜記》，上海：上海古籍出版社，2006 年，第 1031 頁。
〔註43〕 《舊唐書》卷二十四《禮儀志四》，第 927 頁。
〔註44〕 《奉仙觀老君像碑》，《道教金石略》，第 70～71 頁。
〔註45〕 《楊太希造元始天尊像記》，《道家金石略》，第 102 頁。
〔註46〕 《三聖記碑》，《道家金石略》，第 175 頁。
〔註47〕 宋‧范祖禹：《唐鑒》，上海：上海古籍出版社，1984 年，第 127～128 頁。

第二節　唐代基層道教信仰的情況

　　唐代基層社會的規模和範圍如何？基層社會由鄉村與城鎮中下層的民眾所組成的群體構成。自然有大有小。唐代大的城市戶口數甚爲可觀，中下層民眾的數量占城市人口的大多數，多的可達數萬戶；而荒僻的小山村則少至幾十戶，甚至十幾戶人家。至於這些居民，也不全是漢人；有的係漢人群體，有的是非漢族所居住的「胡村」，有的地方則是胡漢雜居。由於東漢以來便有北方游牧及半游牧部族陸續南遷，加上五胡十六國北朝時期各政權的紛爭，唐代的許多地域其實是一個多民族共居的世界。當然，仍以漢人爲多數。胡漢混居的情況，視地域而有程度上的差別。如河北地域，安史亂後即淪爲胡化藩鎮的區域，〔註48〕胡漢雜居相當普遍。當地多爲胡漢混居，或是胡人聚落。

一、遊化各地的道士

　　巡遊四處布道的道士，是道教在廣大中下層民眾中興盛流行的功臣。這可能也是受到了佛教的影響。此外，許多道士和信徒在家中修道，則可能是促使道教在基層地區更廣爲流佈的因素之一。

　　由於自魏晉南北朝開始，各個政權或多或少的容許或提倡，道教在民間甚爲流行。唐代帝王又自詡爲老子之後，對道教大力尊崇。到了玄宗時代，更是進入了道教的黃金時期。英國巴瑞特《唐代道教——中國歷史上黃金時期的宗教與帝國》〔註49〕一書，對此有頗爲詳細的論述。

　　《太平廣記》卷二百二十引《稽神錄》載，「廣陵有木工，因病，手足皆拳縮，不能復執斤斧。扶踦行乞，至后土廟前，遇一道士。長而黑色，神采甚異。呼問其疾，因與藥數丸曰：……即馳詣后土廟前。久之，乃見道士倚杖而立。再拜陳謝。……因問其名居，曰：『吾在紫極宮，有事可訪吾也。』遂去。……至紫極宮訪之，竟不復見。後有婦人久疾，亦遇一道士，與藥而差。言其容貌，亦木工所見也」〔註50〕。文中所見，顯係一遊化道士在揚州

〔註48〕 陳寅恪《論李棲筠自趙徙衞事》，《金明館叢稿二編》，北京：三聯書店 2009年，第1～8頁。

〔註49〕 （英）巴瑞特著，曾維加譯：《唐代道教——中國歷史上黃金時期的宗教與帝國》，濟南：齊魯書社，2012年。

〔註50〕 宋·李昉等編：《太平廣記》卷二百二十《廣陵木工》，北京：中華書局，1961年，第1684～1685頁。

以治病傳布道教。

又據《雲笈七籤》載，劉商「遊及廣陵，於城街逢一道士賣藥，聚翫頗眾，人言多有靈效。眾中見商，目之甚相異，乃罷藥攜手登樓，……復言神仙道術，不可得也。……翌日，又於街市訪之，道士仍賣藥，……後商尋之，不復見也」〔註51〕。該道士以賣藥爲名，遊蕩街市中傳佈教義的情況甚爲明顯。

《原仙記》亦載，「唐貞元初，廣陵人馮俊，……常遇一道士，於市賣藥。……乃是南湖廬山下星子灣也。……有一童子出於石間，喜曰：『尊師歸也。』……」〔註52〕。文中道士乃是從廬山至揚州遊化賣藥傳道。

所述三事雖有不稽之處，但也反映了唐代在鄉村街市遊化的道士人數相當多，其中包括一些自行入道的無籍之道。早在高宗儀鳳三年（678），就下令道士錄屬宗正寺，班列於諸王之次。玄宗開元二十五（737）年重申「道士、女冠宜隸宗正寺」〔註53〕。天寶八載（749）更規定「道士籍每一載一度，永爲恒式」〔註54〕。可見唐代早已形成了一整套的道士管理體系。不過這個管理體系對於基層社會的管理難免鞭長莫及。無籍的道士原本已是國家難以掌握和管理的對象，在基層遊化的道士更成爲李唐政權不容易控制的對象。因此，李唐政權主要通過一系列的法令，通過民間相互監督等方式，不允許基層居民擅自入道，或收容止宿遊化的道士，並藉此檢括出無籍的道士，交付有司處理。〔註55〕如《唐律》規定「諸私入道及度之者，杖一百；若由家長，

〔註51〕 宋・張君房編，李永晟點校：《雲笈七籤》卷一百十三下《續仙傳・劉商》，北京：中華書局 2003 年，第 2503 頁。

〔註52〕 《太平廣記》卷二十三《馮俊》引《原仙記》，第 156～157 頁。

〔註53〕 《舊唐書》卷九《玄宗紀下》，第 207 頁。

〔註54〕 宋・王溥：《唐會要》卷五十《雜記》，上海：上海古籍出版社，2006 年，第1031 頁。唐・李林甫等撰，陳仲夫點校：《唐六典》卷四《尚書禮部・祠部郎中》（北京：中華書局，1992 年，第 126 頁。）載，「凡道士、女道士、僧、尼之簿籍亦三年一造。其籍一本送祠部，一本送鴻臚，一本留於州、縣」。宋・歐陽修等撰：《新唐書》卷四十八《百官志三》（北京：中華書局，1975 年，第 1252 頁。）載，「兩京度僧、尼、道士、女官，御史一人涖之。每三歲州、縣爲籍，一以留縣，一以留州；……道士、女官，一以上宗正，一以上司封」。未知何者爲是，然唐政府對道士、女冠籍控制之嚴可見一斑。

〔註55〕 參見王永平：《論唐代道教的管理措施》，《山西師大學報（社會科學版）》2002年第 1 期，第 76～81 頁；林西朗：《唐代道教管理制度研究》，四川大學宗教學博士學位論文 2005 年。

家長當罪。已除貫者，徒一年。本貫主司及觀寺三綱知情者，與同罪。若犯法合出觀寺，經斷不還俗者，從私度法。即監臨之官，私輒度人者，一人杖一百，二人加一等，罪止流三千里」〔註56〕。同時，約束道士，女冠等的行為。除嚴格控制道士、女冠的籍貫外，開元二十九年（741）規定：「其道士、僧尼、女冠等有犯，望準道格處分，所由州縣官不得擅行決罰」〔註57〕；元和二年（807）又詔：「天下百姓或冒為僧道士，……有司宜備為科制，修例聞奏」〔註58〕。

　　李唐政權這一系列的詔令是否真正切實執行，其成效如何？由於文獻闕漏，無法得知其詳情。然從《太平廣記》等書所載的情況看，似乎效果並不理想。事實上道士遊化基層社會本就是道教在基層社會傳佈的最主要方式，要完全禁絕道士遊化其實是未體察基層社會的實際情況與需要。同時，因為有些道士志願在山居林野清修，他們也常就近感化附近村落城鎮的居民。由於在許多貧困或荒僻的村落和城鎮中，居民無力興建宮觀，以供道士駐蹕弘法；因此，在這些地區傳教布道的道士也多係從一個地域，遊走到另一個地域的遊方道士。這些遊方道士可能由於當地居民的邀請而暫居於某一地域，為當地民眾說道做法，或者為他們主持道教科儀，甚至領導百姓結社造像，指導他們修習道法。

　　何以道士在城市與鄉村地區傳教如此普遍，而道教亦披靡於唐代全國各地的郊野村落？這和道士在傳教之時，同時也肩負社會救濟或醫療工作有關。首先，在唐代中期，特別是安史之亂後，藩鎮割據日趨嚴重，戰亂流離中，城市鄉村常遭戰火波及，市井小民喪亂窮乏，道士常在此時伸出援手。如上文所述遊化道士救治廣陵木工即為一例。又如貞元五年（789）三月，唐德宗下詔：「釋道二教，福利群生，館宇經行，必資嚴潔。自今州府寺觀，不得俗客居住，屋宇破壞，各隨事修葺」〔註59〕。可見當時各州府的道教宮觀中收容了大量流離失所的普通百姓。第二，道士在當時城市與鄉村的醫療方面扮演著一個重要的角色。上文所述廣陵木工、劉商、馮俊三人所遇皆為賣藥的道士。其中雖有荒誕不經之處，但也反映了部分道士的活動受到中國傳統醫學和道經中對醫療方

〔註56〕錢大群著：《唐律疏議新注》卷十二《戶婚律‧私入道及經斷不還俗與私度人入道》，南京：南京師範大學出版社，2007年，第397〜398頁。

〔註57〕《唐會要》卷五十《尊崇道教》，第1013頁。

〔註58〕《唐會要》卷五十《雜記》，第1032頁。

〔註59〕《冊府元龜》卷五十二《帝王部‧崇釋氏第二》中華書局1960年，第606頁。

法的影響，許多道士熟諳醫道，可以爲人治病。〔註60〕如孫思邈即「以親鄰中外有疾厄者，多所濟益」〔註61〕，被後人譽爲「藥王」。另外，在醫療條件不足的城市最底層和偏遠的鄉村，一些經咒，如《太上陞玄消災護命妙經一卷》〔註62〕、《太上說六甲直符保胎護命妙經一卷》〔註63〕等，或可成爲無處投醫的市井小民的一個寄託。能否治病，另當別論。凡此都有助於道教在城市中下層與鄉村地區的傳播。

因此，即便早在唐高宗永徽四年（653）四月就下敕「道士、女冠、僧、尼等，不得爲人療疾及卜相」〔註64〕，但道士爲帝王官僚和普通百姓治病、相面的記載仍大量見諸於唐代的典籍之中。除了上文所舉的廣陵木工、劉商、馮俊三例外，尚有許多，如《宣室志》載，「唐貞元中，江陵少尹裴君者，亡其名。有子十餘歲，聰敏，有文學，風貌明秀，裴君深念之。後被病，旬日益甚，醫藥無及。裴君方求道術士，用呵禁之，冀瘳其苦。有叩門者，自稱高氏子，以符術爲業。……二人紛然，相詬辱不已。裴氏家方大駭異，忽有一道士至門，私謂家僮曰：『聞裴公有子病狐，吾善視鬼，汝但告，請入謁。』家僮馳白裴君，出話其事，道士曰：『易與耳。』入見二人，二人又詬曰：『此亦妖狐，安得爲道士惑人？』道士亦罵之曰：『狐當還郊野墟墓中，何爲撓人乎？』既而閉戶相鬥毆，數食頃。裴君益恐，其家僮惶惑，計無所出。及暮，闃然不聞聲，開視，三狐皆仆地而喘，不能動矣。裴君盡鞭殺之，其子後旬月乃愈矣」〔註65〕，事雖不稽，但道士爲人治病則顯然被唐人以爲是習以爲常的行爲。又如《玉泉子》載，「杜邠公悰爲小兒時，嘗至昭應縣，與群兒戲於野。忽有一道士獨呼悰，以手摩挲曰：『郎君勤讀書，勿與諸兒戲。』指其觀曰：『吾居此，頗能相訪否？』既去，悰即詣之。但見荒涼，他無所有，獨一殿巋然存焉，內有老君像。初，道士半面紫黑色，至是詳視其像，頗類向所見道士，乃半面爲漏雨所淋故也」〔註66〕，可見，道士爲人相面即便是唐

〔註60〕 參見（法）戴思博著，李國強譯：《〈修眞圖〉——道教與人體》，濟南：齊魯書社，2012 年。

〔註61〕 唐・孫思邈著：《孫眞人備急千金要方序》，見文物出版社、上海書店、天津古籍出版社編：《道藏》，上海：上海書店，1988 年，第 26 分冊，第 2 頁。

〔註62〕 《道藏》第 01 分冊，第 772 頁。

〔註63〕 《道藏》第 01 分冊，第 878 頁。

〔註64〕 《唐會要》卷五十《雜記》，第 1028 頁。

〔註65〕 《太平廣記》卷四百五十三《裴少尹》引《宣室志》，第 3704～3705 頁。

〔註66〕 唐・佚名：《新輯玉泉子》，見唐・趙元一等撰，夏婧點校：《奉天錄（外三種）》

代的孩童都不以爲怪。由此可知，永徽四年的禁止佛道療疾相面的敕令完全就是一紙空文。而道教就是利用療疾、相面等方式迅速地在唐代全國各地的基層社會中鋪展開來。

二、道教在城市下層與鄉村的傳佈

　　對於大多數不識字的中下層民眾，道士如何向他們傳播道教的教義和道經的內容呢？見諸於史籍的高道或名道，大多數在城市上層活動，和帝王、貴族坐而論道；而活躍在城市的平民階層和鄉村地區的，則大多是一些比較講求濟世修行的道士。這些務實修行的道士對社會中下層的傳教除了講解基本的教義外，還時常帶領普通民眾組織以信眾爲主要成員的宗教團體，成爲此宗教團體的指導者。這些道士除了領導民眾舉辦共同修習的齋會、法會外，有時也帶領民眾建造神像，或做一些修橋鋪路、造井建屋等社會公益事業。

　　開元二十五年（737）十月二十七日，玄宗下敕：「諸州玄元皇帝廟，自今已後，每年二月降生日，宜準西都福唐觀，一例設齋」〔註67〕。此外，每年正月、七月、十月三元日，十三至十五日也被玄宗規定是道教的齋戒日。〔註68〕這些日子可能也是他們傳教講經的日子。雖然前文提及唐代的一系列法令，限制道士不得隨意遊化基層社會，但仍有不少的道士在基層社會遊走勸化。儘管唐代許多高道都有固定駐蹕的宮觀，宣講道經，主持科儀、法會。可遊化道士可以「數處講說」及弘法的機會可能就不多了。他們只能通過其它的方式向基層民眾宣講弘法。

　　基層民眾所建的神仙造像及石碑像等造像上，時有道教神仙，以及道經故事的圖像，這些除了裝飾的功能之外，也可提供道士作爲輔助其傳教、誦經等的作用。這從在四川劍閣鶴鳴山的摩崖造像中，可窺其梗概。該處道教造像的題材以「長生保命天尊」、「五星運紋圖」和「六丁六甲神」組合而成。「長生保命天尊」在道經中乃是保命救人、風調雨順的代表。「五星運紋圖」是道教追求長生的思想境界，是道教徒修煉的標誌之一。「六丁六甲神」乃是道教中的護法神，道士常用符籙召請他們禳除鬼魅等。〔註69〕這些圖像一則可作爲信徒觀想、修煉的對象。二則可作爲道士傳道說法的輔助。信徒可據

　　北京：中華書局，2014 年，第 111 頁。
〔註67〕《唐會要》卷五十《雜記》，第 1029 頁。
〔註68〕《唐會要》卷五十《雜記》，第 1029 頁。
〔註69〕詳見曾德仁、李良、金普軍：《四川劍閣鶴鳴山道教摩崖造像》。

這些圖像上的場景，觀想神仙或道教故事中的某些片段。道士在敘述神仙傳記或道經時，可將這些圖像中的一些畫面串聯成完整的故事。

又如蒲江飛仙閣的道教造像，以天尊像為主要內容。現存第 44 號龕以十方救苦天尊像為主，龕左右各侍立一侍童像，現天尊說法時之景象。第 74 號龕則以長樂天尊像為主，龕外左右各二力士像，作護法狀。第 18 號龕則為二天尊並坐像，左右各有一真人侍立。〔註 70〕這些造像所表現的都是道教經典的形象，道士在說法時正可以此作為輔助說明。

這類以圖像來作為傳教、講經之輔助教材，似乎可以收到很好的效果。當道士在街市鄉間對那些大部分皆不識字、或識字不多的基層居民傳道布教時，若伴以生動的造像等作為說明，必能收到意想不到的效果。

第三節　道教與基層民眾的生活

唐代，道教深深浸透基層民眾的生活。它對城市和鄉村中下層百姓的生活造成何種影響？值得我們深入探索，而且也是極少數可以瞭解其時平民生活的視角之一。

從造像記、題記等的角度看，道教對基層社會的影響之深，顯現在以下幾個方面：

一、道教信仰的團體

首先，就這種團體的組成分子而言，有道士，也有俗眾。其組成過程可能是由一位或數位道士發起，領導信眾組織而成的；或是由在家信眾主動組織，再邀請道士作為組織的指導者。如《西山觀造像題記》載，「《孫季良等題記》：孫季良、景公□、張法振（以下四行人名略）□□興、張南□、景公道、文行真、上座何重泛、錄事張□簡、□□□、□□觀押觀孫□□、同邑道士孫靈、李天岑、張太仙、嚴道□　咸通七年歲次丙戌，更鐫此功德已，□□歲在□□三月廿五日慶畢（下缺）　□□□□□遂結一社□玉玄觀立於廿年春初□□□答眾聖之恩（下缺）大中七年癸酉歲因（下缺）果蒙靈（下缺）《三洞道士孫靈諷題記》：三洞真一道士孫靈諷，當州紫極宮焚獻兼神仙雲（下缺）一壇，各願合平安，永為供養。（下缺）聲猶如獨□，願結一社，用答恩，敬造天尊、

老君一鋪。以咸通拾貳年歲次辛□三月十一日修黃籙齋□中三夜表慶畢。專主社務兼書人景好古，三洞眞一道士孫靈諷，洞玄道士張（下缺）」（在綿州，）〔註71〕。大中七年（853）孫季良等所結的社似即信眾主動組織後再行邀請同邑道士指導。而道士孫靈諷則在咸通十二年（871）發起信眾結成一社。

　　其次，就此類道教信仰團體的名稱而言，稱爲「社」。因爲需要宗教上的實踐，所以每每敦請一位或數位的道士、女冠作爲指導者。而且此類社似乎還有專門的負責人，如景好古即爲「專主社務」。此外，可能還有一些稱呼是和管理此團體有關的職稱。如何重泛的「上座」、張□簡的「錄事」等。據《唐六典》載，「每觀觀主一人，上座一人，監齋一人，共綱統眾事」〔註72〕。

　　第三，這些道教信仰團體組織的目的和緣起及其活動的內容。這些團體是唐代以在家道教徒爲主而形成的信仰團體，他們營造神像、道觀，或舉行齋會、寫經、誦經等科儀，特別是爲造像、舉行科儀等出資的組合。即上文題記中所說的「答眾聖之恩」或「答恩」。除此之外，可能也從事修橋鋪路、造井植樹、捐造義冢、施捨窮人等興福積德之善舉。

　　第四，婦女在這類基層道教信仰中非常的活躍。〔註73〕如《大唐潤州仁靜觀魏法師碑並序》載，「……維大唐儀鳳二年歲次丁丑十一月乙未朔十五日癸酉樹碑謹錄門人男女弟子及搶施檀越等人名如左：……」〔註74〕。將仁靜觀魏法師的男女弟子並列題名。《仙人山　玉像並畫像之銘頌》亦載，「……大唐調露二年歲次庚辰月癸□日壬子建。瀛州河間縣上柱國王□供□□□玄表闔家大供養。定州恒陽縣□仁威、弟仁感、母國、威妻羅、感妻□、闔家大供養。定州恒陽縣人弟子清信女羅□□供養，□男□供養。定州恒陽縣郭善妻□子等供養。……」〔註75〕。則明確將「母國、威妻羅、感妻□」及「信女羅」等女信徒之姓名書錄其上。四川玉女泉第3、4龕間殘存題記所載「咸亨元年十二月廿三日，弟子何（下缺）及妻母鄧何氏敬造　天尊（下缺）」〔註76〕，亦將鄧

〔註71〕《道家金石略》，第49～50頁。
〔註72〕《唐六典》卷四《尚書禮部・祠部郎中》，第125頁。《唐律疏議新注》卷六《名例・道士女冠僧尼之身份》載，「議曰：觀有上座、觀主、監齋，……是爲『三綱』」。第229頁。
〔註73〕有關唐代婦女入道的情況，可參見邱瑰華著：《唐代女性熱衷入道原因初探》，《安徽大學學報（哲學社會科學版）》2000年第3期，第55～58頁。
〔註74〕《道家金石略》，第66頁。
〔註75〕《道家金石略》，第67～68頁。
〔註76〕胡文和、曾德仁：《四川道教石窟造像》。

何氏書錄於題記之上。而山西運城柏口窯出土的《一天尊六弟子造像碑》載，「大業□年四月□日，佛弟子李通國爲亡父、見存母敬造天尊一區。弟舍國、弟相國、弟定國、妹磨女·妹參孃、妹□□、侄女長委、□甥□□□□□□□、侄女五媚、□□長輸、侄女媚委、侄阿甄、侄女媚僧、通妻貴親、捨妻□□」〔註77〕。更是將家族中的大量女性成員姓名羅列其中。而四川劍閣鶴鳴山四號龕題記則載，「長生保命天尊並序　前劍州刺史賜紫金魚袋鄭□上玄之道，進退我生。雖厥攸奠，亦厥攸修。修之於何哉？莫□之主也，主之乎何？蓮含華也。斯實端本怕地起源，訣要克□。中達上過醮則予寶之人，清河崔氏之女也。能堅厥志，思徹□異，明玄以通照希。正月十六日，聖降，以錫祈。因夫典是州暇晨蓮陟，於是岫徊覽其所，乃靈仙之窟宅在焉。前鑴於□厥眾矣。爰捨華麗之服，以命石工雕長生保命天尊像一軀。以承我福，以清我躬。……聖大唐大中十一年丁丑歲五月功畢」〔註78〕。可見，隋唐時代基層社會中的道教造像活動並非只有男性參與，女性信徒也得以加入，甚至獨立主持其事。

　　此外，唐代婦女在社會上也較爲活躍，使得她們在道教活動中較爲凸顯。且其中部分還獨立完成造像等道教信仰活動。如《張妙端造天尊像記》載，「垂拱三年八月七日，女道士張妙端爲天皇及見存父母並一切眾生敬造天尊像並仙童玉女一區功就，願一切眾生離苦解脫」〔註79〕。即女道士張妙端獨自出資爲父母造天尊像。

二、道教的節慶

　　一年之中，冬至、夏至、舊曆二月十五的三清聖會，臘月二十五至正月初九的昊天玉皇上帝節，以及正月十五、七月十五、十月十五的三元聖會這幾大道教的節日是道教徒舉行不同儀式和慶典的日子。如三清聖會是道教徒於宮觀中舉行宗教儀式，爲道俗等做「延生祈福」或「消災懺悔」道場的日子。而正月初九玉皇誕生之日，各宮觀必要舉行盛大隆重的道場，信眾也須進山門宮觀，敬香還願。而三元之節已然成爲全民性的民俗節慶，白天做祈福延生大醮，晚上則做懺悔、度亡等道場。〔註80〕有些造像可能就是在這些

〔註77〕運城地區河東博物館：《山西運城柏口窯出土佛道造像碑》。
〔註78〕曾德仁、李良、金普軍：《四川劍閣鶴鳴山道教摩崖造像》。
〔註79〕《道家金石略》，第74頁。
〔註80〕詳見袁志鴻著：《道教節日》，《中國道教》1990年第1期，第39～41頁；王永平：《宗教節俗與唐人的休閒娛樂生活——以三元節、佛誕節與降聖節爲中

道教節日中鑄造或完成的。

　　無論是道教的何種儀式，道士都扮演著一個重要的角色，他們都可得到信徒給予的供奉。這些收入使道士，特別是遊化的道士維持生活，並有能力捐資，參與造像活動。如葉法善至廣州龍興觀，「自都督、別駕、長史、百姓多受道法，施捨園林田宅者甚多」〔註81〕。而杜光庭亦曰：唐代開國以來「所造宮觀約一千九百餘所，度道士計一萬五千餘人，其親王貴主及公卿士庶，或捨宅捨莊爲觀並不在其數」〔註82〕。由此似可推測，遊方道士得到的施捨雖然沒有如此之多，但可能已可以維持其傳道生活所需，並有所盈餘以供參與道教造像等活動所需。

　　由此似可以理解：在基層社會的造像等活動中，何以有許多的道士參與其間，以及費用的來源。

第四節　道教在基層社會的作用

　　唐代，道教無論在都市或鄉村都極爲盛行，在社會上有極大的影響力。信徒們通過造像、組織社等的道教信仰團體，以及因宗教動機而興造的公共建設與慈善事業，無形中對社會整合有相當大的助益，也促進了基層地方的公共建設。同時，由於道教深入浸透民眾的日常生活，也影響及其價值標準。

一、社會整合功能

　　道教有促進基層社會整合的作用，體現在不同姓族之間的連結、周邊地域基層社會間的聯繫，以及縮小社會差距三方面。

　　唐代的基層社會中有一些村落是以一個姓氏的同姓聚落爲主而組成的，有的則是由幾個姓氏爲主要居民的聚落。有的基層社會裏的居民全是漢人，有的則是胡漢混雜交錯居住。同姓的居民很容易通過血緣、宗親等關係結合在一起，組織或參與如社等的道教信仰團體，從事造像等宗教活動、公共建設、或社會福利事業。如山西運城柏口窯出土的《一天尊六弟子造像碑》載，「大業□年四月□日，佛弟子李通國爲亡父、見存母敬造天尊一區。弟舍國、

心》，《山西大學學報（哲學社會科學版）》2011 年第 4 期，第 27～35 頁。
〔註81〕　《唐鴻臚卿越國公靈虛見素眞人傳》，見《正統道藏·洞神部譜錄類》。
〔註82〕　唐·杜光庭撰：《歷代崇道記》，見文物出版社、上海書店、天津古籍出版社編：《道藏》，上海：上海書店，1988 年，第 11 分冊，第 7 頁。

弟相國、弟定國、姊磨女、妹參孃、妹□□、侄女長委、□甥□□□□□□□、侄女五娟、□□長輸、侄女媚委、侄阿甌、侄女媚僧、通妻貴親、舍妻□□」。可見，李通國及其兄弟、姊妹、甥侄等家庭全部行動起來，基於道教的信仰，爲亡父及見存母造像祈福。現存的一些材料顯示：在以一個或數個姓氏居民爲主的某個基層地域社會中，上述道教活動是將不同姓氏的民眾凝聚在一起的重要因素。如《金臺觀主馬元貞投龍記》載，「……老人何惠湛、樊武弁、樊九徵、樊貢，鐫匠董修祖」〔註 83〕。從參與投龍儀式的題名中，可發現天授二年（691）在唐州桐柏縣的基層社會似係以樊姓爲主，另外雜有何、董等姓的居民；藉著此類道教活動以及相關的儀式、齋會，讓各姓氏的代表可以參與本縣重要的、同時也是多數居民關注的活動。雖然由於此次投龍是政府組織的宗教活動，但仍可看出一些端倪：一則由於基層民眾對道教的虔誠信仰，不同社群的人可借宗教活動而結合在一起；二則少數姓氏如何氏的代表何惠湛可能因資歷、財富、年紀等因素和多數姓樊的代表樊武弁、樊九徵、樊貢一起見證國家投龍活動。此事除了使何氏在本次投龍活動及相關宗教儀式中扮演較爲重要的角色外，可能也有助於提高何氏在桐柏縣基層社會中的地位。且少數姓氏的居民可能還會有意比其它居民出較多的錢、力，領導造像等道教活動，以提高其姓氏在本地基層社會中的重要性。

在胡漢民眾，或是不同種姓的胡人雜居共處的基層社會裏，道教也是消泯民族界限、促進民族融合的重要手段。道教自魏晉南北朝始便不單純是漢人的宗教，其教民也包括非漢民族。〔註 84〕《道藏》中有大量關於非漢民族入道的有關記載。如「四夷云：某東南西北四夷荒外，或某州郡縣山川界內夷狄羌戎姓名，今居某處，改姓某，易名某，年歲月日時生。叩搏奉辭：先因醜惡生出邊荒，不識禮法，不知義方，豐穢之中，善根未絕。某年月日時爲某事隨某事得來中國，聞見道科，彌增喜躍。含忝願活，憑眞乞生。依法賚信，奉辭以聞。伏願明師特垂矜副，謹辭」〔註 85〕，以及「胡人叩頭萬數，

〔註 83〕 《道家金石略》，第 80 頁。

〔註 84〕 參見張澤洪著：《古代少數民族與道教》，《中國道教》1990 年第 1 期，第 36～39 頁；張澤洪著：《魏晉南北朝時期少數民族與道教——以南蠻、氐羌族群爲中心》，《中南民族大學學報（人文社會科學版）》2005 年第 6 期，第 33～37 頁。

〔註 85〕 《正一法文太上外錄儀一卷・下人四夷受要錄》，《道藏》第 32 分冊，第 207 頁。

薦貞鏡照天，髡頭剔鬚，願信眞人。於是眞道興焉。非但爲胡不爲秦，秦人不得眞道」〔註86〕等記載都反映了非漢民族亦信奉道教的事實。故而，那些在胡漢雜居，或者是胡人聚居的基層社會中，造作道教神像等的活動或爲胡漢人民共同捐資建造，或爲胡人單獨出資所造。

在那個上自帝王、下達庶民幾乎全都篤信道教的時代，道教成爲不同階層的人們之間思想和文化的公分母；通過造像等宗教活動，也縮小了社會階層的差距。雖然基層社會的居民絕大多數都是平民，但在基層社會的造像等活動中也有少數官員參加。他們有的原來是村落的居民，而有的則是官員領導基層民眾進行道教活動的。如鐫刻於五臺山的《福壽論》載，「⋯⋯助緣人池陽清安人暢素一、雲陽縣湛然逸士淡坤、前同官縣令楊茂、清眞子似志榮、五泉閒客揚聰書丹、南陽逸士張志和刊」〔註87〕。題名助緣等 6 人中，楊茂曾有官銜，可能在籍候選。至於官員領導基層民眾進行道教有關活動的情況，如前文所提及的馬元貞天授二年在唐州桐柏縣淮瀆的投龍活動，即由武后代表馬元貞和唐州及桐柏縣的地方官員領導當地民眾進行的。

由於道教活動不僅止於建造天尊、老君像而已，還包括若干科儀和法會，如齋戒、投龍、祈雨等。因此，官員和平民共同參與一項道教活動——如造天尊像的涵義就不只是聯合出資或攤派而已，也意味著不同階層的人共同參與一些宗教活動。眾所週知，唐代雖然動搖了魏晉南北朝的門閥制度，但仍是一個社會等級十分森嚴的社會，直到唐後期才有所鬆動。「太上有立德，其次有立功，其次有立言，其次有爵爲公、卿、大夫，世世不絕」〔註88〕依然是唐代大部分時間里社會的一大標準。但若仔細審視這些有關道教活動的材料，就可以發現嚴格界限家族地位差異的恐怕只限於貴族之間，牽涉到門蔭等仕官的機會，所以無論國家還是家族都努力區分清楚。至於不同社會階層之間雖不若魏晉南北朝時期恍若天隔，但還是有較爲明顯的區劃。但由於一則不涉仕官等家族利益，二則道教作爲不同階層之間共同信仰的基礎，各階層間得以協力從事宗教活動。三則可以憑藉共同參與道教活動，官員易於得到民眾的愛戴與合作，亦可獲得較大的社會反響，以迎合唐中央崇道的政策。

〔註86〕《正一法文天師教戒科經一卷・大道家令戒》，《道藏》第 18 分冊，第 236 頁。
〔註87〕《道家金石略》，第 69 頁。
〔註88〕《新唐書》卷二十《高儉傳》，第 3841 頁。

　　各地基層社會之間以道教作爲彼此聯繫的基礎，組織宗教團體——社，從事造像和一些公共建設如造橋、修路等；通過這些活動，各地域基層社會間有較爲密切的往來。如大中七年綿州《西山觀造像題記》中的《孫季良等題記》載，「孫季良、景公□、張法振（以下四行人名略）　□□興、張南□、景公道、文行眞、上座何重沙、錄串張□簡、□□□、□□觀押觀孫□□、同邑道士孫靈　、李天岑、張太仙、嚴道□　咸通七年歲次丙戌，更鐫此功德已，□□歲在□□三月廿五日慶畢（下缺）□□□□□遂結一社□玉玄觀立於廿年春初□□□答眾聖之恩（下缺）大中七年癸酉歲因（下缺）果蒙靈（下缺）」。在題記所錄結社者中，有「同邑道士」，不同道觀的道士列名其間，可知道士在此一基層社會間的聯合中扮演十分重要的角色。

　　對基層百姓而言，修橋鋪路等慈善事業，是一種實際上的需要。道教在此間便成爲促進兩個或更多個基層社會並肩合作的一個串聯因子。

二、日常生活和價值標準

　　由於基層百姓篤信道教，道教的戒律和科儀也影響了他們的日常生活。有的居民自行遵守道戒，道教的戒律便成爲日常生活中的制約。如唐玄宗開元二十二年十月十三日詔：「道家三元，誠有科戒，朕嘗精意久矣，而物未蒙福。今月十五日，是下元齋日，禁都城內屠宰。自今已後，及天下諸州，每年正月、七月、十月三元日，十三日至十五日，並官禁斷屠宰」〔註89〕。這條關於道教三元日禁屠宰的詔令顯然嚴重影響著基層社會普通民眾的日常生活。而有關道教的稱呼，也爲普通民眾所廣泛使用。如武德二年的綿州西山觀《道教造像記》中的造像者自稱「三洞弟子文□□」〔註90〕，《尚萬　造天尊像記》則自稱「弟子尚萬　」〔註91〕，《洞玄弟子辨法遷造天尊像題記》亦載爲「洞玄弟子辨法遷」〔註92〕，《尋仙觀仙壇山銘》載爲「善人張行感」〔註93〕。更有部分信眾可能直接自稱道士，如山西平陸出土的《開元八年鎏金銅碑牌》即載造像者爲「道士劉昇徽」〔註94〕，與之一起出土的《武德四年鎏金銅碑牌》亦將造像者

〔註89〕　《唐會要》卷五十《雜記》，第 1029 頁。
〔註90〕　曾德仁、李良、金普軍著：《蒲江飛仙閣道教摩崖造像》。
〔註91〕　《道家金石略》，第 148 頁。
〔註92〕　《道家金石略》，第 55〜56 頁。
〔註93〕　《道家金石略》，第 92 頁。
〔註94〕　平陸縣博物館：《山西平陸縣出土一批隋唐佛道銅造像》。

書爲「道氏劉如意」〔註95〕，《西山觀造像題記》中的《任智斌題記》則稱爲「道□任智斌」〔註96〕。

道教成爲基層民眾生活的一個重要組成部分，因此致力於弘揚道教、特別是結成道教團體以從事社會福利，成爲基層社會美德的重要標準之一。有此行爲的人也成爲鄉里的權威人士，故往往由德高望重者承擔領導責任。如五臺山的《福壽論》載，「……助緣人 池陽清安人暢素一、雲陽縣湛然逸士淡坤、前同官縣令楊茂、清眞子似志榮、五泉閒客揚聰書丹、南陽逸士張志和刊」。題名者皆爲逸士、官員等在當地基層社會中較爲名望之人。

由於道教在當時人們生活中佔有重要地位，因而影響其價值標準。將道教的生死觀念等思想融入普通民眾的日常生活，成爲基層社會美德的重要標準之一。道教的價值標準和孝義之間的關聯，在彼岸觀念中表現得最爲清楚。其一，爲亡父母家人等造像。《楊滿造天尊像記》載，「證聖元年歲次乙未，四月戊寅朔，二日乙卯，楊滿爲亡女二人敬造天尊一區供養。女婆憐母杜菩薩，亡女女觀官要兒。亡女午兒、男懷慶、慶男令忠」〔註97〕；《西山觀造像題記》中《任智斌題記》載，「上元二年□月二日，道□任智斌奉爲亡父任士□、亡師任士鑾敬造天尊、老君二身供養」。又如蒲江飛仙閣第 44 號十方救苦天尊龕上刻造像記云：「天尊一鋪，天寶九載五月，扈靈寂奉爲臨邛郡白鶴觀□亡□師主三洞，右道士賈光宗造」〔註98〕。其二，爲生者祈福造像。如《白羊峰聖容正教龕銘》載，「安岳郡前調安居縣博士張庭 字才霜敬述並書……上爲皇帝、皇后、東宮太子、公卿文臣及郡縣官□、師父父母（下缺）……」〔註99〕；《顏文達等造老子像記》亦載，「大唐沂州（下缺）……共成勝業，載結良緣，捨難捨資，成未成之業。遂於茅固之左，聖水之際，宰爲皇帝陛下、師僧、父母，敬造老子三尊一鋪刊之，……」〔註100〕；《尋仙觀仙壇山銘》則載，「……百姓畏愛其猶父母，每施香油，琢石爲像」〔註101〕；《洞玄弟子辨法遷造天尊像題記》載，「貞觀廿二年太歲戊申，四月八日，洞

〔註95〕平陸縣博物館：《山西平陸縣出土一批隋唐佛道銅造像》。
〔註96〕《道家金石略》，第 49～50 頁。
〔註97〕《道家金石略》，第 81 頁。
〔註98〕曾德仁、李良、金普軍著：《蒲江飛仙閣道教摩崖造像》。
〔註99〕《道家金石略》，第 142～143 頁。
〔註100〕《道家金石略》，第 96 頁。
〔註101〕《道家金石略》，第 92 頁。

玄弟子辨法遷爲兒敬造天尊像一龕供養」〔註102〕等，分別反映了造像者爲帝王、官員、親人等祈福的心願。

道教思想在人們的日常生活中還表現在許多方面，如購地的契約中。據《秦溫買地券》載，「維大唐天復元年，歲次辛酉，十二月乙卯朔，廿四日庚寅，□有成都府華陽縣靈關坊大道弟子秦溫，就當縣界著安鄉沙坎里，將信錢九萬九千九百九十九貫文買地敬造千年之宅，萬歲石城。今像就了，不敢不諮啓告天上地下土伯山靈地祇，左至青龍，右至白虎，前至朱雀，後至玄武，今日對閉，諸神備守溫長生萬歲，富貴長久。石人石契，不得慢臨。若人吉宅，自有期契，天翻地倒，方始相會。今日吉良，告諸對閉主人，□望富貴高遷，子子孫孫永保萬歲，急急如律令」〔註103〕。買地券中道教術語比比皆是，字裏行間透露出購地者秦溫對道教的虔敬。體現了秦溫希圖通過對道教的虔誠，得到本人及其家人的福報。

這些文字一方面可以看做道教徒借著造像記等文字宣揚自身的道教行爲，用以祈福，並影響周圍民眾的宗教信仰；另一方面，也恰好反映了基層居民的價值標準。上文所述諸造像記中爲父母家人造像是「孝」，而以道教戒律約束自身行爲是「義」。可見，道教思想已經和中國傳統的孝義準則結合在一起，共同規範著普通民眾的生活和行爲。如《尋仙觀仙壇山銘》中即將負責此次道教活動的張行感稱爲「善人」。

結　論

唐代道教在基層社會非常興盛流行，由於與佛教競爭的需要，以及李唐政權帝王的推崇和地方官僚士紳的推動，所以歸心道教的基層民眾傾力造像。千餘年後，爲數眾多的造像記、題記等金石材料成爲我們瞭解唐代基層社會及其道教信仰的寶貴資料。

其時四處巡走、遊化街市鄉村的道士是促進道教滲透基層社會的主要原因。此一則和道教盛行道士女冠等在家修煉的觀念有關，二則和唐代崇道，大量道士女冠僻居山野修行有關。他們巡化街市鄉村，使得在基層社會遊化布教的道士女冠人數大爲增加，對於道教的深入荒僻、廣爲流佈傳播，有很

〔註102〕《道家金石略》，第55～56頁。
〔註103〕《道家金石略》，第196頁。

大的影響。

　　對於絕大多數不識字或識字不多的基層民眾，道士如何向他們傳述道教的教義和道經的內容？可能造像或道教碑刻上的圖像中有關神仙、道教經典故事的片段場景，是道士作為其傳教講經的輔助教材。

　　基層民眾基於宗教上的虔誠，他們組織了叫做「社」的信仰團體，以道士作為指導者，從事建造神像、宮觀，興辦公共建設和慈善活動，並且共同研習道法、舉辦及參與齋會和一些道教科儀。

　　由於道教在基層社會的滲透流行，因此對基層社會造成了很大的影響。基層的道教徒組織社這樣的信仰團體，以從事造像、公共建設和修習道法等活動，無形中促進了社會的整合，縮小了社會階層之間的差距。道教不但深深影響著基層信徒的日常生活，也反映在他們的價值標準上。人們常通過道教的行事來表達孝思忠忱，同時致力弘揚道教、捨宅立觀、從事救濟貧苦等社會福利事業的行為，也成為基層社會重視的美德之一，有此等行為者甚至成為民眾標舉孝義的對象。

結　語

　　本文分別從四個方面討論了唐代道教地理分佈的若干問題，著重分析了唐代洞天福地的分佈情況，道教投龍活動的地域分佈，隋唐五代長安、洛陽、揚州、成都四大都市的道教宮觀情況，以及唐代基層民眾道教信仰的情況等。初步實現了唐代道教地理分佈研究的討論，所獲得的主要結論和觀點是：

　　（一）司馬承禎的《天地宮府圖》與杜光庭的《洞天福地嶽瀆名山記》所載一百十八處道教洞天福地分別反映了唐代前期與後期道教洞天福地的分佈特點。《名山記》是在繼承《宮府圖》的基礎上，結合唐後期道教的具體特點而成的。總體來說，唐代形成了以長安、洛陽兩京，巴蜀，江南，長江中游，嶺南五大核心，結合周圍地域形成若干洞天福地集群的分佈特點。而這種分佈特點的形成是繼承了魏晉南北朝道教發展的基礎，結合唐朝歷代帝王對道教的大力支持，國家對邊遠地區的開發，中央對地方控制力的強弱，以及道教自身高道大量湧現和道派崛起等因素共同所用的結果。反映了唐代道教發展的新特點，也側面反映了唐代政治、經濟、文化、宗教、社會的各個方面情況。

　　（二）唐前期是唐五代投龍活動較爲繁盛的時期，安史亂後投龍活動漸趨稀少。絕大部分投龍記載爲奉旨實行，或地方官府組織；個人或地方教團倡行的頗爲少見。投龍的目的也以祈雨或祈福爲主，間或爲了求仙及除罪。投龍的地域則集中在以泰山爲首的五嶽四瀆等名山大川之中，江南和巴蜀地區的山川投龍較多。這種時空分佈的特點與當時國家、社會的經濟能力，唐五代最高統治者信仰和行爲，道教洞天福地的分佈實際，投龍活動本身的規模與影響，投龍動機的差異等因素有著十分密切的關係。

（三）隋唐五代時期，長安、洛陽、揚州、成都四個都市分佈著大量的道教宮觀。這是繼承了南北朝隋代的基礎上發展起來的。唐前期是宮觀興建的頂峰，唐後期五代是以重建、修繕為主。從唐後期開始，兩京的道教中心地位向江南、巴蜀傾斜。而四個都市之所以有大量的宮觀存在是與四地便利的交通、靠近道教聖地的獨特地理位置密切相關。

（四）唐代基層社會道教信仰頗為興盛。其中，造像活動盛行，乃是佛道競爭，及李唐政權與地方官僚士紳等共同推崇的結果。遊方道士則是道教深入基層社會的重要因素。造像與圖像也對基層民眾理解道法教義有極大的幫助。而基層信眾所組織的道教團體從事有關道教信仰的活動和慈善事業，有利於社會的整合，以及縮小社會階層間的差距。

綜上所述，道教的傳播與發展，必須遇到適宜的時機。所謂時機，就一個區域而言，又取決於政治、經濟、文化等多種因素。影響唐代道教地理分佈的因素很多，現總結如下：

一、自然地理條件。自然地理條件包括多種要素，其中影響道教地理分佈的主要是地形。地形因素直接影響著道教基礎和人口、經濟、交通等各方面的條件。高道駐躡地的分佈、宮觀的分佈等與地形的關係極為密切。平原、盆地、河谷當然是那些道教要素集中的分佈地域。而那些風景優美、環境清幽的山地、丘陵地區也是高道集會、宮觀林立的所在。天下名山不僅僧占多，道占的亦不在少數。道教講求修心養性、靜修參悟，最宜山林，故一些名山大川每為高道駐躡之處。且兼具山水之奇，吸引遊人，弘法亦便。而都市附近的名山，兼具都市和山林的長處，常常成為高道駐躡和建造宮觀的首選。如長安附近的樓觀、終南、太白諸山；洛陽附近的王屋、嵩山；成都周圍的青城山；與揚州隔江對望的茅山等。

二、經濟條件。任何宗教都不能離開經濟基礎，而僅憑信仰存在，道教也不例外。經濟是道教信仰和活動的基礎。道士女冠必須首先解決衣食住行等基本生存問題，然後才能從事弘法布道等活動。唐代道教的物質來源有一大部分是來自於達官顯貴和士紳富戶的捐贈，以及普通信眾的供奉。同時，宮觀經濟也得到了極大的發展，道士女冠也從事物質生活資料的生產。但是，捐贈和供奉仍然是唐代道教發展至關重要的經濟來源。而道教的科儀等活動需要花費大量的物質財富，只有在經濟條件較好的地域，才有足夠的物質和信眾維持一定規模的法事活動。因此，道教的地理分佈就與經濟的地域分佈

在很大程度上保持一致。道教宮觀大量存在於長安、洛陽、成都、揚州四大都市絕不是偶然的，而是有深刻的經濟因素所決定的。同時，經濟發達地區，人口密集，是道教努力爭取信徒、發展勢力的重要地域。所以經濟發展的地域差異，也是道教地理分佈不均衡的主要原因。

三、人口因素。道教發展的程度，最終要看信眾的多寡。道教要爭取信徒，壯大勢力，必須向人口稠密的地區發展。因此，道教地理分佈與人口分佈存在明顯的相關性。唐代人口分佈是當時社會經濟發展的產物，地區差異前後也不一致。唐代鼎盛時期，華北平原、四川盆地、兩京、江南四大地區是人口最為密集的地域。唐代道教最為發達的地域亦集中在這四大地域之內。唐代後期人口分佈格局發生重大變化，南方人口遠遠超過北方。與之相應的，道教的重心也向江南進一步傾斜，北方唯有京兆、洛陽勉強維持。且北方民眾自安史亂後，飽受戰亂顛沛之苦，在遷徙南方後更易接受道法，並進而促進移民遷入地域道教的發展。

四、交通狀況。交通情況對道教的發展具有重要的作用。交通便利之地，人物輻輳，常有道士女冠往來，道教易於興盛。同時，也成為道法向周邊地域傳播的根據地。交通方便還可以促進經濟的發展，為道教的發展提供物質上的保障。唐代的國內交通十分發達，有水陸兩大系統。陸路以長安、洛陽為中心；水路以揚州為中心。那些重要的交通沿線往往就形成發達的道教分佈地帶。而長安、洛陽、揚州，以及巴蜀地區的交通中心——成都更是成為道教的核心地域。

五、政治因素。道教發展地域差異形成的政治因素主要表現在統治者的道教政策對各級政治中心道教發展的影響，以及社會動亂對道教地理分佈變化的影響。政治中心往往就是道教中心，其政治地位的高低一定程度上決定道教興旺的程度。唐代統治者利用道教作為維護其統治的工具，以各級政治中心為宣揚道法的據點。政治中心級別的差異，導致了在道教上的地位凸顯出差異。其次，政治中心集中了唐代大部分的達官顯貴。他們經濟條件優越，但宦海沉浮，憂慮人生無常、富貴不測，於是紛紛信奉道教，熱心功德，散財布施、捐獻田宅為宮觀、度人入道，蔚然成風，促進了道教發展。而道教界為了爭取政治勢力的支持，爭取王公貴族為信徒，也盡力在政治中心開展活動。至於社會動亂，特別是長期大規模的戰亂，會迫使道士女冠與信徒遷徙別處，從而使道教地理分佈發生變化。安史亂後，道教重心的南傾就充分

反映了這一點。

六、歷史條件。唐以前各地道教發展的歷史傳承不同，基礎有別，也會對唐代道教地理分佈產生一定的影響。原來道法比較發達的地域，若無大的變故，就會繼續維持在一個較爲興盛的水平上，甚至有進一步的發展。所以，道教地理分佈歸根到底是受前述諸因素的影響所致。但宗教有其神秘性，各地的發展也有其偶然性。例如江南與巴蜀地域自魏晉以來就是道教昌盛之地，唐代也繼續維持著道教中心的地位，並且在唐代中期以後得到了更大的發展。

總之，上述六大因素交織在一起共同作用，互相綜合，相互影響，共同塑造了唐代道教地理分佈的面貌。

本文力圖掌握更爲翔實的史料，並在此基礎上實現對唐代道教地理分佈較深層次的考察，彌補唐代道教地理研究頗爲滯後，相對薄弱的缺憾。但限於作者學識等，本文僅選取了唐代道教地理中的幾個自認爲體會較深刻的專題加以討論。對於宏大且繁複的唐代道教地理研究來說，只能算是淺嘗輒止，所取得的結論難免膚淺和謬誤之處，甚至一些本文所關涉的若干問題也未取得滿意的解決。雖經一段時間的研究與苦修，苦思冥想之後，仍難免錯漏乖謬。思之實在有愧於師長的指導，唯有來日再做精思，完善本文。又希圖以此文拋頑石於前，待後來之美玉，對唐代道教地理研究有所貢獻。

參考文獻

一、古籍文獻

（一）正史類

1. 漢‧司馬遷：《史記》，北京：中華書局，1959 年。
2. 漢‧班固：《漢書》，北京：中華書局，1982 年。
3. 南朝宋‧范曄著：《後漢書》，北京：中華書局，1965 年。
4. 晉‧陳壽撰，南朝宋‧裴松之注：《三國志》，北京：中華書局，1959 年。
5. 唐‧房玄齡等：《晉書》，北京：中華書局，1974 年。
6. 南朝梁‧沈約：《宋書》，北京：中華書局，1974 年。
7. 南朝梁‧蕭子顯：《南齊書》，北京：中華書局，1972 年。
8. 唐‧姚思廉：《梁書》，北京：中華書局，1973 年。
9. 唐‧姚思廉：《陳書》，北京：中華書局，1972 年。
10. 唐‧李延壽：《南史》，北京：中華書局，1975 年。
11. 北齊‧魏收：《魏書》，北京：中華書局，1974 年。
12. 唐‧李百藥：《北齊書》，北京：中華書局，1972 年。
13. 唐‧令狐德棻等：《周書》，北京：中華書局，1971 年。
14. 唐‧李延壽：《北史》，北京：中華書局，1974 年。
15. 唐‧魏徵等著：《隋書》，北京：中華書局，1973 年。
16. 後晉‧劉昫等著：《舊唐書》，北京：中華書局，1975 年。
17. 宋‧歐陽修等著：《新唐書》，北京：中華書局，1975 年。
18. 宋‧薛居正等著：《舊五代史》，北京：中華書局，1976 年。

19. 宋・歐陽修著：《新五代史》，北京：中華書局，1974 年。

20. 宋・司馬光等編：《資治通鑑》，北京：中華書局，1956 年。

21. 宋・李燾編：《續資治通鑑長編》，北京：中華書局，2012 年。

（二）政書類

1. 唐・李林甫等著，陳仲夫點校：《唐六典》，北京：中華書局，1992 年。

2. 唐・杜佑著，王文錦等點校：《通典》，北京：中華書局，1988 年。

3. 宋・王溥著：《唐會要》，上海：上海古籍出版社，2006 年。

4. 唐・吳兢撰，謝保成集校：《貞觀政要集校》，北京：中華書局，2003 年。

（三）詔令奏議類

1. 宋・宋敏求編：《唐大詔令集》，北京：中華書局，2008 年。

2. 錢大群著：《唐律疏議新注》，南京：南京師範大學出版社，2008 年。

（四）筆記小說類

1. 唐・劉餗、張鷟著：《隋唐嘉話　朝野僉載》，北京：中華書局，1979 年。

2. 唐・鄭處誨、裴庭裕著：《明皇雜錄　東觀奏記》，北京：中華書局，1994 年。

3. 唐・劉肅著：《大唐新語》，北京：中華書局，1984 年。

4. 唐・封演著，趙貞信校注：《封氏聞見記校注》，北京：中華書局，2005 年。

5. 唐・蘇鶚等著，吳企明點校：《蘇氏演義（外三種）》，北京：中華書局，2012 年。

6. 唐・崔令欽等著，吳企明點校：《教坊記（外三種）》，北京：中華書局，2012 年。

7. 唐・趙元一等著，夏婧點校：《奉天錄（外三種）》，北京：中華書局，2014 年。

8. 唐・韋述、杜寶撰，辛德勇輯校：《兩京新記輯校　大業雜記輯校》，西安：三秦出版社，2006 年。

9. 唐・康駢著：《劇談錄》，北京：古典文學出版社，1958 年。

10. 五代・王定保著，黃壽成點校：《唐摭言》，西安：三秦出版社，2011 年。

11. 五代・王仁裕、姚汝能著，曾貽芬點校：《開元天寶遺事　安祿山事跡》，北京：中華書局，2006 年。

12. 宋・王讜著，周勳初校證：《唐語林校證》，北京：中華書局，1987 年。

13. 宋・洪邁著：《夷堅志》，北京：中華書局，2006 年。

14. 宋·佚名著：《錦繡萬花谷別集》，上海：上海古籍出版社，1995 年。

15. 宋·潘自牧著：《記纂淵海》，北京：中華書局，1988 年。

16. 宋·錢易著，黃壽成點校：《南部新書》，北京：中華書局，2002 年。

17. 宋·范鎮著：《東齋記事》，北京：中華書局，1980 年。

18. 宋·尤袤著：《全唐詩話》，《叢書集成初編》本。

19. 宋·黃休復著：《益州名畫錄》，成都：四川人民出版社，1982 年。

20. 宋·錢易、黃休復著：《南部新書 茅亭客話》，上海：上海古籍出版社，2012 年。

21. 宋·范祖禹著：《唐鑒》，上海：上海古籍出版社，1984 年。

22. 宋·洪適著：《隸釋 隸續》，北京：中華書局，1986。

23. 明·章潢著：《圖書編》，揚州：廣陵書社，2011 年。

24. 明·陳繼儒著：《太平清話》，《叢書集成初編》本，臺北：商務印書館。

25. 清·孫承澤著：《春明夢餘錄》，北京：北京古籍出版社，1992 年。

（五）類書

1. 唐·徐堅等編：《初學記》，北京：中華書局，1962 年。

2. 唐·歐陽詢編，汪紹楹校：《藝文類聚》，上海：上海古籍出版社，1999 年。

3. 唐·許敬宗編，羅國威整理：《日藏弘仁本文館詞林校證》，北京：中華書局，2001 年。

4. 宋·李昉等編：《太平廣記》，北京：中華書局，1961 年。

5. 宋·李昉等編：《太平御覽》，北京：中華書局，1960 年。

6. 宋·王欽若等編：《冊府元龜》，北京：中華書局，1960 年。

7. 宋·李昉等編：《文苑英華》，北京：中華書局，1966 年。

8. 宋·王應麟編：《玉海》，揚州：廣陵書社，2007 年。

9. 清·彭定求等編：《全唐詩》，北京：中華書局，1960 年。

10. 清·董浩等編：《全唐文》，上海：上海古籍出版社，1990 年。

11. 清·嚴可均輯：《全上古三代秦漢三國六朝文》，上海：上海古籍出版社，2009 年。

12. 陳尚君集校：《全唐文補編》，北京：中華書局，2005 年。

13. 韓理洲輯校編年：《全隋文補遺》，西安：三秦出版社，2004 年。

（六）地理方志類

1. 唐·李泰等編，賀次君輯校：《括地志輯校》，北京：中華書局，1980 年。

2. 唐·李吉甫著：《元和郡縣圖志》，北京：中華書局，1983 年。

3. 唐·李沖昭著：《南嶽小錄》，見《道藏》，第 6 分冊。

4. 唐·莫休符著：《桂林風土記》，《叢書集成初編》本。

5. 宋·樂史等撰，王文楚等點校：《太平寰宇記》，北京：中華書局，2007 年。

6. 宋·王存撰，王文楚·魏嵩山點校：《元封九域志》，北京：中華書局，1984 年。

7. 宋·祝穆撰，祝洙增訂，施和金點校：《方輿勝覽》，北京：中華書局，2003 年。

8. 宋·王象之撰：《輿地紀勝》，北京：中華書局，1992 年。

9. 宋·陳耆卿著：《（嘉定）赤城志》，見《宋元方志叢刊》，北京：中華書局，1990 年。

10. 宋·宋敏求著：《長安志》，北京：中華書局，1991 年。

11. 宋·朱長文著，金菊林校點：《吳郡圖經續記》，南京：江蘇古籍出版社，1999 年。

12. 宋·施宿等著，《嘉泰會稽志》，見《宋元方志叢刊》。

13. 宋·潛說友著，《咸淳臨安志》，見《宋元方志叢刊》。

14. 宋·史能之著：《咸淳毗陵志》，見《宋元方志叢刊》。

15. 宋·羅願著：《新安志》，見《宋元方志叢刊》。

16. 宋·羅濬著：《寶慶四明志》，見《宋元方志叢刊》。

17. 宋·陳田夫著：《南嶽總勝集》，見《中華道藏》第 48 分冊。

18. 元·鄧牧著：《大滌洞天記》，臺北：成文出版社，1984 年。

19. 明·李賢等編：《明一統志》，西安：三秦出版社，1990 年。

20. 清乾隆《浙江通志》，上海：上海古籍出版社，1991 年。

21. 清·穆彰阿等編：《大清一統志》，上海：上海古籍出版社，2008 年。

22. 清·顧祖禹撰，賀次君、施和金點校：《讀史方輿紀要》，北京：中華書局，2005 年。

23. 清·畢沅撰，張沛校點：《關中勝蹟圖志》，西安：三秦出版社，2004 年。

（七）道教典籍

1. 唐·孫思邈著：《孫眞人備急千金要方序》，《道藏》第 26 分冊。

2. 唐·杜光庭著，董恩林點校：《廣成集》，北京：中華書局，2011 年。

3. 唐·杜光庭撰：《道教應驗記》，《中華道藏》第 45 分冊。

4. 唐·杜光庭撰，羅爭鳴輯校《杜光庭記傳十種輯校》，北京：中華書局，

2013 年。

5. 宋‧張君房編，李永晟點校：《雲笈七籤》，北京：中華書局，2003 年。

6. 宋‧謝守灝編：《混元聖紀》，《道藏》第 17 分冊。

7. 宋‧呂太古編：《道門通教必用集》，《道藏》，第 32 分冊。

8. 宋‧沈庭瑞著：《華蓋山浮丘王郭三眞君事實》，《道藏》，第 18 分冊。

9. 明‧張宇初等編：《正統道藏》，臺北：新文豐出版公司，1977 年。

10、文物出版社、上海書店、天津古籍出版社編：《道藏》，上海：上海書店，1988 年。

11. 張繼禹主編：《中華道藏》，北京：華夏出版社，2004 年。

12. （美）薩梭編：《莊林續道藏》，臺北：成文出版社，1975 年。

13. 巴蜀書社編：《藏外道書》，成都：巴蜀書社，1994 年。

14. 黃永武編：《敦煌寶藏》，臺北：新文豐出版公司，1986 年。

15. （日）吉川忠夫、麥穀邦夫編，朱越利譯：《眞誥校注》，北京：中國社會科學出版社，2006 年。

16. 《唐鴻臚卿越國公靈虛見素眞人傳》，見《正統道藏‧洞神部譜錄類》。

17. 《正一法文太上外籙儀一卷》，《道藏》第 32 分冊。

18. 《正一法文天師教戒科經一卷》，《道藏》第 18 分冊。

19. 朱象先輯：《古樓觀紫雲衍慶集》，見《道藏》第 19 分冊。

（八）佛教典籍

1. 唐‧釋道安著，周叔迦、蘇晉仁校注：《法苑珠林校注》，北京：中華書局，2003 年。

2. （日）圓仁著：《入唐求法巡禮行記》，桂林：廣西師範大學出版社，2007 年。

3、唐‧法琳著：《辯證論》，見大正一切經刊行會編：《大正新修大藏經》，臺北：新文豐出版公司，1983 年，第 52 分冊。

（九）唐宋人文集

1. 唐‧沈佺期、宋之問撰，陶敏、易淑瓊校注：《沈佺期宋之問集校注》，北京：中華書局，2001 年。

2. 唐‧王維撰，陳鐵民校注：《王維集校注》，北京：中華書局，1997 年。

3. 唐‧張說著，熊飛校注：《張說集校注》，北京：中華書局，2013 年。

4. 唐‧岑參撰，廖立箋注：《岑嘉州詩箋注》，北京：中華書局，2004 年。

5. 唐‧李白著，清‧王琦注：《李太白全集》，北京：中華書局，1977 年。

6. 唐‧杜甫著，清‧仇兆鰲注：《杜詩詳注》，北京：中華書局，1979 年。

7. 孫望編著：《韋應物詩集繫年校箋》，北京：中華書局，2002 年。

8. 唐・劉禹錫：《劉禹錫集》，上海：上海人民出版社，1975 年。

9. 唐・李賀著，吳企明箋注：《李長吉歌詩編年箋注》，北京：中華書局，2012 年。

10. 吳在慶撰：《杜牧集繫年校注》，北京：中華書局，2008 年。

11. 唐・韓愈著，劉眞倫、岳珍校注：《韓愈文集彙校箋注》，北京：中華書局，2010 年。

12. 唐・元稹，冀勤點校：《元稹集（修訂本）》，北京：中華書局，1982 年。

13. 唐・柳宗元著：《柳河東集》，上海：上海人民出版社，1974 年。

14. 劉學鍇撰：《溫庭筠全集校注》，北京：中華書局，2007 年。

15. 唐・貫休著，胡大濬箋注：《貫休歌詩繫年箋注》，北京：中華書局，2011 年。

16. 南唐・李璟、李煜著，王仲聞校訂，陳書良、劉娟箋注：《南唐二主詞箋注》，北京：中華書局，2013 年。

17. 宋・劉一止：《劉一止集》，杭州：浙江古籍出版社，2012 年。

18. 宋・盧仝：《玉川子詩集》，《四部叢刊》本。

（十）其它

1. 漢・劉向撰，向宗魯校證：《說苑校證》，，北京：中華書局，1987 年。

2. 漢・荀悅、晉・袁宏：《兩漢紀》，北京：中華書局，2005 年。

3. 東漢・劉珍撰，吳樹平校注：《東觀漢記校注》，北京：中華書局，2008 年。

4. 唐・許嵩撰，張忱石點校：《建康實錄》，北京：中華書局，1986 年。

5. 唐・瞿曇悉達撰，常秉義點校：《開元占經》，北京：中央編譯出版社，2006 年。

6. 二十五史刊行委員會編：《二十五史補編》，北京：中華書局，1955 年。

7. 清・徐松著，李健超增訂：《增訂唐兩京城坊考（修訂版）》，西安：三秦出版社，2006 年。

8. 清・吳任臣撰，徐敏霞、周瑩點校：《十國春秋》，北京：中華書局，1983 年。

9. 汪辟疆校錄：《唐人小說》，上海：上海古籍出版社，1978 年。

10. 《四庫全書總目提要》，石家莊：河北人民出版社，2000 年。

11. 譚其驤主編：《中國歷史地圖集・隋、唐、五代十國時期》，北京：中國地理出版社，1982 年。

二、金石類材料

1. 宋‧陳思編：《寶刻叢編》，杭州：浙江古籍出版社，2012 年。

2. 陳垣編纂，陳智超、曾慶瑛校補：《道家金石略》，北京：文物出版社，1988 年。

3. 清‧黃叔璥輯：《中州金石考》，見《石刻史料新編（第一輯)》，臺北：新文豐出版公司，1979 年。

4. 清‧陸增祥著：《八瓊室金石補正》，北京：文物出版社，1985 年。

5. 清‧毛鳳枝著：《關中石刻文字新編》，上海：上海古籍出版社，1995 年。

6. 宋‧歐陽修：《集古錄跋尾》光緒丁亥校刊、行素草堂藏版，見清‧朱記榮輯：《行素草堂金石叢書》，清行素草堂刊本。

7. 清‧阮元編：《山左金石錄》，《石刻史料新編（第一輯)》，第 19 分冊。

8. 清‧阮元編：《兩浙金石志》，杭州：浙江古籍出版社，2012 年。

9. 陝西古籍整理辦公室編：《全唐文補遺‧第二輯》，西安：三秦出版社，1995 年。

10. 陝西古籍整理辦公室編：《全唐文補遺‧第三輯》，西安：三秦出版社，1996 年。

11. 陝西古籍整理辦公室編：《全唐文補遺‧第六輯》，西安：三秦出版社，1999 年。

12. 清‧孫星衍、趙之謙等編：《歷代碑誌叢書》，南京：江蘇古籍出版社，1998 年。

13. 清‧王昶輯：《金石萃編》，北京：中國書店，1985 年。

14. 楊虎城等編：《陝西金石志》，見《石刻史料新編》第一輯，第 22 分冊。

15. 清‧葉昌熾著：《語石 語石異同評》，北京：中華書局，1994 年。

16. 佚名著：《江蘇金石志》，南京：江蘇通志局，1927 年。

17. 宋‧佚名著：《寶刻類編》，見《歷代碑誌叢書》第一冊。

18. 周紹良主編：《唐代墓誌彙編》，上海：上海古籍出版社，1992 年。

19. 周紹良、趙超主編：《唐代墓誌彙編續集》，上海：上海古籍出版社，2001 年。

20. 新文豐出版公司編：《石刻史料新編（第二輯)》，臺北：新文豐出版公司，1980 年。

21. 新文豐出版公司編：《石刻史料新編（第三輯)》，臺北：新文豐出版公司，1987 年。

22. 蕭霽虹主編：《雲南道教碑刻輯錄》，北京：中國社會科學出版社，2013 年。

23. 北京圖書館金石組編：《北京圖書館藏中國歷代石刻拓本彙編》，鄭州：
中州古籍出版社，1989 年。

三、考古材料

1. 程義等《蘇州林屋洞出土道教遺物》，《東南文化》2010 年第 1 期，第 41
～44 頁。

2. 程義《宋真宗天禧二年林屋洞道教投龍遺物簡介》，《中國道教》2010 年
第 1 期，第 37～39 頁。

3. 胡文和、曾德仁《四川道教石窟造像》，《四川文物》1992 年第 1 期，第
31～40 頁。

4. 胡文和、曾德仁《四川道教石窟造像（續）》，《四川文物》1992 年第 2
期，第 39～47 頁。

5. 黃湧泉、王士倫《五代吳越文物——鐵券與投龍簡》，《文物參考資料》
1956 年 12 期，第 56～57 頁。

6. 平陸縣博物館《山西平陸縣出土一批隋唐佛道銅造像》，《考古》，1987
年第 1 期，第 42～47 頁。

7. 王士倫《五代吳越國王投簡》，見浙江省文物考古所編：《浙江省文物考
古研究所學刊》，北京：科學出版社，1993 年。

8. 運城地區河東博物館《山西運城柏口窯出土佛道造像碑》，《考古》1991
年第 12 期，第 1096～1099 頁

9. 曾德仁、李良、金普軍《蒲江飛仙閣道教摩崖造像》，《四川文物》2003
年第 1 期，第 85～90 頁。

10. 曾德仁、李良、金普軍《四川劍閣鶴鳴山道教摩崖造像》，《四川文物》
2004 年第 6 期，第 10～15 頁。

11. 黎毓馨主編《吳越勝覽——唐宋之間的東南樂國》，北京：中國書店，2011
年。

四、日本與歐美近人論著

（一）歐美學者論著

1. （法）索安（Anna Seidel）著，呂鵬志、陳平等譯：《西方道教研究編年
史》，北京：中華書局， 2002 年。

2. （法）戴思博（Catherine Despeux）著，李國強譯：《《修真圖》——道教
與人體》，濟南：齊魯書社，2012 年。

3. David Johnson *"The City-God Cults of T'ang and sung China"*（《中國唐宋時
期的城隍神崇拜》）, *HJAS*（*Harvard Journal of Asiatic Studies*）45.2：363

～457.

4. （英）崔瑞德（Denis Twitchett）編：《劍橋中國隋唐史 589～906》，北京：中國社會科學出版社，1990 年。

5. Edouard Chavannes *"Le T'ai-chan-Essai de monographie d'un culte chinois."*（《泰山——有關一種中國崇拜的專題論文》）. Paris: Annales de Musée Guimet 28, pp.415～24.

6. Edouard Chavannes *"Le jet des Dragons"*（《投龍》）, *Mémoires concernant l'asie Orientale 3. Translation of the T'ai-shang ling-pao yü-yi ming-chen ta-chai yen-kung yi.*

7. Edward H. Schafer *"Mao Shan in T'ang Times"*（《唐代的茅山》）, *SSCR*（*Society for the Study of Chinese Religion*） Monograph No. 1. Revised edition, 1989.

8. Giuliano Bertuccioli *"Reminiscences of Maoshan"*（《茅山回憶錄》）, *East and West*, n.s.24.3～4: 3～16.

9. Hou Ching-lang *"The China Belief in Baleful Stars"*（《中國的災星信仰》）, *FT*（*Factes of Taoism, H.Welch and A. seidel, eds. New Haven: Yale University Press, 1979*）, pp.193～228.

10. Jan Jaob Maria de Groot *"The Religious System of China, its ancient forms, evolution, history and present aspect"*（《中國的宗教系統及其古代形式、變遷、歷史及現狀》）Leiden. E.J·Brill, 1892.

11. Kenneth Dean *"Taoism and Popular Religion in Southeast China: History and Revival"*（《中國東南的道教與民間宗教——歷史和復興》）, Ph.D. diss., Stanford University 1988.

12. Kristofer M. Schipper *"Taoist Ritual and Local Cults of the T'ang Dynasty"*（《唐朝的道教儀式和地方崇拜》）, *TTS* Ⅲ（*Tantric and Taoist Studies in Honour of R. A.Stein,* vol. Ⅲ, M. Strickmann ed. MCB ⅩⅫ, Bruxelles, 1985*）, pp.812～34.

13. （德）馬克斯·韋伯（Max Weber）著，王容芬譯：《儒教與道教》，北京：商務印書館，1995 年。

14. Michel Soymié *"Le Lo-Feou chan, étude de géographie religieuse"*（《羅浮山，宗教地理研究》）, *BEFEO*（*Bulletin de l'Ecole Française d'Extrême-Orient*）48: 1～139.

15. Michel Strickmann *"Le taoïsme du Mao Chan-chronique d'une revelation"*（《茅山的道教——降經編年史》）, *Mémoires de l'iHEC*（*Institut des Hautes Etudes Chinoises, Collège de France*）ⅩⅧ. Presses Universitaires de France.

16. Poul Anderson *"A Visit to Hua-shan"*, *CEA*（*Cahiers d'Extrême-Asie*）5：349～54.

17. Poul Anderson 《祭祀與禮拜模式：福建南部的宗教復興》1995 年

18. Paul Demiéville *"Le T'ai-chan ou Montagne du suicide"*（《泰山或捨身之山》），*in L'Echo des Alpes. Reprinted in Choix d'études sinologiques.* Leiden: E.J.Brill, 1973, pp.1～7.

19. Paul W. Kroll *"Verses from on High: The Ascent of T'ai Shan"*（《詠高詩——登泰山》），TP（*T'oung-Pao*）69：223～60.

20. Paul W. Kroll *"In the Halls of the Azure Lad"*（《在青童府中》），*JAOS*（*Journal of the American Oriental Society*）105.1：75～94.

21. Raoul Birnbaum *"Secret Halls of the Mountain Lords: The Caves of Wu-t'ai Shan"*（《山神的密室——五臺山的洞窟》），CEA 5：115～40.

22. （美）韓明士（Robert Hymes）著，皮慶生譯：《道與庶道：宋代以來的道教、民間信仰和神靈模式》，南京：江蘇人民出版社，2007 年。

23. （瑞典）王羅傑（Roger Greatrex）著：《茅山道教和唐宋文人》，見陳鼓應主編：《道家文化研究·第十六輯》，北京：三聯書店，1999 年，第 367～387 頁。

24. （美）柯瑞思（Russell Kirkland）著，曾維加、劉玄文譯：《唐代道教的多維度審視：20 世紀末該領域的研究現狀》，見《唐代道教——中國歷史上黃金時期的宗教與帝國》，第 118～156 頁。

25. Stephen R. Bokenkamp *"The Peach Flower Font and the Grotto Passage"*（《桃花源和洞穴通道》），*Journal of the American Oriental Society 106.1*（*1986*）：65～77.

26. （英）巴瑞特（Timothy Hugh Barrett）著，曾維加譯：《唐代道教——中國歷史上黃金時期的宗教與帝國》，濟南：齊魯書社，2012 年。

27. Thomas Hahn, *"The Standard Toaist Mountain and Related Features of Religious Geography"*（《標準的道教山嶽和相關的宗教地理特徵》），*CEA*（*Cahiers d'Extrême-Asie*）4：145～56.

28. Valerie Hansen *"The Popular Pantheon During the T'ang-sung Transition"*（《唐宋過渡時期的民間諸神》），*Paper for the Symposium on Religion and Society in China 750～1300. Hsi Lai Temple, Los Angeles.*

29. （德）鮑吾剛（Wolfgang Bauer）著，嚴蓓雯、韓雪臨、吳德祖譯：《中國人的幸福觀》，南京：江蘇人民出版社，2004 年。

30. （俄）陶奇夫著，邱鳳俠譯：《道教——歷史宗教的試述》，濟南：齊魯書社，2011 年。

（二）日本學者論著

1. 道端良秀著：《山東道教史蹟巡禮》，《東方宗教》創刊號，日本道教學會 1951 年。

2. 蜂屋邦夫主編：《中國的道教》，東京大學東洋文化研究所 1995 年。

3. 宮川尚志著：《六朝宗教史》國書刊行會，1974 年。

4. 宮川尚志：*Legate Kao P'ien and a Taoist Magician Lü Yung-chih in the Time of Huang Chao's Rebellion*（《黃巢起義時期的節度使高駢和道教方士呂用之》）, Acta Asiatica 27: 5～99.

5. 宮川尚志：*Local Cults around Mount Lu at the Time of Sun En's Rebellion*（《孫恩起義時廬山附近的地方崇拜》）, *FT（Factes of Taoism, H.Welch and A. seidel, eds. New Haven: Yale University Press, 1979*）, pp.83～101.

6. 宮川尚志著：《天地水三官と洞天》，《東方宗教》第 78 期，1991 年，第 1～22 頁。

7. 吉川忠夫著，王啓發譯：《六朝精神史研究》，南京：江蘇人民出版社，2012 年。

8. 吉川忠夫著，曾維加、黃小玲譯：《唐代巴蜀的佛教與道教》，見《唐代道教——中國歷史上黃金時期的宗教與帝國》，第 96～117 頁。

9. 吉岡義豐 *"Taoist Monastic Life"*, FT, pp.223～52.

10. 酒井忠夫 *"Taoist Studies in Japan"*, FT, pp.269～87.

11. 麥穀邦夫等《江南道教的研究》平成十五年至平成十八年（2004～2007）度科學研究補助金基盤研究‧研究成果報告書。

12. 秋月觀暎著，丁培仁譯：《中國近世道教的形成：淨明道的基礎研究》，北京：中國社會科學出版社，2005 年。

13. 三浦國雄《洞天福地小論》，《東方宗教》第 61 期，1983 年，第 1～23 頁。

14. 上田正昭《古代信仰と道教》，見福永光司等編《道教と古代の天皇制》，東京：德間書店，1978 年，第 51～95 頁。

15. 神塚淑子《道教の禮儀と龍——六朝‧唐代の投龍簡をめぐつて》，《日中文化研究》三，勉誠社 1992 年。

16. 神塚淑子著：《隋代の道教造像》，見《名古屋大學文學部研究論集‧哲學》52，2006 年。

17. 小林正美著，白文譯：《金籙齋法與道教造像的形成與展開——以四川省綿陽、安岳、大足摩崖道教造像爲中心》，《藝術探索》2007 年第 3 期，第 32～47 頁。

五、中國（含港澳臺）近人論著（按姓氏拼音排列）

1. 白如祥《從岱嶽觀碑看泰山道教與唐代政治》，《經濟與社會發展》2008 年第 4 期，第 181～183 頁。

2. 陳國符著：《道藏源流考》，北京：中華書局，2012 年。

3. 陳寅恪《天師道與濱海地域之關係》，《金明館叢稿初編》，北京：三聯書店，2009 年，第 1～46 頁。

4. 陳寅恪《武曌與佛教》，《金明館叢稿二編》，北京：三聯書店，2009 年，第 153～174 頁。

5. 陳寅恪《論李棲筠自趙徙衛事》，《金明館叢稿二編》，第 1～8 頁。

6. 陳珏著：《初唐傳奇文鉤沉》，上海：上海古籍出版社，2005 年。

7. 丁煌《漢末三國道教發展與江南地緣關係初探：以張道陵天師道出生說、江南巫俗及孫吳政權與道教關係爲中心之一般考察》，《歷史學報（成大）》13（1987），第 155～208 頁。

8. 丁煌《唐代道教太清宮制度考（上）》，《成功大學歷史學系歷史學報》第 6 號，1979 年 7 月，第 275～314 頁。

9. 丁煌《唐代道教太清宮制度考（下）》，《成功大學歷史學系歷史學報》第 7 號，1979 年 9 月，第 177～220 頁。

10. 丁煌：《漢唐道教論集》，北京：中華書局，2009 年。

11. 付其建《試論道教洞天福地理論的形成與發展》，山東大學中國古代史碩士學位論文 2007 年。

12. 傅勤家著：《中國道教史》，北京：東方出版社，2008 年。

13. 葛兆光《最終的屈服──關於開元天寶時期的道教》，榮新江主編：《唐代宗教信仰與社會》，上海：上海辭書出版社，2003 年，第 13～34 頁。

14. 郭樹森《江西道教概說》，《中國道教》1995 年第 3 期，第 31～33 頁。

15. 哈磊《漢唐道觀述略》，《求索》2004 年第 2 期，第 119～120 頁。

16. 何海燕《唐代道教地理分佈特徵研究》，北京大學博士學位論文，1996 年。

17. 何海燕《唐兩京道教宮觀證補》，《中國社會科學院歷史研究所學刊》第 4 集，北京：商務印書館，2007 年，第 387～410 頁。

18. 胡彬彬《造像記：造像背後的歷史》，《中國社會科學報》2011 年 9 月 8 日，第 15 版。

19. 胡戟、張弓、李斌城、葛承雍主編：《二十世紀唐研究》，北京：中國社會科學出版社，2002 年。

20. 胡銳《道教宮觀文化研究》，四川大學宗教學博士學位論文 2003 年。

21. 胡銳《論南北朝時期道教宮觀之發展與特點》，《宗教學研究》2003 年第 2 期，第 104～107 頁。

22. 胡曉慧《天下第十二福地──陶公洞探源》，《中國道教》2007 年第 4 期，第 59～61 頁。

23. 黃海德《中國西部古代道教石刻造像研究》,《世界宗教研究》1994 年第 1 期,第 93～103 頁。

24. 賈發義《山西道教歷史發展特點析論》,《宗教學研究》2010 年第 1 期,第 1～10 頁。

25. 賈梅《唐〈東明觀孫思墓誌〉考釋》,《碑林集刊》十,2004 年。

26. 姜生《道教治觀考》,《中國道教》2001 年第 3 期,第 18～22 頁。

27. 江蘇省政協文史資料委員會、揚州市政協文史和學習委員會、揚州市民族宗教事務局編《揚州宗教》,《江蘇文史資料》第 115 輯、《揚州文史資料》第 19 輯,《江蘇文史資料》編輯部 1999 年發行。

28. 焦傑:《論唐代公主入道原因與道觀生活》,《世界宗教研究》2013 年第 2 期,第 72～81 頁。

29. 金天明《道教宮觀文化及其功能研究》,西南大學宗教學碩士學位論文 2007 年。

30. 孔令宏《浙江道教史發凡》,《杭州師範學院學報(社會科學版)》2005 年第 6 期,第 31～36 頁。

31. 孔令宏、韓松濤:《江西道教史》,北京:中華書局,2011 年。

32. 雷聞《唐代道教與國家禮儀——以高宗封禪活動爲中心》,《中華文史論叢》2001 年第 4 輯,第 62～79 頁。

33. 雷聞《道教徒馬元貞與武周革命》,《中國史研究》2004 年第 01 期,第 73～80 頁。

34. 李斌城《試論唐代的道教》,《山東師院學報(社會科學版)》1978 年 06 期,第 30～39 頁。

35. 李豐楙著:《憂與遊:六朝隋唐仙道文學》,北京:中華書局,2010 年。

36. 李豐楙著:《仙境與遊歷:神仙世界的想像》,北京:中華書局,2010 年。

37. 李裴著:《隋唐五代道教美學思想研究》,成都:巴蜀書社,2005 年。

38. 李天石、許輝編著:《六朝文化概論》,南京:南京出版社,2003 年。

39. 李廷先《唐代揚州的道教》,《東南文化》1990 年 5 月 Z1 期,第 46～51 頁。

40. 李養正著:《道教概説》,北京:中華書局,1989 年。

41. 李遠國《洞天福地:道教理想的人居環境極其科學價值》,《西南民族大學學報(人文社科版)》2006 年第 12 期,第 118～123 頁

42. 李正宇《投龍靈淵月牙泉——兼談投龍儀制》,《敦煌》臺灣 1998 年第 1 期,第 23～25 頁。

43. 廖幼華《唐宋時期嶺南主要宗教信仰之分佈》,《東亞民俗與漢文化國際學術研討會》2003 年,第 195～239 頁。

44. 梁志明《「水府告文」考釋》，《東南文化》1993 年第 3 期。

45. 林西朗著：《唐代道教管理制度研究》，四川大學宗教學博士學位論文 2005 年。

46. 林正秋：《杭州道教史》，北京：中國社會科學出版社，2011 年。

47. 劉凱《六朝到唐宋連州靜福山的道教發展——以唐蔣防〈連州靜福山廖先生碑銘〉爲中心》，《嶺南文史》2011 年第 04 期，第 30～36 頁。

48. 劉凱《唐末五代杭州天柱觀與江南道教發展論考——以錢鏐所撰〈天柱觀記〉爲中心》，《中山大學學報（社會科學版）》2014 年第 2 期，第 99～109 頁。

49. 劉淑芬《五至六世紀華北鄉村的佛教信仰》，見林富士主編：《禮俗與宗教》，北京：中國大百科全書出版社，2005 年，第 216～261 頁。

50. 劉屹著：《神格與地域——漢唐間道教信仰世界研究》，上海：上海人民出版社，2010 年。

51. 劉昭瑞著：《考古發現與早期道教研究》，北京：文物出版社，2007 年。

52. 盧睿蓉《美國的中國道教研究之管窺》，《宗教學研究》2011 年第 2 期，第 37～41 頁。

53. 盧雲著：《漢晉文化地理》，西安：陝西人民教育出版社，1991 年。

54. 魯迅：《魯迅全集》，北京：人民文學出版社，2005 年。

55. 羅偉國：《中國道觀》，上海：上海古籍出版社，2009 年。

56. 羅燚英《東晉南北朝迄唐北嶽恒山道教探述》，《閩江學刊》2010 年第 5 期，第 72～79 頁。

57. 羅燚英《廣州五羊傳說與五仙觀考論——漢晉迄宋嶺南道教微觀考察》，《揚州大學學報（人文社會科學版）》2012 年第 2 期，第 104～110 頁。

58. 羅振玉《金泥石屑》，見《羅振玉學術論著集》第三集，上海：上海古籍出版社，2010 年。

59. 馬驥《西安新出土柳書唐回元觀鐘樓銘碑》，《文博》1987 年第 5 期。

60. 馬詠鍾《西安碑林新藏唐誌考》，《碑林集刊》（一）1993 年。

61. 牟鍾鑒、胡孚琛、王葆玹主編：《道教通論——兼論道家學說》，濟南：齊魯書社，1991 年。

62. 潘雨廷著：《道教史叢論》，上海：復旦大學出版社，2012 年。

63. 潘雨廷著：《道藏書目提要》，上海：上海古籍出版社，2003 年。

64. 錢穆《蜀中道教先聲》，《責善半月刊》1941，11。

65. 錢穆《張道陵與黃巾》，《責善半月刊》1941，11。

66. 卿希泰《百年來道教研究的回顧與展望》，《卿希泰論道教》，上海：上海科學技術文獻出版社，2008 年，第 175～207 頁。

67. 卿希泰《道教在巴蜀初探》,《卿希泰論道教》,第 35〜84 頁。

68. 卿希泰、唐大潮著:《道教史》,南京:江蘇人民出版社,2006 年。

69. 邱瑰華《唐代女性熱衷入道原因初探》,《安徽大學學報(哲學社會科學版)》2000 年第 3 期,第 55〜58 頁。

70. 任繼愈主編:《中國道教史》,上海:上海人民出版社,1990 年。

71. 任林豪、馬曙明:《台州道教考》,北京:中國社會科學出版社,2009 年。

72. 榮新江《隋唐長安的寺觀與環境》,見《都市と環境の歷史學 特集國際シンポジウム都市と環境の歷史學 5 年間の成果》第 4 集,2009 年。

73. 榮新江《從王宅到寺觀:唐代長安公共空間的擴大與社會變遷》,榮新江:《隋唐長安:性別、記憶及其它》,上海:復旦大學出版社,2010 年,第 67〜88 頁。

74. 盛愛萍《從溫州地名看浙南的道教文化》,《浙江社會科學》,2003 年第 3 期,第 188〜192 頁。

75. 宋娟《王屋山道教研究——以碑刻資料爲基礎的分析》,河南大學 2013 年碩士學位論文。

76. 宋仁桃《唐代道教造像中的散發女眞》,《中華文化畫報》2009 年第 7 期,第 119〜121 頁。

77. 孫齊《唐前道觀研究》,山東大學博士學位論文 2014 年。

78. 孫亦平《論杜光庭對蜀地道教的貢獻》,《宗教學研究》2004 年第 2 期,第 52〜57 頁。

79. 孫振濤《論唐末五代時期西蜀地區崇道社會思潮》,《西華師範大學學報(哲學社會科學版)》2014 年第 1 期,第 102〜105 頁。

80. 臺靜農《唐明皇青城山敕與南嶽告文》,見《靜農論文集》,臺北:聯經出版事業公司,1989 年。

81. 譚敏《唐末五代道教神話述要》,《北京化工大學學報》2010 年第 4 期,第 31〜35 頁。

82. 湯一介著:《早期道教史》,北京:崑崙出版社,2007 年。

83. 唐長孺《范長生與巴氐據蜀的關係》,《魏晉南北朝史論續編》,上海:三聯書店,1959 年,第 155〜162 頁。

84. 唐長孺《魏晉期間北方天師道的傳播》,《魏晉南北朝史論拾遺》,北京:中華書局,1983 年,第 218〜232 頁。

85. 唐長孺《錢塘杜治與三吳天師道的演變》,《山居存稿續編》,北京:中華書局,2011 年,第 182〜201 頁。

86. 唐長孺《太平道與天師道——札記十一篇》,《山居存稿續編》,第 256〜288 頁。

87. 陶志平《唐代道教的興盛及其政治背景》,《西南師範大學學報（哲學社會科學版）》1988 年第 2 期,第 47～51 頁。

88. 王承文《唐代羅浮山區文化發展略論》,《中山大學學報（社會科學版）》1992 年第 3 期,第 74～82 頁。

89. 王承文著:《敦煌古靈寶經與晉唐道教》,北京:中華書局,2002 年。

90. 王靜《終南山與唐代長安社會》,《唐研究》第九卷,北京:北京大學出版社,2003 年,第 129～168 頁。

91. 王金翠《隋唐造像記發願文整理與研究》,西南大學中國古典文獻學碩士學位論文 2011 年。

92. 王麗英《道教南傳及其影響》,華中師範大學歷史文獻學博士學位論文 2004 年。

93. 王永平《隋末唐初的山西道教》,《滄桑》1999 年第 1 期,第 18～22 頁。

94. 王永平:《道教與唐代社會》,北京:首都師範大學出版社,2002 年。

95. 王永平《論唐代道教的管理措施》,《山西師大學報（社會科學版）》2002 年第 1 期,第 76～81 頁。

96. 王永平《從泰山道教石刻看武則天的宗教信仰》,《東嶽論叢》2007 年第 3 期,第 92～97 頁。

97. 王永平《宗教節俗與唐人的休閒娛樂生活——以三元節、佛誕節與降聖節爲中心》,《山西大學學報（哲學社會科學版）》2011 年第 4 期,第 27～35 頁。

98. 王育成《考古所見道教簡牘考述》,《考古學報》2003 年第 4 期,第 483～510 頁。

99. 王子超、王克陵《南朝至唐道教對名山風景的探索與構建——「洞天福地」的自然生態模型理論》,《華中建築》2008 年第 9 期,第 207～210 頁。

100. 衛復華《中國道教（五斗米道）發源地鶴鳴山》,《宗教學研究》1989 年 Z1 期,第 6～11 頁。

101. 溫玉成《隋唐洛陽道教略述》,《中國道教》1990 年第 2 期,第 35～38 頁。

102. 吳國富:《廬山道教史》,南昌:江西人民出版社,2011 年。

103. 武彬:《唐傳奇中的佛、道觀》,陝西師範大學博士學位論文 2008 年。

104. 伍偉民《江西道教述略》,《易山道海得涓埃:道教文化探索》,上海:上海古籍出版社,2007 年,第 133～138 頁。

105. 蕭登福著:《道教與民俗》,臺北:文津出版社,2002 年。

106. 辛德勇著:《隋唐兩京叢考》,西安:三秦出版社 2006 年。

107. 徐雪凡《從浙江道教碑刻看浙江道教發展史》，見連曉鳴主編《天台山暨浙江區域道教國際學術研討會論文集》，杭州：浙江古籍出版社，2008年。

108. 許地山著：《道教史》，上海：上海古籍出版社，1999年。

109. 許尚樞《天台山道教發展簡述》，《宗教學研究》1998年第2期，第70～77頁。

110. 嚴耕望《唐五代時期之成都》，《嚴耕望史學論文選集》，北京：中華書局，2006年，第175～231頁。

111. 楊鴻年著：《隋唐兩京坊里譜》，上海：上海古籍出版社，1999年。

112. 楊立志《名山宮觀的規劃佈局與道教義理——以長江流域的道教名山爲例》，見熊鐵基、劉固盛主編：《道教文化十二講》，合肥：安徽教育出版社，2005年版，第282～295頁。

113. 熊鐵基：《洞天福地是神仙思想發展的產物》，《中國道教》2012年第5期，第22～24頁。

114. 楊雲《道教研究現狀》，《哲學動態》1988年第6期，第32～34頁。

115. 姚平著：《唐代婦女的生命歷程》，上海：上海古籍出版社，2004年。

116. 袁志鴻《道教節日》，《中國道教》1990年第1期，第39～41頁。

117. 游建西著：《道家道教史略論稿》，北京：光明日報出版社，2006年。

118. 尤李《論唐廷對幽州宗教事務的介入》，《社會科學研究》2011年第3期，第154～159頁。

119. 曾國富《道教與五代吳越國歷史》，《宗教學研究》2008年第2期，第33～39頁。

120. 曾維加《道教的社會傳播研究——以公元六世紀前巴蜀及中國北方爲中心》，四川大學宗教學博士學位論文2004年。

121. 詹宗祐《隋唐時期終南山區研究》，文化大學史學研究所博士論文2003年。

122. 詹宗祐《試論隋唐時期終南山區的旅遊》，《白沙歷史地理學報》2006年第1期，第1～36頁.

123. 張崇富《繼承漢學傳統：荷蘭道教道教研究的成就與最新進展》，《宗教學研究》2010年第3期，第38～45頁。

124. 張廣保《唐以前道教洞天福地思想研究——從生態學視角》，見郭武主編：《道教教義與現代社會國際學術研討會論文集》，上海：上海古籍出版社，2003年，第285～321頁。

125. 張妙《唐宋峨眉山研究》，四川大學2007年碩士學位論文。

126. 張炎興《陽明洞天考》，《貴州大學學報（社會科學版）》2014年第6期，

第 65～71 頁。

127. 張澤洪《20 世紀以來日本的道教研究》,《四川大學學報（哲學社會科學版）》2003 年第 2 期,第 29～34 頁。

128. 張澤洪《山林道教向都市道教轉型：以唐代長安道教爲例》,《四川大學學報（哲學社會科學版）》2006 年 1 期,第 46～52 頁。

129. 張澤洪《唐代敦煌道教的傳播》,《中國文化研究》2001 年第 1 期,第 59～64 頁。

130 張澤洪《唐代道教的投龍儀式》,《陝西師範大學學報（哲學社會科學版）》2007 年第 1 期,第 27～32 頁。

131. 張澤洪著：《道教齋醮科儀研究》,成都：巴蜀書社,1999 年。

132. 張澤洪《唐代道觀經濟》,《四川大學學報（哲學社會科學版）》1993 年第 04 期,第 88～92 頁。

133. 張澤洪《古代少數民族與道教》,《中國道教》1990 年第 01 期,第 36～39 頁。

134. 張澤洪《魏晉南北朝時期少數民族與道教——以南蠻、氐羌族群爲中心》,《中南民族大學學報（人文社會科學版）》2005 年第 06 期,第 33～37 頁。

135. 張澤洪、景志明《唐代長安道教》,《宗教學研究》1993 年 Z1 期,第 1～8 頁。

136. 趙幼強《唐五代吳越國帝王投簡制度考》,《東南文化》2002 年第 1 期,第 31～36 頁。

137. 趙益《句曲洞天：公元四世紀上清道教的度災之府》,《宗教學研究》2007 年第 3 期,第 57～63 頁。

138. 鄭以馨《道教洞天福地説形成之研究》,成功大學碩士論文 1997 年。

139. 周能俊《漢唐「天狗」考釋》,《閩江學刊》2012 年第 1 期,第 74～79 頁。

140. 周能俊、胡阿祥《兩晉南朝廣陵高氏之興衰》,《揚州大學學報（人文社會科學版）》2013 年第 2 期,第 114～118 頁。

141. 周能俊《兩晉后妃地理分佈研究》,《閩江學刊》2013 年第 3 期,第 78～86 頁。

142. 周能俊《天象與世變：漢唐間的「枉矢」星占》,《安徽大學學報（哲學社會科學版）》2013 年第 3 期,第 73～79 頁。

143. 周能俊《天象與世變：漢唐時期的「蚩尤旗」星占》,《中南大學學報（社會科學版）》2013 年第 5 期,第 227～231 頁。

144. 周能俊《唐代道教地理分佈》,南京大學博士學位論文 2013 年。

145. 周能俊《唐代洞天福地的地理分佈》,《中國道教》2013 年第 6 期,第 50 ～52 頁。

146. 周能俊《徙居洛陽求發展,家族盛衰豈由人——洛陽龍門新村出土隋衛 侗墓誌考釋》,《閩江學刊》2014 年第 1 期,第 60～65 頁。

147. 周能俊《西安南郊隋李裕墓誌考釋》,《閩江學刊》2015 年第 1 期,第 81 ～87 頁。

148. 周奇《邊緣到中心:唐宋江西道教研究》,廈門大學 2002 年中國古代史 碩士學位論文。

149. 周西波《敦煌寫卷 P.2354 與唐代道教投龍活動》,《敦煌學》第二十二輯, 臺灣 1999 年 12 月,第 91～109 頁。

150. 朱越利《釋杭州〈重建葛仙庵碑記〉》,《浙江學刊》1990 年第 1 期。

附錄一　漢唐「天狗」考釋 [註1]

　　謠言是利用各種渠道傳播的對公眾感興趣的事物、事件或問題的未經證實的闡述或詮釋。中國古代，謠言對於政治有著極大的影響力，因爲當時謠言被認爲是上天冥冥中對於人間的啓示。唐代前期出現了兩次關於「天狗」的謠言。貞觀十七年（公元 643 年）「秋七月庚辰，京城訛言云：『上遣棖棖取人心肝，以祠天狗。』遞相驚悚。上遣使遍加宣諭，月餘乃止」[註2]。另一次出現在玄宗時期，天寶三年（公元 744 年）「閏月辛亥，有星如月，墜於東南，墜後有聲。京師訛言官遣棖捕人肝以祭天狗。人相恐，畿縣尤甚，發使安之」[註3]。兩次謠言均使長安及周邊地區人心惶惶，這是中國歷史上因謠言而引起的社會大規模恐慌之一，不僅在中古時期是一個重要的歷史現象，同時，亦凸顯出中國古代謠言與政治、社會間的密切關係。陳寅恪先生認爲，「天狗，日本所傳，當由唐代傳入。天狗在日本民間是高鼻赤面有神通的妖魔物，在市面上常能看到」[註4]。

　　謠言在其表面內容之下，往往還包含著第二個信息。正是這個信息使謠言在流傳中能夠給人的情感帶來極度的滿足。事實上，人們主要傳播的正是

〔註 1〕　本文已發表於《閩江學刊》2012 年第 1 期；並以《天象與世變：漢唐時期的「天狗」謠言》爲題，被《中國社會科學文摘》2012 年第 7 期轉載。

〔註 2〕　後晉・劉昫等撰：《舊唐書》卷三《太宗紀下》，北京：中華書局，1975 年，第 55～56 頁。

〔註 3〕　《舊唐書》卷九《玄宗紀下》，第 218 頁。

〔註 4〕　陳寅恪著：《陳寅恪集・讀書札記第一集》，北京：三聯書店，2001 年，第 29 頁。

他們不曾意識到的隱含著的信息。〔註5〕本文試圖利用社會學、倫理學中對於謠言的定義與分析，通過解讀唐代的這兩則「天狗」謠言的內容、產生背景與原因，來挖掘隱含在這兩則謠言背後的信息，還原當時的社會環境與民眾的心態。

一、「天狗」釋名

謠言往往具有神秘性的特點。神秘感是具有誘惑性的，越神秘讓人越想要瞭解。造謠者和傳謠者就利用人們對神秘東西充滿好奇的心理，達到傳播謠言的目的。因此，有必要瞭解作爲謠言主角的「天狗」在漢唐時期到底有哪些含義。

首先，漢唐時期是否有一種叫做「天狗」的物種呢？《山海經》有記載，陰山附近「有獸焉，其狀如狸而白首，名曰天狗，其音如榴榴，可以禦凶」〔註6〕。而《初學記》亦載，「《山海經》曰：陰山有獸焉，其狀如狸，白首，其名天狗」〔註7〕。《太平御覽》的敘述更爲詳細，「《山海經》曰：陰山濁谷之水出焉，有狩，狀如狸，或作狗。白首，名曰天狗。可以禦凶」〔註8〕。又據《冊府元龜》卷971《外臣部·朝貢第四》載，天寶「十載二月，寧遠國奉化王阿悉爛達干遣使獻馬二十二匹，及豹、天狗各一」〔註9〕。可知，在漢唐時期，確有一種叫做「天狗」的動物。該動物出產於陰山，形狀如同狸，頭爲白色。

「天狗」一詞在漢唐時期在星占之中被使用得最爲頻繁。《史記》卷27《天官書》云：「天狗，狀如大奔星，孟康曰：『星有尾，旁有短彗，下有如狗形者，亦太白之精。』有聲，其下止地，類狗。所墮及，望之如火光炎炎衝天。其下圓如數頃田處，上兌者則有黃色，千里破軍殺將」〔註10〕。可知此處「天狗」

〔註5〕 （法）讓—諾埃爾·卡普費雷著、鄭若麟譯：《謠言：世界最古老的傳媒》，上海：上海人民出版社，2008年，第157頁。

〔註6〕 袁珂校譯：《山海經校譯》卷二《西山經·西次三山·陰山》，上海：上海古籍出版社，1985年，第32頁。

〔註7〕 唐·徐堅等編：《初學記》卷二十九《獸部》，北京：中華書局，1962年，第713頁。

〔註8〕 宋·李昉等編：《太平御覽》卷九百十三《獸部·雜獸》，北京：中華書局，1960年，第4045頁。

〔註9〕 宋·王欽若等編：《冊府元龜》，北京：中華書局，1960年，第11413頁。

〔註10〕 漢·司馬遷著：《史記》，北京：中華書局，1959年，第1335頁。漢·班固著：《漢書》卷二十六《天文志》亦載，「天狗，狀如大流星，孟康曰：『星有尾，

指的是一種流星。兩晉時期，「天狗，狀如大奔星，色黃，有聲，其止地，類狗。所墜，望之如火光，炎炎衝天，其上銳，其下員，如數頃田處。或曰，星有毛，旁有矩彗，下有狗形者。或曰，星出，其狀赤白有光，下即爲天狗。一曰，流星有光，見人面，墜無音，若有足者，名曰天狗。其色白，其中黃，黃如遺火狀」〔註11〕。東晉太元十三年（公元 388 年）「閏月戊辰，天狗東北下有聲」〔註12〕等等。南朝時期，此種記載更是比比皆是。劉宋大明三年（公元 459 年）「五月十九日夜，有流星大如斗杆，尾長十餘丈，從西北來墜城內，是謂天狗。占曰：『天狗所墜，下有伏屍流血。』」〔註13〕永明七年（公元 489 年）「十月乙丑，有流星如三升器，赤黃色，尾長六尺，出紫宮內北極星，東南行三丈沒空中。壬辰，流星如三升器，白色，有光從五車北出，行入紫宮，抵北極第一第二星而過，落空中，尾如連珠，仍有音響似雷。太史奏名曰『天狗』」〔註14〕。北朝的記載亦不少。「時有天狗下，乃於其所講武以厭之」〔註15〕。北齊武平四年（公元 573 年）「十一月乙亥，天狗下西北。占曰：『其下有大戰流血。』」〔註16〕直到唐代，仍有這方面的記載。「後突厥政亂，太宗以師都寖危，乃諭以書使歸，不從。詔夏州長史劉旻、司馬劉蘭經略之。獲生口，縱以爲間，君臣離橈。出輕騎蹂其稼，城中饑虛。又天狗墮其城」〔註17〕。「貞觀二年（公元 628 年），天狗隕於夏州城中」〔註18〕。景龍二年（公元 708 年）

旁有彗，下有如狗形者，亦太白之精。』有聲，其下止地，類狗。所墜及，望之如火光炎炎中天。其下圜，如數頃田處，上銳，見則有黃色，千里破軍殺將」。北京：中華書局，1962 年，第 1293 頁。

〔註11〕唐・房玄齡等撰：《晉書》卷十二《天文志中》，北京：中華書局，1974 年，第 329 頁。

〔註12〕南朝梁・沈約撰：《宋書》卷二十五《天文志三》，北京：中華書局，1974 年，第 724 頁。

〔註13〕《宋書》卷七十九《竟陵王劉誕傳》第 2035 頁。唐・李延壽撰：《南史》卷十四《宋竟陵王劉誕傳》載，「五月十九日夜，有流星長十餘丈從西北來墜城內，是謂天狗。占曰：『天狗所墜，下有伏屍流血。』」北京：中華書局，1975 年，第 398 頁。

〔註14〕梁・蕭子顯撰：《南齊書》卷十三《天文志下》，北京：中華書局，1972 年，第 236～237 頁。

〔註15〕唐・李延壽撰：《北史》卷七《孝昭帝紀》，北京：中華書局，1974 年，第 273 頁。

〔註16〕唐・魏徵等撰：《隋書》卷二十一《天文志下》，北京：中華書局，1973 年，第 603 頁。

〔註17〕宋・宋祁等撰：《新唐書》卷八十七《梁師都傳》，北京：中華書局，1975 年，第 3728 頁。

〔註18〕《新唐書》卷三十二《天文志二》，第 839 頁。

「二月，天狗墜於西南，有聲如雷，野雉皆雊」〔註19〕。

「天狗」在星占中還指某特定的恒星。如「北七星曰天狗，主守財。……絡南河、闕斤、天狗、天紀、天稷，在七星南而沒」〔註20〕。「太白散爲天杵、天樹、伏靈、大敗、司奸、天狗、天殘、卒起、白彗。……張衡曰：『……西北三大星山而白，名曰天狗，出則人相食，大凶。』」〔註21〕《隋書》卷20《天文志中》所載略同。〔註22〕

「天狗」在漢晉以來的星占中是大凶之兆，因此，漢唐時期也常常將一些被人們認爲不吉的自然現象稱爲「天狗」。如：漢昭帝元平元年（公元前74年）二月「乙酉，牂雲如狗，赤色，長尾三枚，夾漢西行。大星如月，大臣之象，眾星隨之，眾皆隨從也。天文以東行爲順，西行爲逆，此大臣欲行權以安社稷。占曰：『太白散爲天狗，爲卒起。卒起見，禍無時，臣運柄。牂雲爲亂君。』到其四月，昌邑王賀行淫辟，立二十七日，大將軍霍光白皇太后廢賀」〔註23〕。「哀帝建平元年（公元前6年）正月丁未日出時，有著天白氣，廣如一匹布，長十餘丈，西南行，讙如雷，西南行一刻而止，名曰天狗。傳曰：『言之不從，則有犬禍詩妖。』」〔註24〕兩晉時期，葛洪也提出，「有黑氣如牛馬入其軍者，名天狗下食血，其軍必敗」〔註25〕。梁武帝天監十年（公元511年）九月丙申，「天西北隆隆有聲，赤氣下至地。占曰：『天狗也，所往

〔註19〕 《舊唐書》卷三十六《天文志下》，第1321頁。

〔註20〕 《晉書》卷十一《天文志上》，第306～307頁。

〔註21〕 《晉書》卷十二《天文志中》，第326～328頁。

〔註22〕 《隋書》卷二十《天文志中》載，「北七星曰天狗，主守財。……絡南河、闕丘、天狗、天紀、天稷，在七星南而沒。……太白之精，散爲天杵、天樹、伏靈、大敗、司奸、天狗、天殘、卒起。……六曰天狗。亦曰，五星氣合之變，出西南，金火氣合，名曰天狗。或曰，天狗星有毛，旁有短彗，下有如狗形者，主徵兵，主討賊。亦曰，天狗流，五將斗。又曰，西北方有星，長三丈，而出水金氣交，名曰天狗。亦曰，西北三星，大而白，名曰天狗。見則大兵起，天下饑，人相食。又曰，天狗所下之處，必有大戰，破軍殺將，伏屍流血，天狗食之。」第553～568頁。

〔註23〕 《漢書》卷二十六《天文志》，第1307～1308頁。《兩漢紀‧漢紀》卷十六《孝昭皇帝紀》載，元平元年春二月「乙丑，有雲如狗，朱色，尾長二丈，(俠)〔夾〕漢西行。本志以爲『大星如月者，諸大臣之象也。天以東行爲順，西行爲逆，此大臣將行權以安社稷。星占曰：太白散爲天狗，爲卒起。卒起(身)〔見〕，禍無時，大臣運柄，將安社稷。』」北京：中華書局，2002年，第285頁。

〔註24〕 《漢書》卷二十六《天文志》，第1311頁。

〔註25〕 清‧嚴可均、何宛屏編：《全晉文》卷一百十七《葛洪二‧軍術》，北京：商務印書館，1999年，第1247頁。

之鄉有流血，其君失地。』」〔註26〕直至隋唐亦不乏以「天狗」為名的天象記載。「（長孫）晟遣降虜覘候雍閭，知其牙內屢有災變，夜見赤虹，光照數百里，天狗霣，雨血三日，流星墜其營內，有聲如雷。每夜自驚，言隋師且至。並遣奏知」〔註27〕。「軍有黑氣如牛形，或如馬形，從氣霧中下，漸漸入軍，名曰天狗下食血，則軍破」〔註28〕。唐僖宗中和二年（公元882年）「十月，西北方無雲而雷，名『天狗墜』」〔註29〕。

綜上所述，「天狗」一詞在漢唐時期被廣泛應用。除確有一種名為「天狗」的動物外，在星占中「天狗」都是大凶之兆，所代表的基本是兵災、伏屍流血以及丟城失地等負面事件。作為如此神秘而凶厲的角色，「天狗」完全具備了作為謠言主角的條件。

二、「天狗」謠言的由來與「天狗」形象

對於事物源起的充分認識，是把握事物本質的重要前提。徵諸史籍，「天狗」謠言在南朝梁就已經發生了。梁武帝天監十三年（公元514年）「夏六月，都下訛言有𤟤𤟤，取人肝肺及血，以飴天狗。百姓大懼，二旬而止」〔註30〕。大同五年（公元539年）「是歲，都下訛言天子取人肝以飴天狗，大小相警，日晚便閉門持仗，數月乃止」〔註31〕。在短短的16年間，都城建康兩次出現「天狗」謠言。這兩次謠言的內容與唐代兩次謠言的內容大致相同，均為取人的內臟祭祀天狗，所不同者唯在是取人心肝還是肝肺而已。

南朝陳時，「天狗」謠言繼續流傳。隋開皇七年（公元587年）高勱上表稱，「陳氏數年已來，荒悖滋甚，天厭亂德，妖實人興。或空裏時有大聲，或行路共傳鬼怪，或剖人肝以祠天狗，或自捨身以厭妖訛。人神怨憤，怪異薦發」〔註32〕。高勱的言論從側面證實了「天狗」謠言在陳的繼續傳播，他明

〔註26〕《隋書》卷二十一《天文志下》，第593頁。
〔註27〕《北史》卷二十二《長孫晟傳》，第821頁。《隋書》卷五十一《長孫晟傳》載，「晟遣降虜覘候雍閭，知其牙內屢有災變，夜見赤虹，光照數百里，天狗隕，雨血三日，流星墜其營內，有聲如雷。」第1334頁。
〔註28〕《隋書》卷二十一《天文志下》，第587頁。
〔註29〕《舊唐書》卷十九《僖宗紀》，第713頁。
〔註30〕《南史》卷六《梁武帝紀上》，第194頁。
〔註31〕《南史》卷七《梁武帝紀下》，第214頁。
〔註32〕《北史》卷五十一《齊宗室諸王傳上·清河王嶽傳附子勱傳》，第1850頁。《隋書》卷五十五《高勱傳》載，「（開皇）七年，轉光州刺史，上取陳五策，又上表曰：『……天厭亂德，妖實人興，或空裏時有大聲，或行路共傳鬼怪，或

確認爲謠言的出現是陳後主失德的表現之一。由此可以推測，大概在南北朝後期，「天狗」謠言已經傳入北方，並爲隋文帝君臣所熟知。

唐代前期，該謠言兩次大規模出現，其內容完全繼承了梁陳的「天狗」謠言，可以認爲是梁陳「天狗」謠言在唐長安的再現。

兩次謠言中「天狗」的邪神形象，唐代史籍中有十分明確的描述。貞觀十七年，「天狗」的形象是「身衣狗皮，鐵爪。每於暗中必取人心肝而去」〔註33〕。這與陳寅恪先生所指的如日本民間高鼻赤面有神通的妖魔物，似乎亦不盡相同。

三、「天狗」謠言引發恐慌的原因

在唐朝最爲繁盛的貞觀與開元天寶時期發生如此大規模的恐慌，原因何在？誠如孔飛力先生所說，我們不能預見未來。但是構成未來的種種條件就存在於我們周圍。只是似乎都被加上了密碼，讓我們在沒有密碼本的條件下難以理解。當密碼本終於到了我們手上時，卻已經太遲了。〔註34〕通過種種我們難以解讀的歷史片段——例如「天狗」謠言，當其融入傳統的政治、社會思想等社會環境之後，可以爲我們的解讀提供了一些便利。

謠言與社會安定有著密切的關係。社會處於混亂與動蕩之中時，容易產生謠言，百姓也容易相信謠言。同時，謠言也是社會的不安定因素，容易引起社會混亂，甚至動搖國家穩定。貞觀十七年（公元 643 年）與天寶三年（公元 744 年）是唐太宗與玄宗統治下十分重要的兩個年份。

唐太宗時期有兩大問題對政局影響最深，一是皇室內部鬥爭，二是對外征伐。貞觀十七年是太宗時代皇室內鬥與對外征伐兩大問題集中爆發的一年。正月丙寅，太宗對群臣說：「聞外間士人以太子有足疾，魏王穎悟，多從遊幸，遂生異議，徼倖之徒已有附會者。……朕終不以孽代宗，啓窺竊之源

剜人肝以祠天狗，或自捨身以厭妖訛。民神怨憤，災異薦發，天時人事，昭然可知。……』」第 1373～1374 頁。
〔註33〕宋・王溥撰：《唐會要》卷四十四《雜災變》，上海：上海古籍出版社，2006年，第 791 頁。《新唐書》卷三十五《五行志二》載，「貞觀十七年七月，民訛言官遣棖棖殺人，以祭天狗。雲其來也，身衣狗皮，鐵爪，每於暗中取人心肝而去。於是更相震怖，每夜驚擾，皆引弓劍自防，無兵器者剡竹爲之，郊外不敢獨行。」第 918 頁。
〔註34〕美・孔飛力著，陳兼譯：《叫魂：1768 年中國妖術大恐慌》，上海：三聯書店，1999 年，第 3 頁。

也！」可見，當時承乾的太子地位不穩固，廢立謠言盛行，大臣們紛紛站隊，使太宗不得不出面澄清。戊申，代州都督劉蘭成謀反被誅。二月壬辰，張亮告侯君集謀反。太宗說：「卿與君集皆功臣，語時旁無他人，若下吏，君集必不服。如此，事未可知，卿且勿言。」事後雖「待君集如故」，但是懷疑的種子已經埋下。三月丙辰，命李世勣討伐齊州都督齊王祐的反叛。乙丑，討平。祐被賜死，同黨誅者 44 人。四月，廢太子承乾。殺漢王元昌、侯君集等，免張玄素、令狐德棻等。囚禁魏王泰，其府僚或發配嶺南，或廢爲庶人。立李治爲太子。太宗甚至一度因承乾等人之事，而欲自殘。〔註35〕短短的四個月，唐太宗處置了三子一弟以及侯君集等佐命功勳。大批官員牽連其中，丟官喪命。朝局一時動蕩不安，邊患亦隱現。六月，鄧素出使高麗還朝，要求在邊境增兵防備高麗，太宗不從。閏六月，薛延陀朝貢請婚，太宗先允而後悔婚，失信於人。太宗與長孫無忌討論征伐高麗的策略。在這一年裏，還有多位貞觀名臣退出中央核心，除了捲進皇室鬥爭的侯君集等人之外，正月戊辰，魏徵去世；二月，尉遲敬德乞骸骨；六月，高士廉遜位。

再看玄宗天寶時期，亦有幾大問題深刻影響著玄宗一朝的政治形勢。一是以李林甫爲代表的姦臣亂政，二是以安祿山爲代表的藩鎮問題。天寶三年是李林甫、安祿山鞏固地位，攫取權力，禍亂天下的關鍵一年。三月，平盧節度使安祿山兼范陽節度使，「由是祿山之寵亦固不搖矣」。九月，楊愼矜黨附李林甫，而授御史中丞，充諸道鑄錢使。十二月，李林甫設計貶斥裴寬，鞏固自己的相位。玄宗因李林甫而不悅高力士，「力士自是不敢深言天下事矣」。除此之外，唐帝國還在這一年經歷了邊境的動蕩：正月，海賊吳令光等抄掠臺、明；五月，討伐突騎施；八月，斬突厥烏蘇可汗，封回鶻骨力裴羅爲懷仁可汗；十二月，和親寧遠奉化王阿悉爛達干。〔註36〕

由此觀之，「天狗」謠言在貞觀十七年和天寶三年這兩個時間點上出現，並引發大規模的恐慌，絕非偶然。雖然由於史籍記載不詳，無法確知是何人製造與傳播此謠言。但一則如此荒誕不經的謠言，在貞觀、開元天寶盛世之中，竟然引起如此大規模的恐慌，不得不引人深思。謠言是社會落後意識的

〔註35〕 以上各條史實參見宋·司馬光等撰：《資治通鑒》卷一百九十六～一百九十七《唐紀·太宗貞觀十七年》，北京：中華書局，1956 年，第 6183～6198 頁。
〔註36〕 以上各條史實參見《資治通鑒》卷二百一十五《唐紀·玄宗天寶三載》，第 6859～6863 頁。

畸形兒，不僅與一般的社會現象有關，甚至可以把它當作複雜社會心理現象的「窗口」。〔註37〕通過天狗這個「窗口」，可以看到當時百姓對於太宗、玄宗兩位皇帝，對於唐帝國國家秩序的擔憂到了何種程度。長安百姓因這則謠言而產生的恐慌，充分體現了他們對於當時國家政治局勢和政策的消極反映，亦表明百姓對於國家潛在危機是何等的敏感。兩次「天狗」謠言似乎在昭示所謂的貞觀、開元天寶治世，並不如史書上所記載的那樣美好。在表面的繁華下，隱藏著種種危機。這些危機以各形式表現出來，「天狗」謠言只是其中的一種而已。一個潛藏著重重危機的治世又怎能長久維持呢？

長安大眾之所以輕信這種謠言，顯然與漢唐時期的社會思想有著密切的聯繫。其一，以陰陽五行為主的神秘主義盛行。漢武帝時期，董仲舒繼承與發展了儒家的天命思想，融合了陰陽五行家的陰陽五行學說和鄒衍的「五德終始」論，構建了系統的「天人感應」的神秘主義理論，以此來解釋儒家經典，為封建統治提供理論依據。自此，這一思想就成為中國封建社會的官方主流意識形態，深入到了古代中國的各個方面。西漢後期，讖緯神學逐步盛行。「儒者多稱『讖緯』，其實讖自讖，緯自緯，非一類也。讖者，詭為隱語，預決吉凶。……緯者，經之支流，衍及旁義。……其它私相撰述，漸雜以術數之言，既不知作者為誰，因附會以神其說，迨彌傳彌失，又益以妖妄之詞，遂與讖合而為一」〔註38〕。可見，讖緯乃是統治者借助神靈迷信神話自己，其中的陰陽災異、符瑞等荒誕迷信色彩越來越強烈，並且和儒家經典緊密結合在一起，成為兩漢學術思想和政治運作的主要傾向，其餘波一直影響到隋唐。

其二，非科學的信仰往往是謠言產生的重要思想基礎。魏晉南北朝時期，佛教由於特殊的歷史機遇得以迅速擴張，佛學理論不斷傳入，並得到中國各個階層的廣泛信仰。隋唐時期是佛教中國化的關鍵時期，大量佛典的翻譯與研究工作均是在此時完成。由於各家對佛理的理解有所不同，形成了天台宗、華嚴宗、禪宗等不同的佛教宗派，大批高僧大德通過注疏和論著發表自己的觀點。武則天時期，甚至將佛教提高到國教的地位。後來雖有武宗滅佛，但總體而言，佛教在唐代獲得了統治者的較高認可。東漢末年，在民間神仙方

〔註37〕 江萬秀等著：《謠言透視》，北京：群眾出版社，1991年，第96頁。
〔註38〕 清·紀昀撰：《四庫全書總目提要》卷六《經部·易類六·易緯坤靈圖》，石家莊：河北人民出版社，2000年。

術等基礎上形成的太平道和五斗米道，經過魏晉南北朝如葛洪、寇謙之、陶弘景等人的調整、提升，形成了新道教，構建了獨特的宗教理論。到了唐代，除了大立道觀、度化道士外，以老子爲李氏皇族的遠祖，大上封號，提高道教的地位，設博士助教教授道教經典，令天下士人讀老子著作，科舉加試《老子》等等。道教成爲了唐帝國的皇家宗教。漢唐時期，佛教和道教的興盛，使宗教所具有的神秘主義廣泛的傳播到了社會的各個角落。佛教提倡的因果報應與道教注重的攘禍祈福都爲廣大民眾所信奉，那些荒誕不經的謠言極易爲人所相信，並迅速傳播開來。

　　其三，漢唐時期，利用人們對封建迷信的信仰而造謠是十分有效的。利用封建迷信欺騙大眾，不僅是統治階級統治人民的重要手段，許多被統治者爲了號召民眾推翻現有證權，往往也利用人們對上天的虔誠信仰，使自己的行動披上一層正義的迷信色彩。早在秦始皇時期，就有所謂的「祖龍死而地分」、「亡秦者胡也」〔註39〕等謠言。西漢哀帝改名爲「陳聖劉太平皇帝」〔註40〕以應謠言。王莽爲了代漢製造了大量的讖語和謠言。開皇初，有「修治洛陽還晉家」〔註41〕的謠言。隋末有李氏當爲天子的謠言。〔註42〕貞觀後期，「武王」將在李唐三代後取而代之的謠言亦廣爲流傳。凡此種種謠言，無論是否應驗，都在當時引起了軒然大波。唐太宗、玄宗時期的兩次「天狗」謠言的傳播，正是利用了長安百姓對於神明的莫名信仰和恐懼。在這種情況下，長安百姓相信這個謠言並表現出許多歇斯底里的行爲，也就不足爲奇了。

四、結　論

　　謠言是複雜社會生活的虛假反映。謠言的內容越神秘越恐怖，往往越能吸引大眾。在唐前期這兩則謠言的主角「天狗」，在漢唐時期代表著大凶和災難，十分符合謠言主角神秘性與恐怖性的要求。任何一則謠言都有其形成的過程，「天狗」謠言早在南朝梁陳時期就已經出現了，並非憑空出現。謠言從一個側面扭曲的反映了當時的政治局勢、大眾思想與社會環境。唐太宗、玄宗時期的這兩則「天狗」謠言，反映了當時人們對貞觀之治和開元天寶盛世

〔註39〕《史記》卷六《秦始皇本紀》，第 252 頁。
〔註40〕《漢書》卷十一《哀帝紀》，第 340 頁。
〔註41〕唐・杜寶撰：《大業雜記輯校》，見唐・韋述、杜寶撰、辛德勇輯校：《兩京新記輯校・大業雜記輯校》，西安：三秦出版社，2006 年，第 2 頁。
〔註42〕《資治通鑒》卷一百八十三《隋紀・大業十二年》，第 5709 頁。

下潛藏著的政治危機的擔憂，同時也是漢唐時期以陰陽五行爲主的主流學術思想、以佛道爲首的宗教神秘主義、包括謠言在內的封建迷信等社會思想對大眾產生深刻影響的結果

謠言作爲一種特殊的社會現象，充分利用了人們對心理熱點的關注與當時大眾的心理定勢，早在幾千年前就經常出現。時至今日，科技的發展，大眾傳媒的出現還遠未能消滅謠言，卻使謠言更加專業化，謠言傳播的範圍更廣，傳播的速度更快。謠言提供了一個瞭解、分析社會大眾思想、政治環境等的全新視角，對於研究社會史、大眾思想等具有十分重要的意義。

附錄二　天象與世變：漢唐時期 的「枉矢」星占 [註1]

　　在漢唐之際的典籍中，大量記載了各種天象與星占。其中有的天象，例如「枉矢」的出現，往往意味著重大的政治變局，甚至改朝換代的出現。在南朝齊梁與梁陳更迭的禪位詔書中，「枉矢」天象就被認爲是改朝換代的依據之一。作爲漢唐時期著名的天象和星占之一，「枉矢」天象的星占，凸顯出漢唐時期天象星占與社會、政治、思想等方面的密切關係。因此，本文試圖通過討論「枉矢」這一特定的天象與星占，分析漢唐時期天文星占的巨大影響力。

　　關於「枉矢」，學術界已經有了不少研究成果。如對「枉矢」所指天文現象的解釋，朱習文認爲「枉矢」是古人所謂的妖星，並非現代天文學意義上的星名 [註2]。王偉認爲「枉矢」即弧星之矢，合星名與弓矢並言之 [註3]。周秉高則從《楚辭》所見星宿入手，解釋「矢」及「枉矢」 [註4]。莊天山、慶松光雄（Mitsuo Keimatsu）、蔡哲茂等則從自然科學的角度，對「枉矢」天象進行了分析 [註5]。此外，亦有多位學者對武器方面的枉矢有所研究，

〔註 1〕 本文已發表於《安徽大學（哲學社會科學版）》2013 年第 5 期；江蘇省 2012 年度普通高校研究生科研創新計劃「六朝道教地理分佈」（CXZZ12_0023）的階段性成果之一。
〔註 2〕 朱習文：《古天文詞彙研究》，博士學位論文，浙江大學，2005 年。
〔註 3〕 王偉：《〈楚辭〉校證（二十三則）》，《江漢論壇》2009 年第 10 期。
〔註 4〕 周秉高：《楚辭星宿考》，《2007 年楚辭學國際學術會議論文集》，韓國東國大學校，第 55〜66 頁。
〔註 5〕 莊天山：《論天狗、枉矢的實質及其它》，中國天文學史整理研究小組編：《科

如曾憲波、林卓萍、李亞明、劉小文、李嚴冬等的論著均有所涉獵〔註6〕。筆者《漢唐「天狗」考釋》一文則考察了與「枉矢」天象有關的「天狗」天象和謠言〔註7〕，亦有助於理解「枉矢」在漢唐時期所具有的特殊意義。

一、「枉矢」天象的定義

在天文學中，「枉矢」是一種流星，術家常認爲此類流星爲大凶之兆，乃與攻伐、滅亡、亂政、兵、喪等惡象相關聯。《漢書·天文志》有云：「枉矢所觸，天下之所伐射，滅亡象也。物莫直於矢，今蛇行不能直而枉者，執矢者亦不正……凡枉矢之流，以亂伐亂也。」〔註8〕這充分說明，當時「枉矢」天象和星占與皇朝絕續、天下治亂息息相關。例如南朝梁末，陳霸先逼梁敬帝所下禪位詔書中，就以「枉矢宵飛」作爲其「革運之兆咸徵，惟新之符並集」的表現之一，成爲梁陳禪代的一個正當理由〔註9〕。

「枉矢」的形象「狀類大流星，蛇行而倉黑，望之如有毛羽然」〔註10〕。應劭的描述更爲簡潔：「流星也，其射如矢，蛇行不正，故曰枉矢流，以亂伐亂。」〔註11〕漢唐諸典籍中，以《隋書·天文志》對「枉矢」的描述最爲全面細緻：「辰星之精，散爲枉矢、破女、拂樞、滅寶、繞廷、驚理、大奮祀。一曰枉矢。或曰，塡星之變爲枉矢。又曰，機星散爲枉矢。亦曰，枉矢，五星盈縮之所生也，弓弩之象也。類大流星，色蒼黑，蛇行，望之如有毛目，長數匹，著天。主反萌，主射愚。又曰，黑彗分爲枉矢。枉矢者，射是也。

技史文集》第 10 輯，上海：上海科學技術出版社，1983 年；《關於中國歷史上「極光記錄」的選擇原則》，《華僑大學學報（哲學社會科學版）》1995 年第 1 期。Mitsuo Keimatsu, Naoshi Fukushima and Takesi Nagata, "Archaeo-Aurora and Geomagnetic Scular Variation in Historic Time", Journal of Geomagnetism and Geoelect Ricity. vol.20, no.1, 1968, pp.45～50。蔡哲茂：《中國最早的北極光記錄——燭龍》，（臺北）《中央日報》1991 年 3 月 7 日。

〔註6〕 曾憲波：《漢畫中的兵器初探》，《中原文物》1995 年第 3 期。林卓萍：《〈考工記〉弓矢名物考》，碩士學位論文，杭州師範學院，2006 年。李亞明：《〈考工記〉弓矢詞語系統考》，《湖南文理學院學報（社會科學版）》2007 年第 2 期。劉小文：《〈銀雀山漢墓竹簡（壹）〉軍事用語研究》，博士學位論文，四川大學，2007 年。李嚴冬：《〈周禮〉軍制專題研究》，博士學位論文，吉林大學，2010 年。

〔註7〕 周能俊：《漢唐「天狗」考釋》，《閩江學刊》2012 年第 1 期。

〔註8〕 《漢書》卷26《天文志》，北京：中華書局，1962 年，第 1301 頁。

〔註9〕 《陳書》卷1《武帝紀上》，北京：中華書局，1972 年，第 25 頁。

〔註10〕 《史記》卷27《天官書》，北京：中華書局，1959 年，第 1336 頁。

〔註11〕 《漢書》卷36《劉向傳》，第 1965 頁注八「應劭曰」。

枉矢見，謀反之兵合，射所誅，亦爲以亂伐亂。又曰，人君暴專己，則有枉矢動。亦曰，枉矢類流星，望之有尾目，長可一匹布，皎皎著天。見則大兵起，大將出，弓弩用，期三年。曰，枉矢所觸，天下之所伐，射滅之象也。」〔註12〕可見，所謂「枉矢」，可能是指用肉眼能夠觀測到的、運行軌跡像蛇行一樣彎曲的、看上去如同有獸毛或禽羽的黑色流星，此與另一種天象——「天狗」是截然相對的，「有聲爲天狗，無聲爲枉矢也」〔註13〕。

　　由於當時枉矢這一天象被看成是妖星〔註14〕，且在中國古代星占學上被認爲是直接影響天下穩定、皇朝絕續的嚴重凶兆，因此從漢到唐，歷代史籍中均不乏關於枉矢的記載，且大都與當時的一些重大歷史事件相關聯。

二、文獻中所見漢唐時期的「枉矢」

　　到北宋前期，見諸於史籍的從秦末到唐的「枉矢」天象記載共計 17 次。現列表如下：

表 1：典籍所載秦至唐「枉矢」

時間	天象敘述	文獻中所記載的事應
秦二世三年（前 207）	枉矢西流。	山東遂合從諸侯，西坑秦人，誅屠咸陽。〔註15〕
中平（184～188）中夏	流星赤如火，長三丈，起河鼓，入天市，牴觸宦者星，色白，長二三丈，後尾再屈，食頃乃滅，狀似枉矢。	中平六年，大將軍何進謀盡誅中官，（中官覺），於省中殺進，俱兩破滅，天下由此遂大壞亂。〔註16〕
太熙元年（290）	有枉矢西南流。	懷帝永嘉四年、劉聰嘉平三年，星起牽牛，委曲蛇形入紫宮，其光照地。其年帝爲劉聰所害，後三年聰死國亡。〔註17〕

〔註12〕　《隋書》卷20《天文志中》，北京：中華書局，1973 年，第 568～569 頁。
〔註13〕　《漢書》卷 36《劉向傳》，第 1965 頁注八「蘇林曰」。
〔註14〕　如「枉矢，妖星，蛇行有尾目」。《後漢書》卷 60《馬融傳》，北京：中華書局，1965 年，第 1961 頁注二。
〔註15〕　《史記》卷 27《天官書》，第 1348 頁。
〔註16〕　（晉）司馬彪：《續漢書》志十二《天文志下》，見范曄《後漢書》，北京：中華書局，1965 年，第 3260 頁。
〔註17〕　《太平御覽》卷 875《咎徵部二‧枉矢》引《晉書》，北京：中華書局，1960 年，第 3884 頁。

元康四年（294）九月甲午	枉矢東北竟天。〔註18〕	是後，趙王殺張、裴，廢賈后，以理太子之冤，因自篡盜，以至屠滅，以亂伐亂之應。一曰，氐帥齊萬年反之應也。
元康六年六月丙午夜	有枉矢自斗魁東南行。〔註19〕	
光熙元年（306）五月	枉矢西南流。	是時，司馬越西破河間兵，奉迎大駕，尋收繆胤、何綏等，肆無君之心，天下惡之。及死而石勒焚其屍柩，是其應也。〔註20〕
建興三年（315）	枉矢自文昌北流至斗東，如一匹布。絳蛇行有手足，因變爲雲氣，如人象二臂一足。	至五年，北平人吳祚聚千人立沙門爲天子。四年（愍）帝降劉曜。〔註21〕
太興三年（320）夏四月壬辰	枉矢流於翼軫。（《晉書》卷13《天文志下》載「枉矢出虛、危，沒翼、軫」）	太寧二年（324），王敦殺譙王承及甘卓，而敦又梟夷，枉矢觸翼之應也。〔註22〕
昇平二年（358）	枉矢自東南流於西北，其長半天。〔註23〕	時所在擁兵，政非己出。〔註24〕
永元三年（501）春	枉矢晝見西方，長十餘丈。	梁武（帝）起兵。〔註25〕
大業十二年（616）九月戊午	有二枉矢出北斗魁，委曲蛇形，注於南斗。〔註26〕	後二年，化及殺帝僭號，王充亦於東都殺恭帝，篡號鄭。皆殺逆無道，以亂代亂之應也。〔註27〕

〔註18〕 《晉書》卷4《惠帝紀》，北京：中華書局，1974年，第93頁。（隋）王通《元經》卷1則將此次枉矢的事應載爲「甲午枉矢竟天，自西南流東北，坤不利東北，其賈后之亂乎」。

〔註19〕 《晉書》卷13《天文志下》，第397頁。

〔註20〕 《晉書》卷4《惠帝紀》，第107頁；卷13《天文志下》，第397頁。

〔註21〕 《太平御覽》卷875《咎徵部二・枉矢》引《晉書》，第3884頁。

〔註22〕 《晉書》卷6《元帝紀》，第153頁；卷13《天文志下》，第398頁。

〔註23〕 《晉書》卷8《穆帝紀》，第193頁；（唐）許嵩：《建康實錄》卷8《孝宗穆皇帝》，張忱石點校，北京：中華書局，1986年，第215頁。《元經》卷5所載永和二年（346）十二月的「枉矢」天象乃是昇平二年的誤載，詳細考辨見周能俊《〈晉書〉札記二則》，見《四庫文叢》編委會、成都圖書館編《四庫文叢》第1卷，上海：上海交通大學出版社，2013年，第181～184頁。

〔註24〕 《晉書》卷13《天文志下》，第399頁；《太平御覽》卷875《咎徵部二・枉矢》引《晉書》，第3884頁。

〔註25〕 《南史》卷22《王騫傳》，北京：中華書局，1975年，第596頁。

〔註26〕 《北史》卷12《隋本紀・煬帝紀》所載略同，北京：中華書局，1974年，第468頁。

〔註27〕 《隋書》卷4《煬帝紀下》，第91頁；卷21《天文志下》，第614頁。

至德二載（757）十一月壬戌	有流星大如斗，東北流，長數丈，蛇行屈曲，有碎光迸出。占曰：「是謂枉矢。」〔註28〕	
貞元三年（787）閏月戊寅	枉矢墜於虛危。〔註29〕	
乾寧元年（894）夏	有星隕於越州，後有光，長丈餘，狀如蛇。或曰枉矢也。〔註30〕	
光化元年（898）十一月	中天有大星自東緩流如帶屈曲，光凝著天，食頃乃滅。是謂枉矢。〔註31〕	
天祐元年（904）五月戊寅	乙夜雨、晦暝，有星長二十丈，出東方，西南向，首黑、尾赤、中白，枉矢也，一曰長星。〔註32〕	
天祐二年三月乙丑	夜中有大星出中天，如五斗器，流至西北，去地十丈許而止，上有星芒，炎如火，赤而黃，長丈五許，而蛇行，小星皆動而東南，其隕如雨，少頃沒，後有蒼白氣如竹叢，上衝天中，色瞢瞢，占曰：「亦枉矢也。」〔註33〕	

　　細檢表1中17次枉矢天象及其星占事應，可知這些記載中存在著幾大類的牴牾：

　　其一，枉矢發生時間的出入。如秦二世三年的枉矢記載，《漢書》與《史記》記載略同〔註34〕。《兩漢紀》對此次「枉矢」記載尤爲細緻，「當王離與（項）羽大戰時，精兵四十萬眾，並章邯軍故也。是時枉矢西流如火。流星蛇行，若有首尾。廣長如一匹布著天，矢星墜至地即石也。枉矢所觸，天下所共伐也。凡枉矢之行，以亂平亂。」〔註35〕根據以上記載，能夠明確此一

〔註28〕《新唐書》卷32《天文志二》，北京：中華書局，1975年，第843頁。
〔註29〕《舊唐書》卷12《德宗紀上》，北京：中華書局，1975年，第357頁。
〔註30〕《新唐書》卷32《天文志二》，第847頁。
〔註31〕《新唐書》卷32《天文志二》，第847頁。
〔註32〕《新唐書》卷32《天文志二》，第848頁。
〔註33〕《新唐書》卷32《天文志二》，第848頁。
〔註34〕《漢書》卷26《天文志》：「項羽救鉅鹿，枉矢西流。……以象項羽執政亂也。羽遂合從，坑秦人，屠咸陽。凡枉矢之流，以亂伐亂也。」第1301頁。
〔註35〕（漢）荀悅、（晉）袁宏：《兩漢紀》卷1《漢紀‧高祖紀》，北京：中華書局，

枉矢天象發生在項羽救鉅鹿之時，即秦二世三年；事應爲項羽聯合關東義軍攻入關中，坑殺秦軍，屠戮咸陽。可在《兩漢紀・成帝紀》中對此次枉矢的記載卻不盡相同：「昔秦始皇之末，及二世之初……枉矢夜光……秦氏以亡。」〔註36〕劉向的疏諫亦曰：「秦始皇之末至二世時……枉矢夜光。」〔註37〕又《說苑》的記載亦略同〔註38〕。在這二條記載裏，該次枉矢天象發生的時間從確切的秦二世三年，變成了秦始皇末到二世初年，即不僅將原本十分明確的時間點模糊爲時間段，而且人爲地將發生時間加以提前。

其二，枉矢性狀的差異。如中平中夏的枉矢記載，該流星開始的顏色是赤色如火，之後的顏色則是白色。然而校諸漢唐史籍，「枉矢，類流星，色蒼黑，蛇行，望之如有毛」〔註39〕。即黑色顯然是判斷該流星是否爲「枉矢」的重要條件之一，但中平中夏的枉矢記載，顏色顯然並非黑色，只是因爲其「狀似枉矢」，因此占爲枉矢。同樣的情況也出現在此後的幾次枉矢記載之中。天祐元年五月的枉矢「首黑、尾赤、中白」，不符合「色蒼黑」的判斷標準，可史家卻說「枉矢也」，只是可能自覺與枉矢不太一樣，故而隨後加上「一曰長星」一句。天祐二年關於枉矢的記載，其顏色也不符合「枉矢」黑色的標準，可是當時的占辭卻再次下了肯定的判斷「亦枉矢也」。

其三，天象與事應的牽強附會。如秦二世三年的枉矢天象，《兩漢紀・成帝紀》、劉向疏諫等均將事應對應在秦朝滅亡，並認爲是預示秦亡的種種天變之一。而《史記》、《漢書》等則將之對應在項羽「坑秦人，屠咸陽」的事件上。乍一看，項羽「坑秦人，屠咸陽」亦爲秦亡的史實之一，似乎兩種記載並無大的出入。然而細細觀之，兩者所應之史實，不盡相同。枉矢的占辭爲「以亂伐亂」或「以亂平亂」，此一占辭正可對應《史記》、《漢書》所載事應，而事應於預示秦亡似乎稍嫌牽強。又如昇平二年十二月枉矢天象的星占事應爲「時所在擁兵，政非己出」。考諸現存漢唐史籍以及唐代總結的天文星象大全——《開元占經》，其占語甚多〔註40〕，唯獨無與「所在擁兵，政非己出」

2005 年，第 2 頁。
〔註36〕《兩漢紀》卷 27《漢紀・成帝紀》，第 183 頁。
〔註37〕《漢書》卷 36《楚元王傳附劉向傳》，第 1964 頁。
〔註38〕《說苑》卷 18《辨物》：「二世立，又重其惡；及即位……枉矢夜光……天變動於上，群臣昏於朝，百姓亂於下，遂不察，是以亡也。」四部叢刊本，第 6 分冊，第 4～5 頁。
〔註39〕《晉書》卷 12《天文志中》，第 329 頁。
〔註40〕（唐）瞿曇悉達：《開元占經》卷 86《妖星占中・枉矢三十》，常秉義點校，

對應的占辭。縱觀東晉歷史，自司馬睿即位建康，至劉裕簒晉建立劉宋，有幾位皇帝政由己出？〔註41〕再審視穆帝一朝，昇平元年親政，昇平五年去世，穆帝總共執政的時間僅僅 4 年左右。其間，外部環境相對安定，前秦在苻堅、王猛的治理下，致力於維護政權穩定；前燕則忙於對抗北方匈奴，以及宗室貴族內部的爭權奪利。東晉政權內部也相對平靜，又對北方佔據戰略主動。桓溫接連攻克洛陽、許昌，一度進軍至灞上，逼近長安。雖有謝萬等的失利，總體態勢還是對東晉有利的。且桓溫雖據上游，但受到種種掣肘，無力影響東晉中央決策。可以說穆帝昇平年間算是東晉相對比較安定的時期〔註42〕。在此種情況下，將昇平二年的枉矢天象與「所在擁兵，政非己出」的星占事應聯繫在一起，頗有牽強附會之嫌。

其四，唐代諸枉矢天象皆不書事應。這是自歐陽修開始的「《五行志》不書事應，悉壞漢儒災異附會之說」〔註43〕修史原則的體現，並不意味著唐代沒有相關的星占及事應。從新舊《唐書》的記載中已經隱約透露出唐人仍然崇信星占的某些線索。如上表所列唐代枉矢記錄中，有五次明確記載「占曰『枉矢』」等語。在確定是枉矢後，必然會涉及有關的占辭及事應，只是史籍不錄而已。又據唐律所載，「諸詐爲瑞應者，徒二年。若災祥之類，而史官不以實對者，加二等。【疏】議曰……今云『詐爲瑞應』，即明不限大小，但詐爲者，即徒二年。……『史官不以實對者』，謂應凶言吉，應吉言凶，加二等，徒三年。稱『之類』者，此外有善惡之事，敕問而史官不以實對者，亦加二等」〔註44〕。顯然，李唐政權只是將包括星占在內的瑞應解釋權收歸政府，防止擅自解釋瑞應而已，並無禁絕枉矢等天象星占的法規和舉動。

由於枉矢天象在星占學中常常被附會爲滅亡、兵災等的徵兆，因此一些典籍與星占者，或爲凸顯其星占預卜的能力，或爲實現某種目的，很可能在事後強行聯繫某些歷史事件，或篡改天象的記載，以求占辭與枉矢天象相應。

北京：中央編譯出版社，2006 年，第 626～628 頁。

〔註41〕詳見田餘慶《東晉門閥政治》，北京：北京大學出版社，2005 年。

〔註42〕以上所述各條史實，詳見《資治通鑑》卷 100《晉紀二十二‧穆帝昇平元年至三年》至卷 101《晉紀二十三‧哀帝興寧元年至三年》，北京：中華書局，1956年，第 3145～3213 頁。

〔註43〕歐陽修：《歐陽修集‧附錄二：先公事跡》，南京：鳳凰出版社，2006 年，第279 頁。

〔註44〕錢大群：《唐律疏議新注》卷 25《詐僞》「詐爲瑞應及敕問災祥不以實對」條，南京：南京師範大學出版社，2007 年，第 816～817 頁。

三、「枉矢」占辭的演變

漢唐之際，枉矢天象的占辭也發生了巨大的變化。《史記》、《漢書》所載枉矢星占，唯有「以亂伐亂」與「滅亡之象」兩種。而表2整理出的唐代《開元占經》所錄各術家有關枉矢的解釋，卻多達二十餘種。部分典籍的作者、時代已經不詳，唯知其中幾種的大致情況，如《鴻範五行傳》乃因西漢劉向的輯存而得以保留部分〔註45〕，東漢的鄭玄注《詩緯》〔註46〕、宋均注《春秋緯》〔註47〕、郗萌著有《郗萌占》〔註48〕一書，成書於兩晉之交以前的《論語摘輔象》〔註49〕，以及可能成書於西漢或之前的《海中占》〔註50〕。表2所涉的大部分典籍來自緯書，可能成書於讖緯較爲繁盛的兩漢三國時期〔註51〕。

表2：《開元占經》所錄各術家有關「枉矢」的解釋

時代	書名	占辭
西漢後期以前	《鴻範五行傳》	天下之所伐，滅亡之象也。
	《春秋合誠圖》	故以爲謀反之征。
	《河圖》	枉矢東流，天下恐。

〔註45〕《漢書》卷36《楚元王傳附劉向傳》，第1950頁。

〔註46〕《舊唐書》卷46《經籍志上》，第1982頁。

〔註47〕《舊唐書》卷46《經籍志上》，第1982頁。

〔註48〕有關考證詳見黃一農《中國星占學上最凶的天象：「熒惑守心」》，《社會天文學史十講》，上海：復旦大學出版社，2004年，第44頁注二。

〔註49〕《續漢書》志十五《五行志三》第3317頁注一載干寶引《論語摘輔象》內容。干寶生活於兩晉之交，故《論語摘輔象》成書於兩晉之交以前。

〔註50〕疑起源於西漢或之前，隨時代不斷增刪。詳見黃一農《中國星占學上最凶的天象：「熒惑守心」》，《社會天文學史十講》，第45頁。

〔註51〕從表1可知，天象星占是緯書的重要組成部分之一。但天象星占並不是緯書，它的發展似乎並不完全取決於讖緯的興衰。據明人孫穀編《古微書》：「故東漢謂之古學，魏晉以降倚爲符圖。圖令人譎，譎令人憚。至隋而毀，遂禁不傳。」（《古微書·敘刪微》，《叢書集成初編》本，第1頁）緯書自隋代開始毀禁，而作爲緯書重要組成部分的枉矢等天象星占並沒有隨之沉淪。細檢唐李淳風《觀象玩占》（卷8載，「石氏曰……枉矢干之，四夷兵起」；卷22《雜干犯占·郎位》載，「枉矢出郎位，郎官反」。浙江吳玉墀家藏本）、《乙巳占》（卷8《雜星祆星占第五十》，《叢書集成初編》本，第141～142頁）、《開元占經》等書所列大量前人對於枉矢天象星占的占辭、事應、解釋，以及盧仝的感歎（「枉矢能蚭行，眤目森森張。天狗下舐地，血流何滂滂。譎險萬萬黨，架何可當睐」，盧仝：《玉川子詩集》卷1《古今詩·月蝕詩》，《四部叢刊》本），可知唐人對枉矢等天象星占警示作用的關注，似乎並未因隋代緯書的禁燬而有所減弱。

	《洛書》	夏桀滅。
	《河圖眞紀鉤》	人君邪暴專己。
	《雒書雒罪級》	主以兵去。
	《易緯辨終奮》	隱謀合，國雄逃。
東漢中後期以前	《詩緯》	天降喪亂。
東漢以前	《春秋緯》	（1）枉矢卜流到地，上屬大，卜以兵亡，大子凶。 （2）枉矢芒，臣不忠，民不良。 （3）枉矢或東或西，五穀不升，民流亡。
	《春秋潛潭巴》	（1）枉矢或南或北，無聚眾，伐敵國。 （2）枉矢守虛，卑國以實，尊國虛。 （3）枉矢守塡星，民多事。其大芒也，黃德昌。 （4）枉矢黑，軍士不勇，疾流腫。
	《春秋考異郵》	謀反之兵合。
	《春秋佐助期》	黜滅不祥。
	《孝經援神契》	匿謀強。
兩晉之交以前	《論語摘輔象》	虛王反度。
西漢或之前	《海中占》	見則大兵起，大將出，弓弩用，期三年。
東漢	《郗萌占》	枉矢出東井，邊境起兵，火災並行，受者備火盜賊。

　　比較各家對枉矢天象的占辭，發現各家對枉矢出現的位置、運動軌跡、顏色等內容的描述較爲具體，以爲不同的位置、軌跡等代表了滅亡、謀反、喪亂、兵災等不同的凶兆。這些占辭似乎是參考了之前枉矢天象發生後的時事而新添加上去的。因爲第一次枉矢天象發生在秦二世三年，而當年有大規模的起義反抗，且項羽西入長安，坑殺秦軍數十萬，秦朝因之滅亡。這些事件恰與上列占辭中所述的滅亡、謀反、兵災等事相合。

　　至於郗萌所論之占辭，「邊境起兵，火災並行，受者備火盜賊」一句，則大致與東漢和帝、安帝兩朝的政局暗合。安帝前期，每年漢軍均對匈奴進行大規模軍事行動。永初二年（108）爆發了困擾東漢帝國始終的羌亂，北邊、西北地區烽煙四起。與此同時，還頻繁爆發大規模的地震、水災、風災、冰雹、蝗災等自然災害，進而導致了人範圍的饑荒。又自永初三年起，人民開

始不斷地起義反抗〔註 52〕。故此一占辭可能是參考了秦二世三年的枉矢天象後的時事，結合東漢和、安二帝的政局而新增入的。

　　從以上分析可見，典籍和星占者常常參考之前天象發生以後的時事，而不斷地修改占辭，增加較爲具體的內容。此一模式不僅擴展了星占的自由度，再配合部分篡改過的天象記錄，以及牽強的附會，使得星占在民衆中得到了更廣泛的信任。這或許就成爲星占可以深入漢唐時期中國社會的各個層面，並且被漢唐歷代政權所重視的一個重要因素。

四、「枉矢」天象廣爲流傳的原因

　　典籍有關記載的出入和占辭的豐富，可能都是在記述前代枉矢天象及其事應時，爲了契合枉矢天象的星占與事應而強行彌縫的結果。之所以如此，顯然也是因爲漢唐間人們對於枉矢等天象、星占的深信不疑。我們無法預見未來，但構成未來的種種條件就存在於我們周圍。只是好像都被加上了密碼，使我們在沒有密碼本的條件下難以理解。當密碼本終於到了我們手中的時候，卻已經太遲了〔註53〕。可我們確實可以看到難以爲我們解讀的種種支離片段——例如枉矢天象，並賦予它們解讀漢唐時代特徵的特殊意義。

　　枉矢等神秘主義的天象、星占與社會環境有著十分密切的聯繫。從社會學的角度分析，社會處於混亂與動蕩的時代，民衆較爲容易迷信這些星占及謠讖。漢唐時期，雖然有著兩漢帝國和唐皇朝前期的安定和一統，然而細數這一千餘年的中國歷史，更多的是烽煙遍地、干戈四起的分裂割據時代。遠有歷時近四百年的魏晉南北朝長期分裂，近有安史亂後的藩鎮割據。黃河流域，特別是中原地區遭到的破壞尤爲嚴重，「王綱遷號，五都淪覆，河洛之地，沒爲戎墟，宮室榛蕪，書藏堙毀」〔註 54〕的景象多次重現。「城郭崩毀，宮室傾覆，寺觀灰燼，廟塔丘墟。牆被蒿艾，巷羅荊棘。野獸穴於荒階，山鳥巢於庭樹。遊兒牧豎，躑躅於九逵，農夫耕老，藝黍於雙闕」〔註55〕，更是這一時期部分

〔註52〕 以上有關各條史實詳見《後漢書》卷 4《孝和孝殤帝紀》、卷 5《孝安帝紀》，第 165～248 頁。

〔註53〕 〔美〕孔飛力：《叫魂：1768 年中國妖術大恐慌》，陳兼、劉昶譯，上海：上海三聯書店，2012 年，第 3 頁。

〔註54〕 （前秦）王嘉撰，梁蕭綺錄，王根林校點：《拾遺記·序》，《拾遺記（外三種）》，上海：上海古籍出版社，2012 年，第 7 頁。

〔註55〕 （北魏）楊衒之撰，楊勇校箋：《洛陽伽藍記校箋·原序》，北京：中華書局，2006 年，第 1～2 頁。

時間裏黃河流域廣大地區的實際情況。面對頻繁戰亂和殘破的中原地區，百姓只得遷徙他方，所謂「中州士女避亂江左者十六七」〔註56〕是也。在遷徙的道路上，「餓饉流隸，飢寒道路……終於轉死溝壑」〔註57〕，又往往成了遷徙民眾遭際的真實寫照。人們渴望安定的生活，可是動盪的政治局勢卻威脅著百姓的生產、生活，甚至生存的權力。人們迫切希望可以瞭解國家的政治動態，以便採取應對措施，避免或減少流徙等造成的痛苦與損失。可是漢唐間治亂更迭之頻繁、迅速，連許多飽讀詩書的文士和老於宦海的官僚亦無法掌握，只得通過枉矢等天象星占的警示預測世變，發出諸如「枉矢蛇行而秦滅，諒人事之有由，豈妖災之虛設」〔註58〕以及「枉矢知天變」〔註59〕的感歎。至於對於波詭雲譎的政局全然無知和疏離的普通民眾，就只能通過枉矢等天象和星占，才能預測天下大勢。

除此之外，漢唐間的人們之所以深信這種天象和星占，是與這一時期的社會思想密切相關的。

其一，神秘主義盛行。董仲舒以陰陽五行和「五德終始」發展儒家天命思想，構建「天人感應」的神秘主義理論，解釋儒家經典，作為封建統治的理論依據。自此，這種思想就成為官方的主流意識形態。兩漢時期的讖緯之學，更是這種神秘主義思想發展的頂峰。「儒者多稱『讖緯』，其實讖自讖，緯自緯，非一類也。讖者，詭為隱語，預決吉凶。……緯者，經之支流，衍及旁義。……其它私相撰述，漸雜以術數之言，既不知作者為誰，因附會以神其說，迨彌傳彌失，又益以妖妄之詞，遂與讖合而為一。」〔註60〕可見，讖緯乃是統治者借助神靈迷信神話自己的重要工具。其中的陰陽災異、符瑞等荒誕迷信色彩越來越強烈，並且和儒家經典緊密結合在一起，成為兩漢學術思想和政治運作的主要傾向。作為緯書重要組成部分的天象星占，自然也隨之得到了官方的認可與極大的發展。這使得作為災異符瑞的重要組成部分——天文星占的投機成分愈益增長，乃至使得本就頗為神秘的天文、星占更

〔註56〕《晉書》卷65《王導傳》，第1746頁。

〔註57〕《漢書》卷100《敘傳上》，第4209頁。

〔註58〕（南朝宋）張鏡：《觀象賦》，《初學記》卷1《天部上·星第四》，北京：中華書局，1962年，第13頁。

〔註59〕（宋）劉一止：《苕溪集》卷7《次韻江子我郎中社飲一首》，《劉一止集》，杭州：浙江古籍出版社，2012年，第8頁。

〔註60〕《四庫全書總目提要·經部·易類六·易緯坤靈圖》，石家莊：河北人民出版社，2000年，第47頁。

游離於科學之外，而反映社會政治了。

其二，佛道等宗教信仰也起到了重要的作用。漢唐之際，佛道等宗教由於特殊的歷史機遇得到了迅速發展。宗教理論不斷傳入和發展，神職人員的增加和社團組織日益正規化，得到了各個社會階層的廣泛信仰。隋唐時期，佛道更是先後被提高到了國教的地位。道教的教義還成為唐代的科舉內容之一。一些著名的宗教人士甚至被延請至朝廷擔任有關天文星占的官職。如唐初家世奉道的李淳風，曾任執掌天文、制曆等的太史令，編著了《乙巳占》、《觀象玩占》等星占學著作。婆羅門教僧人瞿曇悉達更是負責編寫了集古代占星術大成的《開元占經》，且與其父及子三代皆為朝廷天象觀測機構的官員。凡此種種，使得宗教與天文星占更加緊密地聯繫在一起，宗教的神秘主義和唯心主義也被更多地運用到了天象與星占解釋中。宗教以星占凸顯其教義的神秘性和神聖性，而枉矢等星占也隨著佛教等宗教的不斷傳播，更加為廣大民眾所熟知、信奉。

其三，統治者及有心人的推波助瀾。漢唐時期，利用人們對於天象星占的迷信進行「宣傳」是十分有效的。一些政治人物常常利用人們對天文星占的敬畏，以達到自己的政治目的，或為自己的行動披上一層「正義」的面紗。如蕭齊永元三年春的枉矢天象，王儉即認為「此除舊布新之象也」；及梁武帝起兵後，又說「天時人事，其在此乎」〔註 61〕。這顯然是在為梁武帝起兵提供天象星占的依據。又如梁敬帝的禪位詔書中，「枉矢霄飛」成了「革運之兆咸徵，惟新之符並集」的表現，亦是陳霸先篡奪帝位的天象依據。正因為天象星占容易被有心人利用，所以隋唐的統治者嚴格限制擅自對包括星占在內的災異瑞應的解釋和流傳。如隋代禁燬包漢大量天象星占的緯書，唐律有「諸詐為瑞應者，徒二年。若災祥之類，而史官不以實對者，加二等」的規定，其目的都是為了防止星占等瑞應被人利用，危及國家安定。可見，枉矢等天文星占已經成為統治者和野心家利用或愚弄民眾的工具。

五、結 論

中國古代的天文星占是複雜的政治與社會生活的曲折反映。星占的內容越神秘越聳動，越能得到大眾的認同。漢唐間的枉矢星占，代表著動亂和兵災，契合星占內容神秘性和聳動性的要求。任何星占都有一個不斷發展豐富

〔註61〕詳見《南史》卷 22《王儉傳》，第 596～587 頁。

的過程，枉矢星占也從漢初的明確指向一種天象、兩種占辭和事應，發展到唐代《開元占經》等著作所節錄的泛指一類天象、數十種占辭和事應。枉矢星占從一個側面扭曲地反映了當時的政治局勢、民眾心理和社會環境等多個方面。這既體現了漢唐時期廣大民眾渴望和平安定的生活理想，對戰亂和分裂割據的厭惡，也是以「天人感應」與陰陽五行為主的儒學思想、佛道為代表的宗教神秘主義等社會思想對大眾造成深刻影響的結果，更是漢唐時期統治者和野心家以此作為實現自己政治目的、愚弄民眾的產物。

天文星占作為一種特殊的社會心理的反映，充分利用了大眾對於社會、政治等熱點的關注與民眾的心理定式，在中國歷數千年而不衰。時至今日，我們還是未能完全解釋星占，也沒有徹底消除大眾對星占的過度迷信。現代的星占卻顯得更加專業化，傳播的範圍更廣泛，傳播的速度更快，內容亦更加神秘和多樣。星占提供了一個瞭解與分析大眾社會心理的全新視角，對於研究社會生活、民眾思想等具有十分重要的意義。

附錄三　天象與世變：漢唐時期的「蚩尤旗」星占 [註1]

　　在中國古代，特別是漢唐時期，天文星占對現實政治具有相當大的影響力。作爲古代天文學中最重要內容之一的星占，在特徵是天人感應的儒家思想成爲主流思想後，天以及天上的星宿都是人世的投影。從星占解釋的日益複雜、繁瑣，負責天文星占的政府機構日趨龐大、專業等可以看出星占正隨著國家的擴大，以及政治的需要而逐漸系統化、專業化。古代天文透過星占影響政治，是中國古代天文學十分突出的特徵。黃一農先生曾對中古時期的天文星占進行了頗爲細緻的研究與分析。[註2] 莊天山 [註3]、慶松光雄（Mitsuo Keimatsu）[註4] 等先生亦對「蚩尤旗」天象有所研究。拙著《漢唐「天狗」考釋》[註5] 一文則對漢唐時期的另一天文現象——「天狗」有所討論。但作爲漢唐時期一個十分重要的星占——「蚩尤旗」，至今頗少人關注。本文擬利用有關記載，對「蚩尤旗」這一特殊天文星占的內容、流傳原因等

〔註 1〕　本文的部分內容以《天象與世變：漢唐時期的「蚩尤旗」星占》爲題，發表
　　　　　於《中南大學學報（社會科學版）》2013 年第 5 期，第 227～231 頁。
〔註 2〕　黃一農《社會天文學史十講》所錄各篇有關論文等，復旦大學出版社 2004 年。
〔註 3〕　莊天山，論天狗、枉矢的實質及其它〔J〕，科學史文集（第 10 輯）〔M〕，
　　　　　上海：上海科學技術出版社，1983：151～169；莊天山.關於中國歷史上「極
　　　　　光記錄」的選擇原則〔J〕，華僑大學學報（哲學社會科學版），1995，（1）：
　　　　　37～46。
〔註 4〕　Mitsuo Keimatsu, Naoshi Fukushima, Takesi Nagata. Archaeo-Aurora and
　　　　　Geomagnetic Scular Variation in Historic Time. 〔J〕. Journal of Geomagnetism
　　　　　and Geoelect ricity, 1968, （1）：45～50.
〔註 5〕　《閩江學刊》2012 年第 1 期，第 74～79 頁。

略作考察，並試圖利用社會學、政治學等學科的知識挖掘隱含在「蚩尤旗」星占背後的信息，還原當時的社會動態與民眾心理。

一、「蚩尤旗」的定義

根據現存典籍所載，「（黃）帝令畫蚩尤之形於旗上，以厭邪魅，名蚩尤旗。……黃帝將會神靈於西山之上，乃駕象車六交龍，畢方並轄，蚩尤居前蚩尤旗也」〔註6〕。可知，「蚩尤旗」從字面意思理解指繪有蚩尤形象的旗幟，在黃帝出行時設於隊伍前方。《皇覽》則載「蚩尤冢在東平郡壽張縣闞鄉城中，高七丈，民常十月祀之。有赤氣出，如匹絳帛，民名爲蚩尤旗」〔註7〕，即「蚩尤旗」乃是蚩尤冢上出現的如一匹絳帛的赤色雲氣。而這種指代雲氣現象的「蚩尤旗」，自先秦至唐一直存在。如《呂氏春秋》即有「其雲狀……有其狀若眾植華以長，黃上白下，其名蚩尤之旗」〔註8〕的記載。唐代《太白陰經》亦有類似的記載。〔註9〕只是將「蚩尤旗」所指代的雲氣現象描述的更具體，並加上卜辭，認爲預示著戰爭。

而天文學星占中的「蚩尤旗」則有著自己的定義。《史記》認爲「蚩尤之旗，類彗而後曲，象旗。見則王者征伐四方」〔註10〕。而「類彗，而後曲象旗」〔註11〕則是對該天象最簡潔明晰的解釋。

到了唐代，對「蚩尤旗」天象的解釋更趨詳細。《晉書》載「蚩尤旗，類彗而後曲，象旗。或曰，赤雲獨見。或曰，其色黃上白下。或曰，若植藋而長，名曰蚩尤之旗。或曰，如箕，可長二丈，末有星。主伐枉逆，主惑亂，所見之方下有兵，兵大起；不然，有喪」〔註12〕，對「蚩尤旗」天象的形態

〔註6〕 宋·張君房編，李永晟點校《雲笈七籤》卷一百《紀·軒轅本紀》中華書局 2003 年，第 2173～2176 頁。

〔註7〕 漢·司馬遷《史記》卷一《五帝紀·黃帝紀》中華書局 1959 年，第 5 頁注〔十三〕《集解》引《皇覽》。

〔註8〕 許維遹撰 梁運華整理《呂氏春秋集釋》卷六《季夏紀第六凡五篇卷第六·明理》中華書局 2009 年，第 149～150 頁。

〔註9〕 唐·李筌、張文才、王隴譯注《太白陰經全解》卷八《雜占·占雲氣篇第八十八·暴兵氣》載，「雲氣一道，上白下黃，白色如布匹，長數丈；或上黃下白，如旗狀，長二三丈；或長氣純如赤，而委曲一道如布匹，皆謂之蚩尤旗，見，兵大起」。嶽麓書社 2004 年，第 464 頁。

〔註10〕 漢·司馬遷《史記》卷二十七《天官書第五》，第 1335 頁。漢·班固《漢書》卷二十六《天文志第六》（中華書局 1962 年，第 1293 頁）所載略同。

〔註11〕 南朝梁·沈約《宋書》卷二十三《天文志一》中華書局 1974 年，第 694 頁。

〔註12〕 唐·房玄齡等《晉書》卷十二《天文志中》，中華書局 1974 年，第 324 頁。

做了頗為細緻的描述，並詳述星占占辭。而《隋書》則更詳細地記述到「熒惑之精，流為析旦、蚩尤旗、昭明、司危、天攙。……二曰蚩尤旗。或曰，旋星散為蚩尤旗。或曰，蚩尤旗，五星盈縮之所生也。狀類彗而後曲，象旗。或曰，四望無雲，獨見赤雲，蚩尤旗也。或曰，蚩尤旗如箕，可長二丈，末有星。又曰，亂國之王，眾邪並積，有雲若植藋竹長，黃上白下，名曰蚩尤旗。主誅逆國。又曰，帝將怒，則蚩尤旗出。又曰，虐王反度，則蚩尤旗出。或曰，本類星，而後委曲，其象旗旛，可長二三丈。見則王者旗鼓，大行征伐，四方兵大起。不然，國有大喪」〔註13〕，將所有涉及「蚩尤旗」的一切皆羅列其中。

二、「蚩尤旗」天象的記錄

根據以上關於「蚩尤旗」天象的定義，現將典籍中「蚩尤旗」天象的記錄大致列表如下：

時間	天象	占辭及事應
漢武帝建元六年（前135）八月	長星出於東方，長終天，三十日去。	占曰：「是為蚩尤旗，見則王者征伐四方。」其後兵誅四夷，連數十年。及巫蠱事起，京師流血，僵屍數萬，太子子父皆敗。〔註14〕
元光（前134～前129）、元狩（前128～前123）	蚩尤之旗再見，長則半天。	其後京師師四出，誅夷狄者數十年，而伐胡尤甚。〔註15〕
	流星狀似蚩尤旗，或曰營頭，或曰天槍，出奎而西北行，至延牙營上，散為數百而滅。	是故延牙遂之武當，託言發兵，實避其殃。〔註16〕
初平二年（191）九月	蚩尤旗見，長十餘丈，色白，出角、亢之南。	占曰：「蚩尤旗見，則王征伐四方。」其後丞相曹公征討天下且三十年。〔註17〕

〔註13〕唐・魏徵等，《隋書》卷二十《天文志中》，中華書局1973年，第565頁。

〔註14〕《漢書》卷二十七下之下《五行志下之下》，第1517頁；《漢書》卷六十三「贊曰」，第2770～2771頁。

〔註15〕《史記》卷二十七《天官書》，第1348～1349頁。

〔註16〕南朝宋・范曄《後漢書》卷三十上《蘇竟傳》中華書局1965年，第1045頁。

〔註17〕《後漢書》卷九《孝獻帝紀》，第371頁；晉・司馬彪《續漢書》志十二《天文志下》，見《後漢書》，第3260～3261頁。

正元元年（254）〔註18〕	有白氣出南斗側，廣數丈，長竟天。	王肅曰：「蚩尤之旗也，東南其有亂乎！君若修己以安百姓，則天下樂安者歸德，倡亂者先亡矣。」（正元）二年（255）正月，毌丘儉等據淮南以叛，大將軍司馬師討平之。案占：「蚩尤旗見，王者征伐四方。」自後又征淮南，西平巴蜀。〔註19〕
咸寧四年（278）夏四月	蚩尤旗見於東井	後二年，傾三方伐吳，是其應。至武帝崩，天下兵又起，遂亡諸夏。〔註20〕
建元九年（373）四月	其後天鼓鳴，有彗星出於尾箕，長十餘丈，名蚩尤旗，經太微，掃東井，自夏及秋冬不滅。	太史令張猛言於（符）堅曰：「尾，燕之分野，而掃東井。東井，秦之分。災深禍大。十年之後，燕滅秦之象。二十年之後，燕當爲岱所滅。……」〔註21〕
永元三年（502）二月壬戌	蚩尤旗見〔註22〕	
開成四年（839）十二月壬申	蚩尤旗見。〔註23〕	
咸通十三年（872）九月	蚩尤旗見。〔註24〕	

〔註18〕《三國志》卷十三《魏書·王肅傳》載爲「嘉平六年，（王肅）持節兼太常，奉法駕，迎高貴鄉公於元城。是歲，……」（第 418 頁）。卷四《魏書·三少帝紀》載，嘉平六年九月甲戌，齊王芳被廢。十月，高貴鄉公即位，改元正元。（第 128～132 頁）故嘉平六年與正元元年實爲同一年（254）。本處應以正元元年爲是。《太平御覽》作「嘉平四年」，疑誤。

〔註19〕晉·陳壽《三國志》卷十三《魏書·王肅傳》中華書局 1959 年，第 418 頁；《宋書》卷二十三《天文志一》，第 690 頁；《晉書》卷十三《天文志下》，第 389 頁；宋·李昉等《太平御覽》卷八百七十五《咎徵部二·蚩尤旗》，中華書局 1960 年，第 3884 頁。本處各書所載事應有所出入，茲僅列大部分文獻重出之部分，詳見下文論述。

〔註20〕《宋書》卷二十三《天文志一》，第 694 頁；《晉書》卷三《武帝紀》，第 69 頁；卷十三《天文志下》，第 391 頁。

〔註21〕《太平御覽》卷一百二十二《偏霸部六·前秦符堅》引崔鴻《十六國春秋·前秦錄》，第 589 頁；《晉書》卷一百十三《符堅載紀上》，第 2896 頁。

〔註22〕唐·李延壽，《南史》卷五《齊本紀下》中華書局 1975 年，第 150 頁。

〔註23〕宋·歐陽修、宋祁《新唐書》卷三十二《天文志二》中華書局 1975 年，第 846 頁。

〔註24〕《新唐書》卷三十二《天文志二》，第 846～847 頁。

景福元年（892） 五月	蚩尤旗見，初出有白彗，形如 發，長二尺許，經數日，乃從 中天下，如匹布，至地如蛇。 〔註25〕	

　　細究這十一次「蚩尤旗」天象的記載，頗有值得商榷一二的地方。其中不乏削足適履，爲了對應占辭而硬套史事，以至發生訛誤的記載。例如漢武帝建元六年發生的「蚩尤旗」天象，《漢書》卷六十三的贊中將事應記作「巫蠱之禍，豈不哀哉！此不唯一江充之辜，亦有天時，非人力所致焉。建元六年，蚩尤之旗見，其長竟天。後遂命將出征，略取河南，建置朔方。其春，戾太子生。自是之後，師行三十年，兵所誅屠夷滅死者不可勝數。及巫蠱事起，京師流血，僵屍數萬，太子子父皆敗。故太子生長於兵，與之終始，何獨一嬖臣哉」〔註26〕。班固認爲建元六年的「蚩尤旗」天象對應的事應有兩個方面：一爲對非漢民族的軍事征伐，一爲同年春戾太子出生，對應巫蠱之禍。而胡三省早就指出其中的訛誤，「《考異》曰：《漢書‧武五子傳贊》曰：『建元六年春，戾太子生。』《外戚傳》：『衛皇后，元朔元年生男據。』按《枚皋傳》云：『武帝春秋二十九乃有皇子，』與《外戚傳》合。蓋《贊》語因蚩尤之旗致此誤，亦猶五星聚在秦二世末年，誤爲漢元年也」〔註27〕。可知，《漢書》記載中，如這般由於天文異象而將史實記載錯誤的不止一處。

　　亦有一次「蚩尤旗」天象，各書所載事應多有不同的現象。如曹魏正元元年的「蚩尤旗」天象，最早記載這次天象的《三國志》中引述王肅的話，認爲應驗於東南毌丘儉等人的反叛。〔註28〕《魏氏春秋》載爲「正始元年十一月，蚩尤旗見於箕，東吳兵死沒各數萬人，車騎將軍黃權薨之兆也」〔註29〕。《宋書》則將此次天象的事應擴展爲毌丘儉、諸葛誕先後據淮南叛亂，滅蜀漢，孫吳孫綝廢孫亮立孫休等四事。〔註30〕

〔註25〕　《新唐書》卷三十二《天文志二》，第 840 頁。
〔註26〕　《漢書》卷六十三「贊曰」，第 2770～2771 頁。
〔註27〕　宋‧司馬光《資治通鑑》卷十八《漢紀十‧武帝元朔元年》中華書局 1956 年，第 598 頁。
〔註28〕　《三國志》卷十三《魏書‧王肅傳》，第 418 頁。《太平御覽》卷八百七十五《咎徵部二‧蚩尤旗》（第 3884 頁）所載略同。
〔註29〕　唐‧瞿曇悉達，常秉義點校《開元占經》卷八十五《妖星占上‧蚩尤旗》引《魏氏春秋》中央編譯出版社 2006 年，第 618 頁。
〔註30〕　《宋書》卷二十三《天文志一》，第 690 頁。《晉書》卷十三《天文志下》（第 389 頁）所載略同。

又如咸寧四年的「蚩尤旗」天象，《宋書》記載是事應爲「後二年，傾三方伐吳，是其應。至武帝崩，天下兵又起，遂亡諸夏」〔註31〕。而《晉書》則以「後年，傾三方伐吳，是其應也」〔註32〕作爲事應。相比之下，《晉書》將《宋書》所載五胡亂華、滅亡西晉的事應刪減了，只保留了三路大軍滅吳的事應。

三、「蚩尤旗」占辭的演變

《開元占經》收集整理了唐代所見的大部分星占卜辭。故下表整理了《開元占經》〔註33〕引錄各術家有關「蚩尤旗」天象的占辭。其中，大部分皆爲兩漢魏晉時期所作的緯書。〔註34〕

時代	作者及其它	書名	占辭
西漢或之前〔註35〕		《黃帝占》	見則王者鼓旗大行，征伐四方，兵大起，不然國有大喪，王者亡。期三年，中五年，遠七年。
			蚩尤旗出北斗，……見則天下亂，大兵起，天子自將兵，旗鼓用，不然國有大喪，期百八十日，中一年，遠三年。
東漢初期之前〔註36〕		《河圖提》	帝將怒，則蚩尤旗出
東漢前期或之前〔註37〕		《春秋緯潛潭巴》	蚩尤之旗主伐叛。又曰主惑亂

〔註31〕《宋書》卷二十二《天文志一》，第694頁。
〔註32〕《晉書》卷十三《天文志下》，第391頁。
〔註33〕《開元占經》卷八十五《妖星占上・蚩尤旗》，第617～619頁。
〔註34〕詳見下文所論，及《資治通鑒》卷五十二《漢紀四十四・孝順皇帝下陽嘉三年》胡注「《緯》，《七緯》也。……《春秋緯》，《演孔圖》、《元命包》、《文耀鉤》、《運斗樞》、《感精符》、《合誠圖》、《考異郵》、《保乾圖》、《漢含孳》、《祐助期》、《握誠圖》、《潛潭巴》、《說題辭》也」。第1674～1675頁。
〔註35〕成書於西漢或之前，並經歷代不斷完善。詳見黃一農《社會天文學史十講》，第44～45頁。
〔註36〕《續漢書》志七《祭祀志上》載，建武三十二年二月的泰山刻石文中引《河圖提劉予》內容。第3165頁。《河圖提》或爲《河圖提劉予》之簡稱。則該書應成書於光武帝建武三十二年之前。
〔註37〕《白虎通》引《春秋潛潭巴》內容（見清・陳立《白虎通疏證》卷六《災變・災異妖孽異名》，中華書局1994年，第268頁）。可知該書應成書於東漢章帝之前。

東漢或之前	宋均注〔註38〕	《春秋緯》	蚩尤旗誅逆國
			蚩尤之旗見則山崩
			……四方並亂，天下滅兵，群猾動帝座於堂，見則五寇行，主不正暴，必有反兵，期五年，天子憂，不以亡，則九年凶加於斗宿，天子囂囂，出於列位，勉正四方。
			蚩尤伐矜誅逆滅患，蚩尤起天下之兵，合禍紛紛。
東漢和帝、安帝時期〔註39〕		郗萌	蚩尤旗守軫，赤哭禮。
東漢後期之前〔註40〕		《春秋運斗樞》	蚩尤之旗見則山崩，後族擅權
			蚩尤旗干大，微法式，滅帝死於野。
東漢末	劉叡	《荊州占》〔註41〕	蚩尤旗見則兵大起，不然有喪。
兩晉之交以前〔註42〕		《論語摘輔象》	虐王反度，則蚩尤旗出
南北朝或之前〔註43〕		《春秋考異郵》	蚩尤旗見，則王者伐枉逆。
		夏氏	蚩尤旗所見之方，其下有兵，四方盡有，天下有兵。
		《雒書》	旗刺旋，主備臣，邊雄侯之賢主過，出兵馬驚
		《春秋緯合誠圖》	蚩尤之旗出，平四野

〔註38〕後晉‧劉昫《舊唐書》卷四十六《經籍志上》，中華書局1975年，第1982頁。

〔註39〕詳見黃一農《社會天文學史十講》，第44頁注②。

〔註40〕《風俗通義》引《春秋運斗樞》內容（漢‧應劭、王利器校注《風俗通義校注》卷一《皇霸》，中華書局1981年，第2頁）。應劭生活於東漢靈帝至獻帝時期（詳見《後漢書》卷四十八《楊李翟應霍爰徐列傳‧應奉傳附子劭傳》，第1609～1615頁），故《春秋運斗樞》應成書於東漢後期之前。

〔註41〕《晉書》卷十二《天文志中》載，「圖緯舊說，及漢末劉表為荊州牧，命武陵太守劉叡集天文眾占，名《荊州占》」。第322頁。

〔註42〕《續漢書》志十五《五行志三》第3317頁注一載干寶引《論語摘輔像》內容。干寶生活於兩晉之交（詳見《晉書》卷八十二《干寶傳》，第2149～2151頁），故《論語摘輔象》應成書於兩晉之交以前。

〔註43〕《齊民要術》卷五引《春秋考異郵》內容；《宋書》卷二十三《天文志一》（第675頁）亦引《春秋考異郵》內容。賈思勰生活於北魏中後期，《宋書》成書於南朝梁。故《春秋考異郵》應成書於南北朝中後期之前。

　　比較各家對「蚩尤旗」天象的占辭後，發現《黃帝占》與《春秋緯》二書的內容較爲具體，以爲此一天象爲兵災、國喪的徵兆。並且二書中均給出了明確的事應時間範圍。可能這些占辭或多或少參考了之前天象發生後的時事，結合實際政治等情況而有所修改。例如文獻中第一次出現「蚩尤旗」天象的記載是在漢武帝建元六年，兩年後的元光二年（前133）漢軍設伏馬邑，開始了對匈奴的大規模軍事反擊。元光五年（前 130），漢武帝又開始大力開發西南諸夷。〔註 44〕這些事件恰與上表大部分占辭中兵災等事相符合，連事應的時間也十分吻合。

　　而《春秋運斗樞》的「后族擅權」占辭，似乎是針對東漢外戚專權的實際政治而作。眾所週知，東漢中期開始，外戚與宦官交替專權。和帝章和二年（88）始竇太后臨朝，竇憲執政；殤帝延平元年（106）起鄧太后臨朝，鄧騭執政；延光四年（125）閻太后臨朝立順帝，閻顯執政；建康元年（144）沖帝即位梁太后臨朝，梁冀執政；少帝光熹元年（189）何太后臨朝，何進執政。〔註45〕后妃、外戚把持朝政成爲東漢政治的一大特色。《春秋運斗樞》的占辭很可能是借鑒了東漢現實的政治而新增入的。

　　《史記》對「蚩尤旗」天象的「見則王者征伐四方」占辭，可能是現存典籍中記載最早的占辭。這一占辭顯然與上表中大部分的術家占辭同出一源。而《漢書》、《宋書》等史籍中的相關記載可能也源出於此。可能自漢魏時期開始，「蚩尤旗」天象主要代表兵災的徵兆已經被大眾所廣泛接受了。

四、流佈原因

　　典籍中之所以有大量關於「蚩尤旗」等特殊天象的記載，顯然是因爲漢唐時期有大量的民眾對這些所謂的天象徵兆堅信不疑。在科技高度發達的現代，似乎很難理解當時人們的這種盲目迷信。而分析民眾迷信「蚩尤旗」天象徵兆的現象，卻爲理解漢唐時期的歷史提供了一個全新的角度。我們無法預見未來，但構成未來的種種條件就存在於我們周圍。只是好像都被加上了密碼，使我們在沒有密碼本的條件下難以理解。當密碼本終於到了我們手中的時候，卻已經太遲了。〔註 46〕不過，我們很幸運地可以通過「蚩尤旗」天

〔註44〕以上史實詳見《漢書》卷六《武帝紀》，第 159～164 頁。
〔註45〕詳見呂思勉《秦漢史》第十章第一、二節《後漢外戚宦官之禍上、下》上海古籍出版社 2005 年，第 263～282 頁。
〔註46〕美·孔飛力、陳兼、劉昶譯《叫魂：1768 年中國妖術大恐慌》上海三聯書店

象，這個特殊的「密碼本」管窺漢唐時期若干隱藏起來的眞實面貌。

首先，漢唐時期的現實政治深刻影響著民眾的心態，進而左右人們的思想。人民渴望國家的統一、社會的安定，但現實卻是如此的殘酷。中古時期，雖有漢、唐兩大強大的帝國，但在長達一千餘年的歷史中，國家大一統的時間僅佔據了一半方右的時間。期間，不乏鋌而走險的起義風潮；戰火紛飛的軍閥割據；更有異常慘烈的民族歧視甚至屠殺。自漢末至隋初，分裂時間更是長達四百餘年。與此同時，廣大民眾與國家政治，特別是上層政治之間是隔絕的。民眾往往在木已成舟之後，才被那些試圖利用他們的人告知所謂的眞相。面對變幻莫測的殘酷現實，民眾只能手足無措。在這種情況下，人命如草和遷徙避亂也就成了廣大百姓的基本寫照。「餓饉流隸，飢寒道路，……終於轉死溝壑」〔註 47〕是當時人民避亂遷徙的高昂代價。於是，民眾迫切地需要掌握國家大局的變化。而「蚩尤旗」等特殊的天象及其占辭就成了民眾瞭解國家動態的唯一途徑。

其次，漢唐時期廣泛流行的學術思想也深刻影響著人們的觀念。自漢武帝採納董仲舒的建議「罷黜百家，獨尊儒術」後，融合陰陽五行與五德終始理論的儒學就成爲歷代封建統治者大力支持的官方核心思想。「天人感應」理論爲廣大民眾所熟知，爲「蚩尤旗」等特殊天象、星占的存在提供了理論基礎。而讖緯、玄學之類的興起，使得神秘主義大行其道。天象、星占等迎合了神秘主義，並成爲神秘主義的重要組成部分。而這一時期，佛道等宗教思想亦大行其道。魏晉南北朝是佛教傳入中國，並開始大規模中國化的開始。道教亦在此時初步形成了自己的理論體系，大量道派產生，教義廣爲傳播。隋唐時期，佛教已經在中國完全紮根，出現了禪宗、天台等諸多宗派。道教亦進入了最爲黃金的發展階段。其餘如景教等宗教亦廣爲流行。這些宗教所宣揚的唯心主義思想和因果報應理論，也爲星占提供了理論依據和內容。

其三，別有用心者的刻意利用。當時，利用民眾對於天文星象的不瞭解而造謠是非常有效的。利用某些天文異象製造謠言，以達到自己的目的，是一些別有用心的人百試不爽的手段。往往利用這些異常天象，爲自己的行爲提供一個合理的藉口。也有某些術家根據天象後的時事，篡改占辭及適應，以蒙蔽大眾，實現自己的意圖。這些都讓天文異象與星占越來越神秘和晦澀，

2012 年，第 3 頁。
〔註 47〕《漢書》卷一百《敘傳上》，第 4209 頁。

也讓民眾因爲未知的恐懼而更加迷信。有鑒於此，歷代統治者對於這些天文異象和星占大都採取既利用又防範的措施。如唐律中即規定「諸詐爲瑞應者，徒兒年。若災祥之類，而史官不以實對者，加二等。【疏】議曰：……今云『詐爲瑞應』，即明不限大小，但詐爲者，即徒二年。……『史官不以實對者』，謂應凶言吉，應古言凶，加二等，徒二年。稱『之類』者，此外有善惡之事，敕問而史官不以實對者，亦加二等」〔註48〕。似將定義天文異象等祥瑞災異吉凶的標準掌握在了國家中央政權的手中。以後的統治者更是「《五行志》不書事應，悉壞漢儒災異附會之說」〔註49〕，以防止「蚩尤旗」之類的異象與星占被人利用。

五、結　論

　　中國古代的天文星占是複雜政治、社會生活的曲折反映。星占的內容越神秘越聳動，越能得到大眾的認同。漢唐間的「蚩尤旗」星占，代表著兵災、國喪等災異，契合星占內容神秘性和聳動性的要求。任何星占都有一個不斷發展豐富的過程，「蚩尤旗」星占可能也經歷了術家根據天象之後的時事，結合現實政治等加以修改的過程。「蚩尤旗」星占從一個側面扭曲的反映了當時的政治局勢、民眾心理和社會環境等因素。既體現了漢唐時期廣大民眾渴望和平安定的生活理想，對戰亂和分裂割據的厭惡。也是以「天人感應」、陰陽五行爲主的儒學思想、佛道爲代表的宗教神秘主義等社會思想對大眾造成深刻影響的結果。更是一些別有用心者以此作爲實現自己政治目的，推波助瀾，愚弄民眾的產物。

　　天文星占作爲一種特殊的社會心理的反映，充分利用了大眾對於社會、政治等熱點的關注與民眾的心理定勢，在中國歷數千年而不衰。時至今日，高速發展的科學技術和日新月異的傳媒發展還未能完全解釋星占，更未能消除大眾對星占的過度迷信。卻使得星占更加專業化，傳播的範圍更廣泛，傳播的速度更快，內容更加的神秘和多樣。星占提供了一個瞭解、分析大眾社會心理、思想等的全新視角，對於研究社會史、社會思潮等具有十分重要的意義。

〔註48〕錢大群《唐律疏議新注》卷二十五《詐僞》「詐爲瑞應及敕問災祥不以實對」條，南京師範大學出版社 2007 年，第 816～817 頁。

〔註49〕宋·歐陽修《歐陽修集·附錄二：先公事跡》，鳳凰出版社 2006 年，第 279 頁。